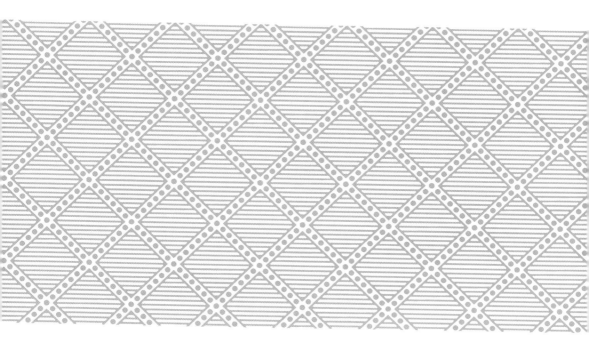

本书系2012年教育部人文社会科学规划一般项目"义务教育均衡发展策略研究"（课题编号：12YJA880068）、2011年天津市哲学社会科学规划（重点）项目"天津市义务教育均衡发展改革研究"（课题编号：TJJX11-097）成果。

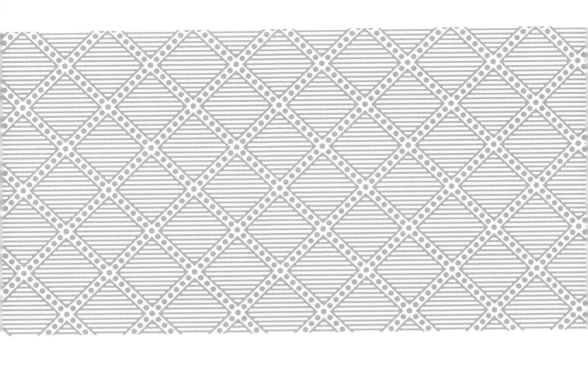

义务教育均衡发展的
理论与实践研究

李素敏◎著

中国社会科学出版社

图书在版编目（CIP）数据

义务教育均衡发展的理论与实践研究/李素敏著.—北京：
中国社会科学出版社，2017.12
ISBN 978-7-5203-1394-0

Ⅰ.①义…　Ⅱ.①李…　Ⅲ.①义务教育—教育研究
Ⅳ.①G522.3

中国版本图书馆 CIP 数据核字（2017）第 273049 号

出 版 人	赵剑英	
责任编辑	马　明	
责任校对	胡新芳	
责任印制	王　超	

出　　版	中国社会科学出版社	
社　　址	北京鼓楼西大街甲 158 号	
邮　　编	100720	
网　　址	http://www.csspw.cn	
发 行 部	010-84083685	
门 市 部	010-84029450	
经　　销	新华书店及其他书店	

印　　刷	北京君升印刷有限公司	
装　　订	廊坊市广阳区广增装订厂	
版　　次	2017 年 12 月第 1 版	
印　　次	2017 年 12 月第 1 次印刷	

开　　本	710×1000　1/16	
印　　张	18.25	
插　　页	2	
字　　数	289 千字	
定　　价	78.00 元	

凡购买中国社会科学出版社图书，如有质量问题请与本社营销中心联系调换
电话:010-84083683

目　录

第 一 章

义务教育均衡发展的基本理论

第一节　义务教育均衡发展的内涵及背景

一　义务教育均衡发展的内涵

（一）教育均衡发展

1. 均衡

"均衡"一词最初是物理学的概念，是指当一个物体同时受到方向相反、大小相等的两个外力的作用时，该物体由于受力相等而处于静止的状态，这种状态就是均衡。后来，经济学借用这一概念，用来指各种对立的、变动着的力量相当，市场相对静止、不再变动的状况。在此基础上，经济学家提出了"市场均衡理论"，目的在于合理配置人类有效的资源，达到市场需求与供给的相对均衡。

2. 教育均衡与教育均衡发展

教育均衡发展是经济均衡发展的移植，国内学者一致认同这一点。但对于其实质，则存在诸多不同看法。

翟博认为，"教育均衡实质上是指在教育公平思想和教育平等原则的支配下教育机构、受教育者在教育活动中平等待遇的理想以及确保其实际操作的教育政策和法律制度。其最基本的要求就是在正常的教育群体之间平等地分配教育资源和份额，达到教育需求与教育供给的相对均衡，并最终落实在人们对教育资源的支配和使用上"①。他进一步指出，"教育

---

① 翟博：《教育均衡发展指数构建及其运用》，《国家教育行政学院学报》2007 年第 11 期。

均衡发展是经济均衡发展的移植，教育均衡发展首先是教育资源配置的均衡。教育资源配置实质上就是教育资源在教育系统内部各组成部分或不同子系统之间的分配，这既包括社会总资源对教育的分配，也包括教育资源在各级各类教育间、各级各类学校间、各地区教育间的分配。因此，教育均衡发展的目标是教育需求与教育供给的相对均衡，教育资源配置的均衡是教育均衡发展的基础和前提"①。

于建福认为，"教育均衡发展，是指通过法律法规确保给公民或未来公民以同等的受教育的权利和义务，通过政策制定与调整及资源调配而提供相对均等的教育机会和条件，以客观公正的态度和科学有效的方法实现教育效果和成功机会的相对均衡"②。余如进认为，"教育均衡发展，从个体看，是指受教育者的权利和机会是否均等；从整体看，是指城乡间、区域间、学校间以及各类教育间教育资源的配置是否均衡"③。

一些学者还提出了正确看待教育均衡时要注意的问题，"教育均衡不等于区域之间教育发展的同步化；教育均衡不只是办学水平的均衡。那种认为只要校际之间、区域之间的办学条件、教学设施、师资力量处在同一水准上，就达到了教育均衡目标，那是不科学的"④；"教育均衡发展不是'平均'发展；教育均衡发展不是'划一'发展；教育均衡发展不是相互限制发展"⑤。

（二）义务教育均衡发展

1. 义务教育

2006年修订的《中华人民共和国义务教育法》（以下简称新《义务教育法》）对义务教育的定义、内涵、要求等进行了全面深入的阐述。新《义务教育法》第二条明确指出，"义务教育是国家统一实施的所有适龄儿童、少年必须接受的教育，是国家必须予以保障的公益性事业。实施

① 翟博：《教育均衡发展：现代教育发展的新境界》，《教育研究》2002年第2期。
② 于建福：《教育均衡发展：一种有待普遍确立的教育理念》，《教育研究》2002年第2期。
③ 余如进：《理性推进教育均衡发展》，《人民教育》2008年第3期。
④ 郑友训、冯尊荣：《义务教育高位均衡发展的理性解读》，《江南大学学报》（教育科学版）2008年第4期。
⑤ 余如进：《理性推进教育均衡发展》，《人民教育》2008年第3期。

义务教育，不收学费、杂费。国家建立义务教育经费保障机制，保证义务教育制度实施"；第三条规定，"义务教育必须贯彻国家的教育方针，实施素质教育，提高教育质量，使适龄儿童、少年在品德、智力、体质等方面全面发展，为培养有理想、有道德、有文化、有纪律的社会主义建设者和接班人奠定基础"。从这些规定可以看出，义务教育是整个教育的基础，是公益性事业，它具有普及性、免费性、强制性等特点，是政府提供的、服务全体国民的一种公共产品。从这个角度看，均衡发展是义务教育内在的必然要求。

2. 义务教育均衡发展

关于义务教育均衡发展，不同学者从不同角度提出了自己的看法。

柳海民、林丹认为，"义务教育均衡发展，是指义务教育的平衡发展，即义务教育的发展在数量特征与质的规定性上，都体现平衡的特点。它不仅是一个静态的发展结果平衡，更是一个动态的发展过程平衡。义务教育均衡发展的意旨，在于'质的范畴'而非'量的范畴'，即不是单纯追求统计意义上的数量绝对均等，而是义务教育在发展过程中应突出'衡'的趋向。'均'不是目的，'衡'才是本质"[1]。金依俚持有类似观点，认为"义务教育应该均衡发展。所谓均衡发展，既指义务教育在规模数量上整体的平衡合理，也包括区域之间、校际之间设施设备、教育管理和教学质量水平的基本平衡"[2]。

文喆指出，所谓义务教育均衡发展，"主要是要求地区政府与社会大众，为学校提供比较均衡的办学条件，要求在校舍、教育设施、师资队伍以及运行经费等方面对学校一视同仁，并且努力促使所有学校都能做到管理规范，科学有序，从而为不同地域、民族、阶层、家庭乃至先天资质有差异的儿童、少年，提供比较平等的教育机会与教育条件，创造相对公平的人生竞争起点。这里讲的均衡有两方面意思，一是办学硬件条件，即校舍、教学设施与运行经费等；一是办学软件条件，即校长、师资及一般管理规范。除此之外，不同的学校，

---

① 柳海民、林丹：《本体论域的义务教育均衡发展》，《东北师范大学学报》（哲学社会科学版）2005 年第 5 期。

② 金依俚：《资源配置与义务教育均衡化》，《民主》2007 年第 1 期。

仍可依据地方与民族需求而发挥优势，办出特色。这里讲的公平，也只是讲起点的公平、条件的公平，而不追求学校教育质量或学生学业成绩的无差别"①。

郑友训、冯尊荣认为，"义务教育均衡发展，就是在教育公平、教育平等原则的支配下，国家制定的有关义务教育法律、法规和政策，各级政府和教育部门制定的有关义务教育法规、政策，都要体现教育均衡发展的基本思想，不同地区之间、城乡之间、学校之间、群体之间的义务教育资源，必须均衡配置；各级学校和教育机构，在具体教育活动和教学活动中，要为每一个受教育者提供均衡的教育和发展机会。从教育资源的配置看，教育的'硬件'设施，包括生均教育经费、校舍、教学实验仪器设备等的配置，教育的'软件'，包括教师、图书资料等的配置是否均衡；从教育目标看，包括学生能否在德智体美劳等方面均衡发展、全面发展；从教育的功能看，教育所培养的劳动力，在总量和结构上，是否与经济、社会的发展需求达到相对的均衡"。他们进一步提出了义务教育的八大均衡：入学权利和入学机会实现均衡发展，区域间实现均衡发展，城乡间实现均衡发展，校际间实现均衡发展，学生间实现均衡发展，不同类别、不同级别教育间实现均衡发展，教育质量实现均衡发展，教育结果在学校教育中和受教育者间实现均衡发展。②

因此，以上对义务教育均衡发展的理解形成了以下共识：首先，义务教育均衡发展要求全方位的"均衡"，不同地域之间要均衡，教育经费、校舍建设、办学条件等"硬件"要均衡；学生入学机会、师资质量等"软件"要均衡。其次，"均衡"不代表"平均""无差别"，均衡强调起点和条件的均衡，并非追求低水平的"无差异"，义务教育均衡发展最终的目的是追求高水平的教育质量。

二　义务教育均衡发展的背景

义务教育均衡发展的理念与实践之所以引起人们的广泛关注，有其

---

① 文喆：《要促进义务教育均衡发展》，《教育科学研究》2006年第2期。

② 郑友训、冯尊荣：《义务教育高位均衡发展的理性解读》，《江南大学学报》（教育科学版）2008年第4期。

深刻的背景。从社会来看，有经济、政治等方面的原因，以及社会更加追求公平的发展趋势；从教育自身来看，各级各类教育在取得巨大发展成就的同时，也产生了巨大的差距，越来越难以满足人们对优质教育资源的迫切需要。

（一）社会背景

1. 社会对公平的追求呼唤义务教育均衡发展

随着时代的发展，我国公民的权利意识越来越强烈。伴随着权利意识的兴起，对公平的追求逐渐成为人们关注的焦点之一。与之相适应，人们越来越希望基本公共服务能够更为公平地向全体公民开放。

基本公共服务是指建立在一定社会共识基础上，根据经济社会发展阶段和总体水平，为维持经济社会的稳定、基本的社会正义和凝聚力，保护个人最基本的生存权和发展权，由国家所提供的基本社会保障条件。基本公共服务是全体社会成员都必需的，包括义务教育、公共卫生、基本医疗、社会保障、公共就业服务、环境保护等方面。基本公共服务具有三个基本功能：一是保障公民的基本生存权；二是满足基本健康需要；三是满足公民的基本尊严和发展基本能力的需要。很显然，基本公共服务具有公共福利的性质，具有以下四个特征：一是基础性，基本公共服务为人们的生存与发展奠定了基础；二是广泛性，基本公共服务影响到全社会每一个家庭和个人；三是迫切性，基本公共服务是最需要政府提供的公共服务；四是可行性，基本公共服务与当前经济发展水平和公共财政能力相适应。[①]

按照国际经验，一个国家人均国内生产总值超过 1000 美元时，经济社会发展将进入一个关键阶段，消费结构和产业结构升级速度将加快。如果此时基本公共服务不能较为公平地面向广大群众，那么社会矛盾就可能加剧。改革开放以来，我国经济快速增长，财政收入规模迅速扩大，国家综合实力不断增强。然而，在计划经济向市场经济转变的过程中，由于机制不健全，许多基本公共服务出现了缺失或失衡现象。一方面，全社会的基本公共需求全面、快速增长；另一方面，全社会的基本公共

---

① 潘政芳：《义务教育均衡化问题研究——以浙江省德清县为例》，硕士学位论文，浙江大学，2009 年，第 19 页。

产品较为短缺、公共服务不到位较为严重。这两者之间的矛盾越来越尖锐，已经开始影响社会的正常、持续发展。为此，实现基本公共服务均等化已经成为我国政府一项迫切的任务。

国家发展和改革委员会经济研究所教授常修泽认为，公共服务均等化可以从三个方面来理解：第一，全体公民享有基本公共服务的机会应该均等。我国有 13 亿人口，尽管每个人的天赋能力不同，所占有的资源也不尽相同，但在享受基本公共服务的机会方面应该是均等的。第二，全体公民享有基本公共服务的结果应该大体相等。大体相等不是搞平均主义，而是大体均等或相对均等。第三，在提供大体均等的基本公共服务的过程中，应尊重社会成员的自由选择权。他还认为，现阶段我国公共服务均等化包括四个方面的内容：就业服务和基本社会保障等基本民生性服务；义务教育、公共卫生和基本医疗、公共文化等公共事业性服务；公益性基础设施和生态环境保护等公益基础性服务；生产安全、消费安全、社会安全、国防安全等公共安全性服务。[①]

义务教育是基本公共服务的重要组成部分，基本公共服务均等化必然要求义务教育的均衡发展，义务教育均衡发展是当前社会追求公平的必然要求。正是在这个意义上，《国家中长期教育改革和发展规划纲要（2010—2020 年）》在"战略目标"部分提出，"建成覆盖城乡的基本公共教育服务体系，逐步实现基本公共教育服务均等化，缩小区域差距。努力办好每一所学校，教好每一个学生"。

2. 经济发展要求义务教育均衡发展并为之提供了根本保障

公平是我国经济持续、健康发展的自身要求，没有公平也就不可能有可持续的经济发展。义务教育均衡发展是我国经济发展的迫切要求，因为它是经济公平发展的基石。"改革开放 30 年中国教育改革与发展课题组"指出，知识差距意味着经济差距，它是收入分配差距扩大的主要原因。课题组认为，在知识经济时代，社会成员的经济收入往往与其受教育的多寡及质量具有正相关关系，教育的经济收益在微观层次是通过

---

① 常修泽：《中国现阶段基本公共服务均等化研究》，《中共天津市委党校学报》2007 年第 2 期。

个人生产力增长来实现的。① 当前，推动义务教育均衡发展，有利于促进经济公平发展。通过推进义务教育均衡发展，可以让人们接受公平的义务教育，提高他们的基本素质和就业能力，从而增加就业机会、改善劳动力供给结构，促进经济的健康持续发展。

经济发展在对义务教育均衡发展提出要求的同时，也为之提供了根本保障。发展教育事业必须要依靠国家投入，教育事业的发展水平与国家经济发展水平关系十分密切。2006 年之前尤其在 2000 年之前，由于经济总体实力还较弱，我国义务教育奉行的是"效率优先、兼顾公平"的政策。具体而言，就是在全国各地主要是在各个城市的部分小区，通过政策、经费等倾斜措施，举办一些重点学校。举办这些重点学校，旨在为其他义务教育阶段学校提供示范作用。应该承认，在经济较为落后的时期，这种政策具有一定的合理性，对我国普及九年义务教育起到了一定的作用。但与此同时，我们不得不承认，重点学校制度是一种非常不公平的制度，它直接造成了我国义务教育发展失衡的问题。

近年来，我国经济飞速发展，取得了巨大的进步。1986 年，我国国民生产总值仅为 0.94 万亿元，1993 年为 3.14 万亿元，2003 年为 11.67 万亿元，2006 年已经达到 20.94 万亿元，到 2013 年更是增至 56.88 万亿元。② 随着经济总体实力的稳步提高，我国教育经费的供给能力也在不断增强。正是在这样的背景下，为促进义务教育的发展，我国从 2001 年开始实行"两免一补"政策。这一政策的主要内容是，政府对农村义务教育阶段贫困家庭学生"免杂费、免书本费、逐步补助寄宿生生活费"。2006 年修订义务教育法之后，全国义务教育均实行免费政策，国家继续对农村贫困地区实行"免书本费、补助寄宿生生活费"的"一免一补"政策。这些措施极大地巩固了"两基"成果，九年义务教育的普及率和巩固率都得到了前所未有的保障。正是因为国家经济实力的提升，这些措施才得以实施。

---

① 改革开放 30 年中国教育改革与发展课题组：《教育大国的崛起：1978—2008 年》，教育科学出版社 2008 年版，第 38 页。

② 以上数据出自中华人民共和国统计局网站相应年度的《国民经济和社会发展统计公报》；1991 年及之前年份公报均使用"国民生产总值"，1992 年开始使用"国内生产总值"，这两个概念虽然不同，但其值通常相差不大。

随着经济实力的提升、教育投入的不断增加，推动义务教育均衡发展、全面提高义务教育质量的经济条件已经初步具备。在当前的形势下，"效率优先、兼顾公平"的义务教育政策已经完全不适应社会发展的潮流，追求公平成为发展义务教育的重中之重，均衡发展、全面提升质量是新时期赋予义务教育的历史使命。

3. 科学发展观为义务教育均衡发展提供了指导思想

2003 年 10 月召开的中国共产党十六届三中全会提出了科学发展观，并把它的基本内涵初步概括为"坚持以人为本，树立全面、协调、可持续的发展观，促进经济社会和人的全面发展"，"要按照统筹城乡发展、统筹区域发展、统筹经济社会发展、统筹人与自然和谐发展、统筹国内发展和对外开放的要求，更大程度地发挥市场在资源配置中的基础性作用，为全面建设小康社会提供强有力的体制保障"。党的十七大报告提出，科学发展观，第一要义是发展，核心是以人为本，基本要求是全面协调可持续，根本方法是统筹兼顾，指明了我们进一步推动中国经济改革与发展的思路和战略，明确了科学发展观是指导经济社会发展的根本指导思想。党的十八大报告提出，深入贯彻落实科学发展观，对坚持和发展中国特色社会主义具有重大现实意义和深远历史意义，必须把科学发展观贯彻到我国现代化建设全过程、体现到党的建设各方面。

科学发展观提出了全新的发展概念，发展必须是以人为本的、全面的、协调的、可持续的。要实现这种全新的发展，国家公共服务政策必须更加公平、公正，对社会经济资源的配置应更加优化，使全体社会公民都能享受到社会发展成果。当前我国义务教育的城乡差距、区域差距、校际差距都较为明显，在科学发展观的指导下，义务教育同样也要求统筹城乡、区域发展。我们必须采取措施，逐步消除义务教育城乡之间、区域之间、学校之间的差距，促使义务教育均衡发展，为经济社会的和谐发展奠定良好的基础。

4. 党和政府高度重视教育事业与义务教育均衡发展

自十二大以来，历次党的全国代表大会报告均高度重视教育事业。十二大报告提出，"必须大力普及初等教育，加强中等职业教育和高等教育，发展包括干部教育、职工教育、农民教育、扫除文盲在内的城乡各级各类教育事业，培养各种专业人才，提高全民族的科学文化水平"。十三大报告指出，"百年大计，教育为本。必须坚持把发展教育事业放在突出的战略位置，加强智力开发"。十四大报告指出，"我们必须把教育摆在优先发展的战略地位，努力提高全民族的思想道德和科学文化水平，这是实现我国现代化的根本大计。要优化教育结构，大力加强基础教育，积极发展职业教育、成人教育和高等教育，鼓励自学成才"。十五大报告指出，"发展教育和科学，是文化建设的基础工程。……要切实把教育摆在优先发展的战略地位"。十六大报告指出，"教育是发展科学技术和培养人才的基础，在现代化建设中具有先导性全局性作用，必须摆在优先发展的战略地位"。

自十七大以来，在重视教育事业的基础上，党和政府还特别重视义务教育均衡发展。十七大报告指出，"教育是民族振兴的基石，教育公平是社会公平的重要基础。……优化教育结构，促进义务教育均衡发展，加快普及高中阶段教育，大力发展职业教育，提高高等教育质量。……坚持教育公益性质，加大财政对教育投入，规范教育收费，扶持贫困地区、民族地区教育，健全学生资助制度，保障经济困难家庭、进城务工人员子女平等接受义务教育"。十八大报告指出，"教育是民族振兴和社会进步的基石。要坚持教育优先发展，……全面实施素质教育，深化教育领域综合改革，着力提高教育质量，培养学生创新精神。办好学前教育，均衡发展九年义务教育，基本普及高中阶段教育，加快发展现代职业教育，推动高等教育内涵式发展，积极发展继续教育，完善终身教育体系。大力促进教育公平，合理配置教育资源，重点向农村、边远、贫困、民族地区倾斜，支持特殊教育，提高家庭经济困难学生资助水平，积极推动农民工子女平等接受教育，让每个孩子都能成为有用之才"。

1985 年以来，党中央、国务院先后召开了四次全国教育工作会议，颁布了《中共中央关于教育体制改革的决定》《中国教育改革和发展纲要》《中共中央 国务院关于深化教育改革 全面推进素质教育的决定》和《国家中长期教育改革和发展规划纲要（2010—2020 年）》等纲领性文件，并提出了"忽视教育的领导者，是缺乏远见的、不成熟的领导者"、"国运兴衰，系于教育""教育是民族振兴的基石"等振聋发聩的口号。可以看出党和政府对教育事业的重视程度。近年来，党和政府更加注重义务教育均衡发展，先后发布了一系列促进义务教育均衡发展的文件。2005 年 5 月 25 日，教育部发布《关于进一步推进义务教育均衡发展的若干意见》。2010 年 1 月 4 日，教育部发布《关于贯彻落实科学发展观　进一步推进义务教育均衡发展的意见》。2012 年 9 月 5 日，为贯彻落实《国家中长期教育改革和发展规划纲要（2010—2020 年）》，巩固提高九年义务教育水平，深入推进义务教育均衡发展，国务院专门颁发了《关于深入推进义务教育均衡发展的意见》。特别值得一提的是，新《义务教育法》规定，"县级以上人民政府及其教育行政部门应当促进学校均衡发展，缩小学校之间办学条件的差距，加强对薄弱学校的改造，不得将学校分为重点学校和非重点学校"，为义务教育均衡发展提供了法律依据和保障。

党和政府把教育摆在优先发展的战略地位，为实现义务教育均衡化奠定了基础。正是在这个意义上，有人认为"教育战略地位的确立为均衡发展义务教育奠定了政治基础；《义务教育法》等法律、法规的颁布是均衡发展义务教育的法律基础"[①]。

（二）教育背景

1. 各级各类教育事业取得了巨大成就

改革开放以来，尤其是近 20 多年来，我国教育事业发展取得巨大成就。截至 2015 年，全国共有幼儿园 22.37 万所，在园幼儿（包括附设班）4264.83 万人，学前教育毛入园率达到 75%，幼儿园园长和教师共 230.31 万人；小学 19.05 万所，在校生 9692.18 万人，小学学龄儿童净入学率达到 99.88%，小学专任教师 568.51 万人；初中学校 5.24 万所（其中职业初中 22 所），在校生 4311.95 万人，初中阶段毛入学率 104.0%，初中专任教师 347.56 万人；特殊教育学校 2053 所，在校生 44.22 万人，特殊教育学校专任教师 5.03 万人；高中阶段教育学校 2.49 万所，在校学生 4037.69 万人，高中阶段毛入学率 87.0%；普通高等学校和成人高等学校 2852 所，各类高等教育在学总规模达到 3647 万人，高等教育毛入学率达到 40.0%。[②] 下面通过表格 1—1 进一步说明 20 年来教育事业的巨大成就。

---

① 朱家存：《论义务教育均衡发展的基础与动力》，《教育科学》2003 年第 5 期。

② 《2013 年全国教育事业发展统计公报》，2014 年 7 月 4 日，教育部门户网站（http：//www. moe. edu. cn/was5/web/search）。

表1—1　1994—2015年我国普通教育事业发展统计表

年份	幼儿园			小学			初中			普通高中			普通高等学校		
	学校	在园幼儿	教师	学校	在校生	专任教师	学校	在校生	专任教师	学校	在校生	专任教师	学校（所）	在校生	专任教师
1994	17.50	2630.27	93.00	68.26	12822.62	561.13	6.96	4379.90	272.23	不详	665.40	54.68	1080	279.86	39.64
1995	18.04	2711.23	94.50	66.87	13195.15	566.41	6.86	4727.51	282.09	1.40	713.76	55.05	1054	290.64	40.07
1996	18.73	2666.33	117.38	64.60	13615.00	573.58	6.76	5047.95	293.19	1.39	769.25	57.21	1032	302.11	40.25
1997	18.25	2518.96	96.18	62.88	13995.37	579.36	6.62	5248.68	302.17	1.39	850.07	60.51	1020	317.44	40.45
1998	18.14	2403.03	95.57	60.96	13953.80	581.94	6.54	5449.73	309.43	1.39	938.00	64.24	1022	340.87	40.72
1999	18.11	2326.26	95.79	58.23	13547.96	586.05	6.44	5811.65	318.75	1.41	1049.71	69.24	1071	413.42	42.57
2000	17.58	2244.18	94.65	55.36	13013.25	586.03	6.39	6256.29	328.69	1.46	1201.26	75.69	1041	556.09	46.28
2001	11.17	2021.84	63.01	49.13	12543.47	579.77	6.66	6514.38	338.57	1.49	1404.97	84.00	1225	719.07	53.19
2002	11.18	2036.02	65.93	45.69	12156.71	577.89	6.56	6687.43	346.77	1.54	1683.81	94.60	1396	903.36	61.84
2003	11.64	2004.00	70.91	42.58	11689.74	570.28	6.47	6690.83	349.75	1.58	1964.83	107.06	1552	1108.56	72.47
2004	11.79	2089.40	75.96	39.42	11246.23	562.89	6.38	6527.51	350.05	1.60	2220.37	119.07	1731	1333.50	85.84
2005	12.44	2179.03	83.61	36.62	10864.07	559.25	6.25	6214.94	349.21	1.61	2409.09	129.95	1792	1561.78	96.58
2006	13.05	2263.85	89.82	34.16	1071.53	558.76	6.09	5957.95	347.50	1.62	2514.50	138.72	1867	1738.84	107.60

续表

年份	幼儿园			小学			初中			普通高中			普通高等学校		
	学校	在园幼儿	教师	学校	在校生	专任教师	学校	在校生	专任教师	学校	在校生	专任教师	学校（所）	在校生	专任教师
2007	12.91	2348.83	95.19	32.01	10564.00	561.26	5.94	5736.19	347.30	1.57	2522.40	144.31	1908	1884.90	116.83
2008	13.37	2474.96	103.20	30.09	10331.51	562.19	5.79	5584.97	347.55	1.52	2476.28	147.55	2263	2021.02	123.75
2009	13.82	2657.81	112.78	28.02	10071.47	563.34	5.63	5440.94	351.80	1.46	2434.28	149.33	2305	2144.66	129.52
2010	15.04	2976.67	130.53	25.74	9940.70	561.71	5.49	5297.33	352.54	1.41	2427.34	151.82	2358	2231.79	134.31
2011	16.68	3424.45	149.60	24.12	9926.37	560.49	5.41	5066.80	352.45	1.37	2454.82	155.68	2409	2308.51	139.27
2012	18.13	3685.76	167.75	22.86	9695.90	558.55	5.32	4763.06	350.44	1.35	2467.17	159.50	2442	2391.32	144.03
2013	19.86	3894.69	188.51	21.35	9360.55	558.46	5.28	4440.12	348.10	1.34	2435.88	162.90	2491	2468.07	149.69
2014	20.99	4050.72	208.03	20.14	9451.07	563.39	5.26	4384.63	348.84	1.33	2400.47	166.27	2529	2547.70	153.45
2015	22.37	4264.83	230.31	19.05	9692.18	568.51	5.24	4311.95	347.56	1.32	2374.40	169.54	2560	2625.30	157.26

注：学校数单位中，除普通高等学校外均为"万所"，普通高等学校为"所"；在校生（幼儿）数和专任教师数单位为"万人"。

资料来源：教育部网站公布的历年《全国教育事业发展统计公报》。

学前教育的不断普及为义务教育提供了更好的生源，义务教育的全面普及为质量提升打下了牢固的基础，而高中阶段教育的发展要求义务教育提供更优质的生源，高等教育的发展使包括义务教育在内的基础教育有了更为宽松的环境。总体而言，教育事业的巨大成就呼唤更加优质的义务教育，均衡发展是新形势下提升义务教育质量的必然要求。

2. 义务教育发展面临历史性的机遇和挑战

当前，我国义务教育发展面临前所未有的机遇。近年来，义务教育普及与巩固水平保持高位，全国小学净入学率一直保持在99%以上，超过了发达国家96%的平均水平。2010年以来，全国初中毛入学率均超过100%。① 与此同时，近年来人口出生总量保持在1600万左右这一比较稳定的水平，远低于1982年的2310万和1990年的2621万人。② 这两个方面的情况都是以前从未有过的，这就意味着我国义务教育已经基本解决了数量问题，是时候考虑全面提高义务教育质量了。从其本质来看，义务教育均衡发展最主要的目的就在于全面提升质量。

义务教育发展也面临前所未有的挑战。首先，巩固普及九年义务教育成果的压力依然存在。虽然我国在2000年基本普及了九年义务教育，但这只是低水平的普及，中西部农村地区尤其如此。普及九年义务教育是一个动态的发展过程。一方面，由于社会就业压力大、"读书无用论"重现，辍学情况有不同程度的反弹。当前，我们仍然需要投入相当大的财力、物力和人力，巩固普及九年义务教育的成果。另一方面，更为重要的是，人们对义务教育的质量提出了更高的要求。为满足经济社会发展和教育自身发展的需求，我们需要不断提高普及的质量，切实增强义务教育自身的吸引力。其次，义务教育发展严重失衡，优质义务教育资源十分紧缺。长期以来，各地在教育资源上进行过度的倾斜投入，在办好一批重点学校、示范学校的同时，也导致了数量更为庞大的薄弱学校。再加上各地经济社会发展水平的差距，城乡之间、区域之间、学校之间义务教育发展水平差距巨大。与此同时，随着经济社会的发展，人民收入和生活水平的不断提高，人民群众对教育质量的要求越来越高，在这

---

① 数据出自教育部网站公布的历年《全国教育事业发展统计公报》。
② 数据出自统计局网站公布的历年《国民经济和社会发展统计公报》。

样的背景下，人民群众对优质教育资源需求的普遍性和迫切性与优质教育资源不足之间存在尖锐的矛盾。面对义务教育发展失衡的严峻形势，面对人民日益强烈的接受优质教育的需求，解决问题的根本途径和唯一出路是大力推进义务教育均衡发展，从根本上提升所有义务教育学校的质量。

综上所述，当前我国义务教育均衡发展的背景十分复杂，"教育均衡发展的提出集中反映了当前我国基础教育发展失衡的现实状况、基础教育改革的基本走向以及追求教育公正的心理背景"①。

第二节　义务教育均衡发展的理论基础

一　教育公平理论

什么是教育公平？学术界看法不一，但我们把教育公平作为一个历史概念，从西方历史上追溯其思想渊源对构建具有现代意义的教育公平理论有积极的作用。

柏拉图最早在其著作《理想国》中提出公平和教育公平的思想，但是由于他所处的社会背景，他所设计的教育公平原则依然是充满等级色彩的。亚里士多德对公平和教育公平也有其见解，他认为："关于公正以及与此相应的公正事情，一类表现在荣誉、财务以及合法公民人人有份的东西的分配中（因为这些东西中，人们相互之间存在着不均等和均等的问题），另一类则是在交往中提供是非准则。"② 所以他认为在教育活动中针对个别差异的对象实施差别待遇，是不违反公平原则的。17、18世纪欧洲启蒙思想家的思想根植于当时的现实，将自由、平等、博爱的启蒙学说转化成政治诉求反映到了教育领域，逐渐形成了代表资产阶级利益的教育公平观。到了18、19世纪，这种资产阶级的教育公平观并没有实现教育的机会均等，反而产生了双轨制教育制度。直到20世纪，才产生了与双轨制相对应的现代教育公平观。西方近现代有诸多学者和思想

---

① 《2013年全国教育事业发展统计公报》，2014年7月4日，教育部门户网站（http://www.moe.edu.cn/was5/web/search）。

② 周洪宇：《教育公平论》，人民教育出版社2010年版，第22页。

家对教育公平进行过较为系统的理论阐述，颇具代表性的主要有麦克马洪的三类型说；胡森的教育公平论；罗尔斯的正义二原则。

麦克马洪认为公平有三个维度，首先是水平公平，意指相同者受相同对待。其次是垂直公平，意指不同者受不同对待。最后是代际公平，意指确保上一代人的不平等现象不至于全然延续下去。[①]

胡森的教育公平论具有整体性和连续性，首先是起点公平，指每个人都有不受任何歧视的开始其学习生涯的机会，至少是在政府所办的教育中开始其学习生涯的机会。其次是过程公平，公平还要考虑各种不同的但都以平等为基础的方式来对待每一个人——不论其人种和社会出身情况。最后是结果公平，在制定和施行教育政策时，应列入一些措施，使入学机会更加平等，进而使学业成就的机会更加平等。因为，入学和学业成就上的机会平等，将有助于社会经济方面取得更大的平等。[②]

罗尔斯的正义二原则，首先是平等的自由原则，每一个人都有平等的权利去拥有可以与别人的类似自由权并存的最广泛的基本自由权。其次是差异原则，对社会和经济不平等的安排应能使这种不平等不但可以合理地指望符合每一个人的利益，而且与向所有人开放的地位和职务联系在一起。并且第一个原则优先（自由的优先性），指第一个原则优先于第二个原则的整体。[③]

我国关于教育公平的探索则更为久远，《礼记·王制》记载："有虞氏养国老于上庠，养庶老于下庠。"这就反映出当时的教育存在等级差异。继而，孔子提出"有教无类"的教育原则，反映了孔子朴素的教育公平思想。隋唐建立并发展完善的科举考试制度，更可以说是我国封建时期关于教育机会平等的主要制度体现。近现代，特别是"五四"新文化运动时期和20世纪20年代后期，晏阳初、陶行知、黄炎培等一大批教

---

① 许长青、伍青华：《公平与效率的均衡：和谐社会公共教育财政投资的价值抉择》，《国家教育行政学院学报》2008年第8期。

② 张人杰：《国外教育社会学基本文选》，华东师范大学出版社1991年版，第160—161页。

③ 吴文俊、祝贺：《从罗尔斯的正义原则看教育公平问题》，《辽宁教育研究》2005年第6期。

育家开展的乡村教育运动，使平民百姓享有了更多的教育权，实践了教育公平。中华人民共和国成立后，党和国家高度重视教育公平，从财政、立法等多角度践行教育公平理念。

当代教育公平理论研究中具有代表性的主要有：顾明远、刘复兴认为教育公平具有多层次的丰富内涵：（1）全体公民的政治权利平等与法定教育权利平等、人格平等是教育公平的基础。（2）教育公平包括起点公平、过程公平、结果公平三个基本的方面。起点公平就是要保障所有的公民都享有平等接受义务教育的机会和平等参与非义务教育选拔的机会，即入学机会的公平。过程公平是指在教育活动中，不因个人天赋、家庭出身、贫富、性别、种族和残疾与否等原因而受到不公正的待遇，即发展条件与发展机会的平等。结果公平主要是指每一个受教育者都能接受与其天赋和能力相适应的教育，每一个受教育者都能接受达到基本质量标准的教育，每一个社会阶层或群体在各级各类教育中的受教育人数与该阶层或群体在社会人口总数中所占的比例大致相当，每一个受教育的个体的潜能都得到发展。（3）教育公平可区分为同质公平与差异公平。同质公平是指无差别的公平，即入学、资源配置和评价等方面用同一个标准无差别地要求所有的人。差异公平就是根据受教育者的天赋和兴趣对他们实施不同内容与特点的教育，以及在不损害他人教育利益的前提下尊重人们自由选择教育的权利。（4）对处境不利群体的教育补偿与优先扶持是教育公平的基本要求，也是不能超越的一个原则。（5）教育公平既可理解为数量公平，也可理解为质量公平。数量公平主要是指不同的受教育者在受教育年限和资源配置数量等方面的平等，质量公平则是指所有受教育者都能接受有质量的教育。[1]

谈松华认为："教育公平是一个动态概念，教育公平的实现是一个系统工程，需要分步骤实现，不同阶段教育公平的内涵不同。国家应首先保证大多数人公平地接受义务教育的机会，在保证基本受义务教育机会的前提下，可以允许为一部分人提供更好的学习机会，随着经济的发展和教育质量的普遍提高，逐渐发挥教育公平地开发人的潜能的作用。"[2]

---

[1]　顾明远、刘复兴：《建设惠及全民的公平教育》，《求是》2011年第19期。
[2]　谈松华：《论我国现阶段的教育公平问题》，《教育研究》1994年第6期。

"教育公平理论是义务教育均衡发展理论的基石"①，对教育公平理论的深入理解更有益于我们充实和发展义务教育均衡发展理论。公平永远是动态的、相对的，而且从来就没有绝对的公平。同样，均衡也没有绝对的均衡，我们只能以相对的、动态的教育公平观来实现义务教育的不断均衡化。

二　可持续发展理论

教育可持续发展的理论基础是可持续发展理论，可持续发展理论是20世纪70年代提出的，经过多年的发展现已成为我国社会经济发展的重要指导思想，也是我国社会经济发展的两大基本战略之一。教育作为社会功能的重要组成，也存在自身的可持续发展问题。教育能否可持续发展，不仅关系到教育自身的健康发展，也在很大程度上影响着社会经济的可持续发展。

在当今学术界对于可持续发展与教育的关系大致有两种观点，"一种观点是可持续发展的教育，即教育对可持续发展是至关重要、不可或缺的，教育应当进行可持续发展的教育，让可持续发展观念成为下一代的文化认同，特别要在价值观、道德观、伦理观上注入可持续发展的思想，培养可持续发展的专门人才，包括能够处理各种可持续发展技术问题的科技人才和能够协调经济、环境、人口、社会、文化、政治、法律等可持续发展的科学人才，让教育作为一种手段来承担发展可持续发展战略的历史使命"②。

另一种观点是教育的可持续发展，即在可持续发展战略下的教育自身的可持续发展。在推动人类可持续发展的伟大事业中，教育具有相当重要的作用。教育的内部结构纷繁复杂，只有教育自身得以可持续发展，各要素协同发展形成合力，教育才能强有力地承担起推动社会可持续发展的使命。本书就基于此种理论观点。

首先，社会是人类群体存在的形式，也是人类赖以生存和发展的客

---

① 华桦、蒋瑾：《教育公平论》，天津教育出版社2006年版，第25页。
② 杨移贻、张祥云：《可持续发展的教育与教育的可持续发展》，《高等教育研究》1997年第4期。

观环境条件。社会作为一个大系统，其中包含了教育、政治、经济、文化、人等子要素。其中，人是社会组成的基本分子，一切的社会活动都离不开人，教育是人类文化传承的重要手段，也是实现人的社会化的基本途径。社会的发展离不开教育，教育的发展也受到社会经济、政治、文化和科技的发展的制约，并且教育作为"黏合剂"，在社会发展中承担了传承文化，为政治、经济培养人才的重任，任何一个部分离开了教育都会彼此成为孤立的存在。所以从宏观角度看教育的可持续发展就是教育与社会中其他组成部分的共同促进，良性互动的关系。正是这种"黏合剂"的作用，才把整个人类社会各要素联结成一个整体，共同进步。

其次，教育经过漫长的发展时期，已经从社会的边缘走向了社会中心，并且成为了带动社会发展的"轴心"。但是在教育繁荣发展的背后也存在着深刻的危机，教育是一个多层次、多形式、多因素的有机系统，也是一个相对独立的综合存在。构成教育的众多要素间自然存在着时空位置、比例关系、纵横序列等组合问题。此外，在动态的教育结构中，教育的各要素间的排列组合和协调发展的差异，往往既会带来教育系统与社会大系统在联系程序和适应程序上的偏差，也会使教育系统自身低效，甚至无效。所以教育的可持续发展也是教育改革、教育面向未来发展的过程。

最后，教育的可持续发展是针对教育的不可持续发展而提出的。从教育外部看，我国教育在20世纪八九十年代教育政策的制定过程中，提倡集中力量办好一部分教育，优先发展部分实验校、重点校，这部分内容经过几十年的发展，具体表现在当今教育发展的不均衡上。从教育内部看，教育内部的各要素之间，课程设置上，也存在着失衡，如重视数理化等自然学科，忽视政史地等社会学科，这都从不同角度影响了教育的可持续发展。那么，教育的可持续发展其实质的内容是什么呢？概而言之，就是"遵循教育发展的客观规律，推动作为整个社会全局性、基础性、先导性的教育事业健康有序、保质保量、持续地发展"①。那么教育的可持续发展作为一种新的教育发展观和理论的基本特征是什么呢？

---

① 张君：《论教育的可持续发展》，《东北师范大学学报》（哲学社会科学版）1999年第6期。

我们大致可以概括出以下几方面，即连续性，整体性，平等性：①

（1）连续性。教育的连续性应从纵、横两方面来看，纵向看，终身教育已经受到世界的普遍认同，在终身教育体系中，各级各类教育都是从属于其中的一个阶段，当前所受的教育首先应该为下一个阶段的学习做好铺垫和输入动力。从横向看，教育与其他社会组成部分是不可分割的整体，社会在整体推进可持续发展战略，那么教育也应当发挥其自身效能，建立长远的发展规划和可持续的发展目标。每所学校都要深化改革，发挥各自优势，走内涵式、集约式的可持续发展之路。学校内各专业也都应根据当前社会的发展、经济和产业结构调整的趋势来设置学科和课程内容。

（2）整体性。教育的宏观概念当中包括学校教育、家庭教育和社会教育三个部分，这三个部分并不是各自独立，而是相互依托、相互联系的，应该视三者为一个整体，构建一体化教育体系，全方位对受教育者施教，提高教育整体效能。在学校内部，教学、科研、后勤是一个整体，科研兴教，教研相长，后勤为教学、科研服务，共同促进学校教育的发展。教育的基本目的是育人，培育完整的人，德智体美劳全面发展的人，所以这就要求在设置课程内容时，要兼顾多方，任何一方发展不充分都会影响到学生的整体发展和发展的最优化。

（3）平等性。我国是多民族国家，并且经济发展严重失衡，在东南沿海地区经济发达，教育也发达，中西部地区的经济落后，教育发展也迟滞，虽然国家对中西部的经济发展和教育发展都给予了较多的投资和政策关怀，但东西部的差距依然存在。另外，平等也体现在城市和乡村，我国二元的经济结构使城乡经济差距、教育水平都严重不均衡，国家应积极缩小农村教育与城市教育的差距。学校应面向全体学生，对每个学生负责，真正做到"有教无类"，使每个学生均可享有公正而平等的受教育机会。

义务教育均衡与义务教育可持续发展是相互协调、相互统一的关系，正是因为当前义务教育可持续发展过程中出现的不均衡现象，我们才提出了义务教育均衡发展的理论。用理论来指导实践，以此来达到义务教

---

① 马佳宏：《教育可持续发展的内涵与对策》，《教育导刊》2001 年第 7 期。

育可持续发展的目标。义务教育的可持续发展理论为义务教育均衡理论提供了理论基础，以人为出发点，把人作为发展的中心，强调人与自然、社会的协调发展，提倡全人教育，全纳教育，并且均衡与发展是不能分开的统一体，义务教育的发展不是盲目地扩大规模，而是需要一种和谐的、创新的、均衡且可持续的发展。

三　教育均衡发展理论

教育均衡源于教育机会均等的现代理念。教育机会均等是由近代的平等观念引申出来的，并成为现代教育的基本精神和内在追求。我们要考察教育均衡发展的内涵，必须从不同角度做不同的理解。例如，教育发展是教育供给与教育需求的相互作用，从这一角度看，均衡发展可以理解为教育供给与教育需求的均衡发展。教育系统是由各级各类教育构成的，因此也可以理解为各级各类教育的均衡发展。从区域划分的角度来看，教育均衡发展也可以理解为不同区域教育的均衡发展。而在同一地区内，学校是教育的基本组织形式，从这一角度看，教育均衡发展是指通过缩小区域内不同学校的办学水平的差异，使教育不仅迈进与地区发展的和谐状态，而且在不同地区之间、不同学校之间形成相互助长的关系。[①]

从现在学术界的研究成果来看，在界定教育均衡发展的具体内涵时，有些领域和要素是为研究者所共同关注的。从研究问题指向的范围看，有的研究者关注区域教育均衡，有的研究者关注教育机会在不同人群中的分配，有的研究者关注不同教育层次间的资源占有的机制和分配方法。从研究的学科取向来看，有教育哲学取向的，有教育经济取向的，有公共政策研究取向的。由于不同研究者关注的具体问题以及研究取向和方法的不同，对教育均衡的界定也各不相同，归纳起来，学界对于教育均衡发展的理解大致可分为两大类观点，即理解为"教育均衡"的发展和教育的"均衡发展"，"教育均衡"的发展更多指向的是时间上的维度。这一类学者把焦点关注在人的上面，关注的是学生在接受教育的起点、过程和结果方面拥有相对平等的入学机会，得到大致均等的教育资源和

① 田芬：《基础教育均衡发展研究》，博士学位论文，苏州大学，2004年，第4—5页。

教育条件，并能够获得尽可能的发展与成长。而教育的"均衡发展"更多指向的是空间上的维度。在地域空间上，主要将我国不同地区之间、同一地区不同学校之间、同一学校不同群体之间的教育的均衡发展问题纳入视野。因此其侧重点其实是在发展，首先要求整体内的各个部分得到了发展，然后才能求得均衡。

在本书中，将教育均衡发展视为一种全新的教育发展观。即把人作为教育发展的基本单位，全面关注区域之间的均衡发展，区域内部的均衡发展，群体之间的均衡发展，合理配置教育资源，办好每一所学校，教好每一个学生。其内涵和本质具体体现在以下三个方面[①]。

第一，教育均衡是一种发展目标，更是一种发展过程。均衡发展本身不是目的，其本质目标是追求一种理想、公平、高效、优质的教育状态。作为社会进步的重要标志，教育均衡是相对的、发展的，所以绝对的教育均衡只是一种理想状态。教育均衡发展不能简单地理解为平均发展、均等发展，它更强调的是全面、协调、可持续的科学发展。均衡发展的过程，是整体办学条件和水平提升的过程，这种过程是由不均衡逐渐走向均衡，然后均衡再次被更高一级的发展需求打破，出现新的不均衡，并在更高层次上从不均衡走向均衡的过程。

第二，教育均衡发展是一种新型教育发展观。教育均衡发展的实质是代表最广大人民的根本利益，核心是追求教育公平。实现教育均衡需要政府提供给每个受教育者相对平等的学习条件、权利、机会，保证受教育者接受教育。教育虽然具有经济功能、政治功能、文化功能，但其本质主要体现在促进人成长发展的教育功能上，且教育的其他功能都是以此为中介，即通过教育功能来实现。教育均衡发展必须坚持以人为本的原则，树立全面、协调、可持续的科学发展观，促进各级各类教育持续稳定健康和谐发展，以受教育者的全面发展为根本，从受教育者的发展需要出发，努力创造相对均衡的受教育机会，不断提高各级各类教育的质量，力求使每一个受教育者都能均等地获得自身发展所需的优质教育，继而推动社会全面发展。

---

① 张筱良：《教育均衡发展的理论与实践：以河南为例》，河南人民出版社 2007 年版，第 9—13 页。

第三，教育均衡发展是一个循序渐进的发展过程。就义务教育而言，我国已经基本普及九年义务教育。从教育均衡发展的阶段性看，比较容易的阶段是普及阶段。从大众化阶段向普及阶段迈进并基本实现普及的阶段目标是实现教育均衡发展的最好时期。而实现了普及、进入巩固阶段后，由于一些经济条件较好、办学条件较好的地方和学校又会有新的发展愿望、要求和发展提高的趋势，这时又对教育均衡提出了"质"的方面的挑战。所以教育的发展应遵循教育规律和社会发展规律循序推进。

在推进义务教育均衡发展过程中，需要以教育均衡发展理论为指导，把握好不同阶段的发展特点，采取不同的对策，深化义务教育改革，加强义务教育内部建设，追求教育质量的均等。让每个学生最大限度地发挥自己的特长和学习潜能，为后继的学习打好坚实的基础，为成为一个合格的社会主义新型人才做好铺垫。

第三节　义务教育均衡发展的目标、内容与评估指标体系

一　义务教育均衡发展的目标

2012 年 9 月 5 日，国务院发布《关于深入推进义务教育均衡发展的意见》，提出推进义务教育均衡发展的基本目标是，"每一所学校符合国家办学标准，办学经费得到保障。教育资源满足学校教育教学需要，开齐国家规定课程。教师配置更加合理，提高教师整体素质。学校班额符合国家规定标准，消除'大班额'现象。率先在县域内实现义务教育基本均衡发展，县域内学校之间差距明显缩小。到 2015 年，全国义务教育巩固率达到 93%，实现基本均衡的县（市、区）比例达到 65%；到 2020 年，全国义务教育巩固率达到 95%，实现基本均衡的县（市、区）比例达到 95%"。

对义务教育均衡发展的目标，有人从其他不同角度来理解。例如，有人认为，义务教育均衡发展的根本目标就是，保障每一个适龄儿童平等地接受规定年限的义务教育。具体而言，义务教育均衡发展应该逐步实现三个目标：第一，为更多的人提供更多接受义务教育的机会；第二，

为所有的人提供基本均等的义务教育；第三，为所有的人提供尽可能好的义务教育。① 还有人从政策目标、管理目标等不同层面分析义务教育均衡发展的目标，"义务教育均衡发展的政策目标是通过办学条件的统一配置，使所有同类学校在同一基础上展开教学活动，使所有的孩子在任何学校都能享受相同条件的教育。义务教育均衡发展的管理目标是通过对条件（经费、设施设备和师资等）薄弱的学校施行大力度的倾斜投入政策，使这些学校在办学条件上尽快与条件好的学校缩小差距，在硬件设施和师资队伍方面逐渐趋于统一。评估一个地区的教育行政管理，如果其符合上述目标，则意味着该地区的教育行政管理走向是符合均衡发展要求的"②。

笔者认为，义务教育均衡发展的最终目标就是，为每一所学校配置基本相似的教育资源、为每一个学生的健康成长提供基本相同的发展机会，保证义务教育阶段的教育起点公平，促进义务教育阶段全体学生的全面发展，为整体上提高民族素质打下坚实的基础。

二　义务教育均衡发展的内容

2006 年，新《义务教育法》明确提出了促进义务教育学校均衡发展的要求。《国家中长期教育改革和发展规划纲要（2010—2020 年）》进一步指出，教育公平的重点是促进义务教育均衡发展和扶持困难群体；均衡发展是义务教育的战略性任务；应切实缩小校际差距，着力解决择校问题；加快缩小城乡差距；努力缩小区域差距。根据我国相关法律、法规以及义务教育发展的实际，可以从义务教育的对象与实施义务教育的地域两个维度来分析义务教育均衡发展的内容。

（一）从义务教育对象的维度来看

新《义务教育法》第一条说明了立法的目的是"为了保障适龄儿童、少年接受义务教育的权利，保证义务教育的实施，提高全民族素质"；第四条规定，"凡具有中华人民共和国国籍的适龄儿童、少年，

① 潘政芳：《义务教育均衡化问题研究——以浙江省德清县为例》，硕士学位论文，浙江大学，2009 年，第 22 页。

② 耿申：《义务教育均衡发展的三个假设》，《教育科学研究》2012 年第 2 期。

不分性别、民族、种族、家庭财产状况、宗教信仰等，依法享有平等接受义务教育的权利，并履行接受义务教育的义务"；第十一条规定，"凡年满六周岁的儿童，其父母或者其他法定监护人应当送其入学接受并完成义务教育；条件不具备的地区的儿童，可以推迟到七周岁"。根据这些法律条文的规定，我们可以得出结论，义务教育均衡发展最基本的内容就是要保证每个人都有接受义务教育的机会。到目前为止，绝大多数适龄儿童、少年均已接受了相应的义务教育。然而，由于一些特殊情况，还有一些群体无法接受义务教育。义务教育要均衡发展，就必须在保证普通群体接受义务教育权利的同时，切实保障特殊群体接受义务教育的权利。

流动人口子女接受义务教育的权利。新《义务教育法》第十二条规定，"适龄儿童、少年免试入学。地方各级人民政府应当保障适龄儿童、少年在户籍所在地学校就近入学。父母或者其他法定监护人在非户籍所在地工作或者居住的适龄儿童、少年，在其父母或者其他法定监护人工作或者居住地接受义务教育的，当地人民政府应当为其提供平等接受义务教育的条件"。全国妇联发布的《中国农村留守儿童、城乡流动儿童状况研究报告》指出，6—11 岁和 12—14 岁的农村留守儿童在校比例分别为 96.49% 和 96.07%。[1] 这表明绝大部分农村留守儿童正在学校接受义务教育。但是农村留守儿童数量超过 6000 万，基数较大，即使未接受义务教育儿童的比例很小，总体数量仍然较大。

残疾儿童、少年接受义务教育的权利。新《义务教育法》第十九条规定，"县级以上地方人民政府根据需要设置相应的实施特殊教育的学校（班），对视力残疾、听力语言残疾和智力残疾的适龄儿童、少年实施义务教育。特殊教育学校（班）应当具备适应残疾儿童、少年学习、康复、生活特点的场所和设施。普通学校应当接收具有接受普通教育能力的残疾适龄儿童、少年随班就读，并为其学习、康复提供帮助"；第四十三条第三款规定，"特殊教育学校（班）学生人均公用经费标准应当高于普通学校学生人均公用经费标准"。当前，由于师资、经费等方面的困难，许

---

① 李菲：《全国妇联：中国农村留守儿童数量超 6000 万》，2014 年 7 月 10 日，新华网（http://news.xinhuanet.com/politics/2013 - 05/10/c_115720450.htm）。

多地方还没有设置特殊教育学校。一些地方、特别是农村地区的残疾儿童少年的教育存在空白。

有行为问题儿童少年接受义务教育的权利。新《义务教育法》第二十条规定，"县级以上地方人民政府根据需要，为具有预防未成年人犯罪法规定的严重不良行为的适龄少年设置专门的学校实施义务教育"；第二十一条规定，"对未完成义务教育的未成年犯和被采取强制性教育措施的未成年人应当进行义务教育，所需经费由人民政府予以保障"；第二十七条规定，"对违反学校管理制度的学生，学校应当予以批评教育，不得开除"。

从义务教育对象的维度来看，义务教育均衡发展首先应该确保人人都有受教育的权利。在此基础之上，才能谈到为所有群体提供相对平等的接受教育的机会和条件。就这一点来看，义务教育均衡发展还应包括学习条件的均等，即在教育经费、教育设备、教学内容、师资水平等方面有相对均等的条件，学生在教育的过程中受到平等的对待。新《义务教育法》第二十九条规定，"教师在教育教学中应当平等对待学生，关注学生的个体差异，因材施教，促进学生的充分发展"。义务教育均衡发展的最终目标，应该是教育成功机会和教育效果的相对均等。每个学生接受教育后都应达到一个最基本的标准，都能获得学业上的成功，在德、智、体、美等方面实现全面发展，真正实现法律规定的"提高民族素质"。

（二）从实施义务教育地域的维度来看

从实施义务教育地域的维度来看，义务教育均衡发展的内容主要是缩小城乡差距、区域差距、校际差距，或者说义务教育均衡发展就是要实现城乡均衡、区域均衡和校际均衡。

1. 区域义务教育均衡发展

区域均衡是义务教育均衡发展的现实选择。我国各地经济社会发展极不平衡，这种情况在短期内很难得到解决。与之相对应，短期实现全国范围内的义务教育均衡发展显然不切实际，最现实的选择就是实现区域内义务教育均衡发展。义务教育区域内均衡发展，就是均衡配置区域内义务教育阶段的各级学校的教育资源，为人人享有公平、公正地接受义务教育权利提供充足的保证。就当前的实践来看，实现县域义务教育均衡发展已经基本具备了条件。县域义务教育均衡发展，是指县市区在均衡发展理念的指导下，根据当地经济社会发展的实际情况，相对均衡配置县域范围内城乡之间义务教育学校的教育资源，确保县域内的义务教育均衡、协调、高质量发展，确保不同的受教育群体在受教育权利、条件和结果等方面达到相对的均衡。

新《义务教育法》第七条规定，"义务教育实行国务院领导，省、自治区、直辖市人民政府统筹规划实施，县级人民政府为主管理的体制"；第三十二条规定，"县级以上人民政府应当加强教师培养工作，采取措施发展教师教育。县级人民政府教育行政部门应当均衡配置本行政区域内学校师资力量，组织校长、教师的培训和流动，加强对薄弱学校的建设"。这些规定为在县域内率先实现义务教育均衡化、再辐射到大范围区域提供了法律依据。与此同时，在县域内率先实现义务教育均衡化也具有一定的现实基础。一方面，县区一级在人、财、事权等方面具有一定的相对独立性，同时地域相对较小，便于操作；另一方面，县域内经济发展相对比较均衡，容易实现义务教育的均衡发展。县域义务教育均衡发展的最基本的表现是，城乡中小学校在经费投入、校舍建设、办学条件、设施配备、师资队伍建设等方面都按照统一标准进行，在同一县域内实现学校建设的标准化、师资力量的均衡化以及教育质量的优质化。为促进义务教育学校办学条件的标准化、规范化，新《义务教育法》第十六条规定，"学校建设，应当符合国家规定的办学标准"。

2. 城乡义务教育均衡

城乡均衡是当前义务教育均衡发展最需要关注和最需要解决的关键问题。我国长期以来形成的城乡二元体制造成城乡义务教育差距巨大，严重制约了教育事业的整体发展水平。当前农村学校的荒凉与城市学校的过度膨胀并存，这恰恰是城乡义务教育差距的后果。这种现象的存在既不利于农村义务教育的发展，也严重干扰了城市义务教育的正常发展。必须把农村义务教育作为义务教育整体的一个重要组成部分，予以高度重视，才能促使城乡义务教育均衡发展。为了促进城乡义务教育均衡发展，新《义务教育法》第六条规定："国务院和县级以上地方人民政府应当合理配置教育资源，促进义务教育均衡发展，改善薄弱学校的办学条件，并采取措施，保障农村地区、民族地区实施义务教育，保障家庭经济困难的和残疾的适龄儿童、少年接受义务教育。国家组织和鼓励经济发达地区支援经济欠发达地区实施义务教育";第四十五条规定,"地方各级人民政府在财政预算中将义务教育经费单列。县级人民政府编制预算,除向农村地区学校和薄弱学校倾斜外,应当均衡安排义务教育经费";第四十七条规定,"国务院和县级以上地方人民政府根据实际需要,设立专项资金,扶持农村地区、民族地区实施义务教育"。这些法律条文的规定,反映了我国对农村义务教育的高度重视,为适度倾斜发展农村义务教育提供了法律依据。

3. 校际义务教育均衡发展

校际均衡发展是义务教育均衡发展的最佳切入点。义务教育均衡发展的最终目标是,为每一所学校配置基本相似的教育资源、为每一个学生的健康成长提供基本相同的发展机会,保证义务教育阶段的教育起点公平。当前条件下,我们很难完全实现这一目标。但是,大力促进区域内校际均衡完全能够实现。新《义务教育法》第二十二条规定,"县级以上人民政府及其教育行政部门应当促进学校均衡发展,缩小学校之间办学条件的差距,不得将学校分为重点学校和非重点学校。学校不得分设重点班和非重点班"。义务教育校际均衡发展要求,为保障法律所赋予每个儿童和青少年平等受教育的权利,政府在义务教育办学条件的硬件投入(如学校用地、校舍建设、设施配置等)和软件投入(如新教师分配、在职教师进修、职称晋升、福利待遇等方面)对城市与农村学校、重点与一般学校、城市中心地区与边远地区的学校,都一视同仁;在教育政策的取向上要坚持公平、公正原则,不得以民族、种族、性别、家庭背景等原因优待或歧视公民的受教育权利。在实现了校际间均衡发展的基础上,促进义务教育健康有序地发展,以提高整个教育系统的效益。义务教育的校际均衡首先要实现所有学校在基本办学标准上资源配置的完全均等。在此基础之上,还应该适应学生个性的自由发展需要,有差异地在学校间配置教育资源,通过创建富有个性的特色学校,促进儿童个性与能力充分、自由、和谐地发展。

需要注意的是,义务教育均衡发展内容的两个维度之间是紧密联系的。义务教育的对象总在一定地域范围内接受义务教育,一定地域范围内的义务教育总是指向特定的对象。义务教育均衡发展既应注意地域之间的均衡，又应注意对象之间的均衡；只有这两者同时实现了均衡，才能说义务教育真正实现了均衡发展。

三　义务教育均衡发展的评估指标体系

（一）教育发展指标体系的含义

指标原意是"揭示和说明，是在原始的统计数据基础上通过分析和整理得到的、能综合反映统计总体数量特征的概念和数值。在统计学的角度来看，指标通常被看作客观中立的数据工具，他们使用集中或变化趋势来描述特征。一个完整的指标由指标名称和指标数值两部分构成，它体现了事物质和量两个方面的规定性，这一定义中强调的指标不仅包括数量和数字，还包括质量和非数字的评价"[①]。我们可以利用教育指标或教育系统的统计数据来定义、描述、分析、合法化以及检测教育系统自身，它是分析教育问题、形成教育决策的行之有效的工具。由此可知，教育发展指标体系是通过诸多教育指标，全面、系统地衡量教育水平和教学质量的一种切实可行的评价方法，它为教育政策的制定和教育发展策略的选择奠定了坚实的基础。综上，教育发展指标体系具备有效反映教育系统运作以及各级教育发展情况的功能，继而能够全面、有效地考察教育发展的质量及其效率。

教育发展指标体系的内涵是：通过一系列标准化、系统化的量化指标，全面地衡量和评价教育发展水平和教学质量的一种方法和手段。一般来说，我们可以将教育发展指标体系的功能概括为五个方面：（1）描述功能，即客观描述所要研究的教育现象，是指标体系中的基础性指标，也是一种客观指标。（2）解释功能，即全面、深入地分析所要研究的教育现象。因此，不仅要发现问题，还要进一步说明问题产生的原因，它是一种主观性的指标。（3）评价功能，即作为一种教育发展测量尺度的教育发展指标体系，能够对所要研究的教育现象及其发展变化进行测量、分析。（4）检测功能，即通过教育指标体系中的数据反映教育发展中的问题，为决策提供参考。（5）预测功能，即根据教育发展指标的发展趋

[①]　朱庆芳、吴寒光：《社会指标体系》，中国社会科学出版社 2001 年版，第 17 页。

势，对近一段时期内的教育发展进行预测分析。①

综上，教育指标可以大致归纳成三方面含义：（1）为了解教育系统运作情形提供重要信息。（2）是教育系统追求卓越与确保教育质量的指引。（3）基本上是以量化的方式来加以呈现，并因其直观性、度量化和可比性等特点，在评价教育发展水平、引导教育发展、提供教育发展策略等方面被广泛地应用。

（二）主要目标组织教育发展体系指标

基础教育的均衡发展一直以来均受到国际社会的高度关注。联合国教科文组织（UNESCO）、世界经合组织（OECD）、世界银行（World Bank）等国际组织曾在 20 世纪后半叶陆续发布测量基础教育均衡与否的指标体系，旨在促进教育的均衡发展，其核心价值更是指向维护教育的公平。国际组织的教育发展指标，在很大程度上可以作为检测各个国家和地区教育发展均衡化水平的标准。

1. 联合国教科文组织教育发展指标体系

目前，在国际范围内，发展较为完备、最具代表性的教育统计指标体系当数《联合国教科文组织统计年鉴》。它是由联合国教科文组织统计局、各国教科文组织全国委员会及各国统计部门合作编著而成的，有 200 余个国家参与其中，其科学性、权威性可见一斑。《联合国教科文组织统计年鉴》的教育指标基本上是由以下四个部分构成的。

第一部分是参考表。包括各国人口、面积及人口密度；15 岁及 15 岁以上文盲人口数及文盲率；25 岁及 25 岁以上人口受教育程度。

第二部分是各级教育汇总表。包括 1977—2010 年世界人口及 0—24 岁人口（估计数）；15 岁及 15 岁以上文盲人口及文盲率（估计数）；各级教育注册男生数及女生数、百分比分布、教师总数及女教师数、毛入学率、公共教育经费等。

第三部分是各级教育分级统计。包括各大洲的义务教育及一、二年级教育学制、各国教育的其他学制及变更情况、各级教育入学率、学校数、教师数及注册生数等。

第四部分是教育经费。包括各大洲的公共教育经费总额、占 GDP 的

---

① 楚江亭：《关于构建我国教育发展指标体系的思考》，《中国教育学刊》2002 年第 2 期。

百分比及基建经费等。

总的来说，以《联合国教科文组织统计年鉴》为代表的此类指标体系主要是根据各国官方填报的联合国教科文组织问卷调查表、专项调查、各国官方报告以及通过国际机构获得的资料来客观呈现的一系列统计数据。每年各洲、各国、各级教育的发展状况都可以由它大致地反映出来，因此，它是进行横向国际比较和纵向了解教育发展趋势的丰富参考资源，益于国家站在宏观角度制定政策法规、调整教育发展布局。但由于它是一种世界性的大规模的数据统计，所以无法从微观角度对各国教育进行深层细致的剖析与概括，而且它也无法提供一定的衡量标准，所以需要各国结合自身情况制定相应的评价指标体系来对质量进行对比与评估。①

联合国教科文组织出版的《世界教育报告》为我们提供了诸多认识、了解世界各国教育状况的重要资料。其构成方法是先确定一个理论框架，然后为指标研究工作者提供参考。根据理论框架去演绎与之有关的特定指标集，随后经过对大量已有统计数据和资源的适当分析、筛选、整理，再通过世界银行《世界发展报告》的再加工，汇集出与特定指标相关的信息。因此，UNESCO 世界教育指标的理论框架具有一定的科学性、全面性和指导性。具体可以通过以下几个方面体现出来：

（1）体现了教育与政治、经济、社会、文化、人口的关系。在总的理论前提下，之所以把教育放在整个社会、政治、经济、文化发展的大背景下来考察，是因为它受到上述因素的制约与支持，另外教育的对象——人，最终都要成为社会各项活动中的一分子。此外，人口是影响一个国家或地区教育资源和教育发展水平与速度的重要因素，人口变化趋势也受到教育发展水平的影响。由于教育与社会政治、经济、文化及人口存在互动、互为因果的关系，所以在 UNESCO 统计指标中，总是将人口、国民生产总值、文化传播等指标作为重要的组成部分，旨在为理解教育指标提供恰当的外部环境。

（2）教育供给和需求是决定一个国家或地区教育发展水平的直接因

---

① 孙袁华：《建构我国的高质量义务教育评价指标体系——一种国际化视野的归类比较与综合分析》，《教育理论与实践》2003 年第 8 期。

素。教育供给是指一个国家或地区的教育资源状况，它受两个方面的制约：一是该国家或地区经济发达程度，即教育资源的客观丰富程度；另一个是该国家或地区发展教育的努力程度，即在一定的资源条件下为教育发展提供相对丰富的资源。教育需求是教育发展的重要推动力，教育需求和供给的均衡是一个国家或地区追求的理想状态。在实践中，两者的均衡程度是衡量一个国家或地区发展水平和教育现代化程度的重要标志。

（3）在教育资源供给与需求的均衡过程中，教育的质量与公平是教育走向现代化要解决的至关重要的两个问题。一个国家或地区的教育发展，总趋势应当是：教育越来越普及、教育机会越来越均等、教育质量越来越提高的一个过程。因此，提高各级各类教育的入学率与参与率、加强教育的内部效率、尽可能地增加教育产出量、提升学生的学习成绩等应该成为一个国家或地区教育发展战略的重要组成部分，同样也是世界教育发展所迫切追求的目标。

UNESCO 确定的世界教育指标体系，如下。①

指标1：教育供给（资源）

经费：公共教育开支占 GNP 的百分比、公共教育开支占政府公共总开支的百分比、各级教育公共日常开支分配的百分比、生均公共日常经费开支。

人力资源：生师比、女教师所占的百分比。

指标2：教育需求

成人文盲数、教育成就。

指标3：入学和参与

毛入学率、净入学率、升学率、预期受教育年限、中等教育毛入学率、净入学率、分年龄的入学率。

指标4：教育内部效率

留级生所占的百分比、留级率、各年级的保留率、效率系数（每年教育经费培养的学生数）、每位毕业生的年均投入。

指标5：教育产出

①　世界银行：《2000 年世界发展指标》，中国财政经济出版社 2000 年版，第 68—87 页。

识字率：识字率是 15 岁以上人口会读写的比率。

教育成就：指 25 岁以上人口受教育程度，它既是教育需求的指标，又是教育产出的指标。

以上指标体系具有十分明显的内在逻辑上的统一性。它结构严谨、直观性强，而且信息丰富、资料易得、计算较为简便，符合国际指标通用性与可行性的原则。但遗憾的是，由于指标量少，无法全面、完整、系统地描述教育变化、发展的全部过程。

2. 经合组织教育发展指标体系

经济合作与发展组织作为世界范围内极具影响的经济组织，不仅在经济领域对各国有着非凡意义，在教育领域的研究影响力同样不可小觑。OECD 于 1968 年成立了教育研究与改革中心（Centre for Educational Research and Innovation，即 CERI），该中心的首要目标是促进教育与经济的协调发展，根据国际教育发展趋向制定国际经济政策。

早在 20 世纪 70 年代，OECD 就开始了对教育发展指标体系的研究工作，并在研究进程中提出了初步的教育发展指标体系。1973 年 4 月，OECD 颁发《引导政府决策的教育指标体系》报告，提出了衡量教育影响个体和社会的 46 个指标。但是在 20 世纪 80 年代中期前，OECD 的教育发展指标影响并不大。直到 1987 年，OECD 重新开始了教育发展指标的研究，且于 1991 年起，分年度出版《教育概览：OECD 指标》（*Education at a Glance：OECD Indicators*）一书。开始每两年出版一集，从 1995 年起每年出版一集，至 2009 年，共计出版 17 集。

《教育概览：OECD 指标》展现了第一套较为完整的国际教育指标体系。经过多年的研究与探索，提出 CIPP 分析模式，即背景（Context）—输入（Input）—过程（Process）—输出（Product）。自 1992 年初次发布教育指标体系以来，OECD 一直是基于 CIPP 予以分析，从教育背景、教育投入、教育过程、教育产出四个维度展开统计和描述，而且在每个维度上，均既重视数量的统计又注重质量的指标，在教育产出上尤其重视质量指标。[1]《教育概览：OECD 指标》因出版年度不同，数据上存在一

---

[1] 张国强：《OECD 教育发展指标体系分析及启示——以〈教育概览：OECD 指标（2003）〉为例》，《外国教育研究》2006 年第 11 期。

定的差异，且具体指标内容也在不断更新。但也正是由于与时俱进的更新，才能更及时地反映出社会经济、政治等变化对教育的影响。2003 年之后的指标体系大致上都是围绕以下几个基本主题产生的：A 类指标，教育机构的输出和学习的影响因素；B 类指标，教育财政与人力资源投资；C 类指标，教育机会、教育程度与进程；D 类指标，学习环境和学校组织。此指标体系有既定的价值衡量和分析标准，通过定量描述教育发展的水平和教育各方面的职能，帮助政府确定教育发展的合理性和教育管理的有效性，并通过国际比较，明确教育发展的定位，从而为教育决策提供科学的依据。[①]

OECD 教育指标从社会、经济大背景出发来对教育进行分析和评价。它不仅着眼于教育本身的发展，还将更多的关注点放在教育与社会的发展、教育与经济的发展以及教育与个人发展的关系上，注重研究教育如何在社会发展过程中寻找到合适的位置；如何合理定位教育的发展速度、数量、规模以及教育的各种职能等。因此，OECD 教育指标体系与国家的教育政策密不可分，可以说，指标数据是为各国的教育决策服务的，每一个指标都有相应的政策含义，具体表现为通过指标的调整来顺应和体现教育政策的变化。伴随《教育概览：OECD 指标》出版的还有《教育政策分析》一书，此书分专题进行政策分析与解读，它可以看作对 OECD 教育发展指标体系重点内容的阐释和补充。

OECD 教育指标体系一个最显著的特点是特别重视教育产出，注意通过教育产出指标评价教育发展的质量。因此，在指标体系中不仅要有反映数量、规模的指标，还要有体现教育发展质量的指标，进而能够客观有效地展现出各国教育发展的实际水平，为国际比较及各国的教育改革、发展提供重要依据。尤其在教育过程和教育产出的维度上，更是着重考察了质量方面的指标，譬如学生的阅读、数学及科学素养、高中毕业率、教育与工作的关系状况、教师的培训与专业发展等。

OECD 指标体系中的"学龄人口的相对数量""教育支出占 GDP 的比例""生均教育支出""低教育程度的青年人的现状""青年人口的教育

---

① 王唯：《OECD 教育指标体系对我国教育指标体系的启示——OECD 教育指标在北京地区实测研究》，《中国教育学刊》2003 年第 1 期。

与工作状况"以及"不同教育程度的劳动力的市场参与情况"等指标都切实反映了教育投入的总体状况和教育对社会变化的影响。通过对这些背景状况的分析，我们便能够更好、更有效地把握一国教育发展的实际水平。

OECD 指标体系还有两个特点：一是对教育指标进行严格定义并严格以定义为标准收集分析数据，对 OECD 国家教育趋势进行分析和预测，具有很强的决策支撑功能；二是坚持对教育现象进行中立、客观描述，绝无贬斥与褒扬。在 OECD 的教育指标体系中，教育收益指标被分为七类。这七个指标包含时间、概率和收入三个变量，用这三个变量进一步构成三维框架，再应用三维收益框架去搜集数据和统计分析。结果不仅证实第三级教育确实给个人带来了在就业预期年限、就业机会、风险及收入方面的优势，而且还帮助人们对收益的大小有了较为清晰的认识。OECD 收益指标不但丰富了教育收益的内涵，还揭示了许多有价值的信息，极富政策意义。[①]

3. 世界银行教育发展指标体系

世界银行是在 1944 年召开的"布雷顿森林会议"上成立的，它虽名为银行，但绝非一般意义上的银行，其主要目标不是为了赢取利润，而是通过金融与财政等手段，促进发展中国家和贫困地区的发展，尤其是弱势群体的发展，从而促进和维护全球经济与社会的可持续发展。[②] 世界银行拥有 184 个成员，它也是全球最大的多边发展机构，其政策导向基本体现在自 1978 年以来每年发表的《世界发展报告》中。

《2006 年世界发展报告》教育指标体系（见表 1—2）是由最初的教育投入、受教育机会、教育效率、教育成果、性别与教育五部分内容变化到现在的由教育投入指标、教育就学指标、教育效能、教育完成和产出四部分组成。增加了 8 项二级指标，三级指标数增加到 20 个。这些增减变化说明《世界发展报告》能根据全球社会、经济发展的基本情况积极调整其教育指标内容，以便更真实、更及时、更准确地反映全球教育基本状况。

---

① 曾晓东：《OECD 第三级教育收益和参与指标研究》，《比较教育研究》2001 年第 6 期。
② 张民选：《国际组织与教育发展》，上海教育出版社 2010 年版，第 190 页。

表 1—2 **世界银行《2006 年世界发展报告》教育指标体系**

一级指标	二级指标	三级指标
教育投入指标	生均公共教育经费	初等教育生均公共教育经费（占人均 GDP 百分比）
		中等教育生均公共教育经费（占人均 GDP 百分比）
		高等教育生均公共经费（占人均 GDP 百分比）
	公共教育经费	公共教育经费占 GDP 百分比
		公共教育经费占政府财政支出的百分比
教育就学指标	毛入学率	学前教育毛入学率%
		初等教育毛入学率%
		中等教育毛入学率%
		高等教育毛入学率%
	净入学率	初等教育净入学率%
		中等教育净入学率%
教育效能	一年级毛入学率	女生一年级毛入学率
		男生一年级毛入学率
	五年级学生保留率（顺利升读五年级与其小学一年级入学时的人数的比例）	五年级男生保留率
		五年级女生保留率
教育完成和产出	初等教育完成率	女生初等教育完成率（占相关年龄组百分比）
		男生初等教育完成率（占相关年龄百分比）
		初等教育完成率（占相关年龄百分比）
	青年识字率（15%—24%）	青年男性识字率（15%—24%）
		青年女性识字率（15%—24%）

资料来源：李海燕、刘晖：《教育指标体系：国际比较与启示》，《广州大学学报》（社会科学版）2007 年第 8 期。

世界银行教育指标体系中的数据指标，不仅有各国统计机构以及其他国际组织提供的数据，亦有专题研究报告和调查的数据，因而具有较强的直观性。且世界银行官方认为，教育作为公共事业，与许多政府组织有着密切、直接的联系，如果能够充分利用这些组织的人力、财力和物力优势来发展欠发达国家的教育，对于消除贫困、提升世界教育水平有着非同凡响的作用。[①] 因此，世界银行的服务目标便是为政府机构提供所需要的基本信息，为指标数据的采集提供有效、可靠的保证。但必须注意的是，它的结构比较松散，缺乏严密的内在逻辑统一性。

（三）国内有关义务教育均衡发展的评价指标体系

我国从 1982 年开始建立全国教育统计指标体系，当时建立了包括 7 类 90 项的教育统计调查指标体系。20 世纪 90 年代初，经过进一步的修正，形成了包括 4 类 77 项的教育检测指标体系[②]，与之同时开始系统地利用中国教育年鉴，逐年对我国教育发展的基本信息进行报告。

20 世纪 90 年代初期，教育财政制度对义务教育均衡发展的影响开始成为国内学术界关注的焦点。在进行了一系列实证研究的基础之上，我国对教育公平指标的深入研究工作也拉开了序幕。实证研究基本可以分为两类：一类是以省为分析单位。1994 年，曾满超把全国 29 个省作为样本，对我国义务教育生均经费进行分析，研究发现 1989 年小学教育支出水平最高的省份生均总经费支出（包括事业费和基建费）是最低省份的 5.2 倍，初中生均总经费最高省份是最低省份的 4.5 倍，并且中小学生均指数与各省人均产出水平之间呈高度的正相关关系。1998 年，王善迈等在省级水平上，讨论了省际生均教育经费的地区差异。另外，还通过生均教育经费的洛伦兹曲线变化说明了各省的生均经费相对差异的年度变化。另一类则是以县为分析单位。最早采用全国范围的县级数据对我国义务教育生均经费进行分析的是 1992 年蒋鸣和的一项研究。该研究的样本囊括了 374 个县，并且指出了各地区生均经费与人均收入的相关性。1995 年，蒋鸣和通过抽样调查的方法搜集相关资料，比较了江苏富裕县和贵州贫困县的生均教育事业费和生均公用经费。[③] 20 世纪 90 年代中期

---

① 张民选：《国际组织与教育发展》，上海教育出版社 2010 年版，第 226 页。

② 刘建银、安宝生：《教育指标理论研究的几个基本问题》，《中国教育学刊》2007 年第 9 期。

③ 蒋鸣和：《市场经济与教育财政改革》，《教育研究》1995 年第 2 期。

以后，使用县级数据进行分析的研究逐渐增多。从研究结果来看，这些研究基本上都发现了生均教育支出与地方经济发展水平、财政能力的相关性，并对生均教育支出的不均等程度进行了测度。有的研究还关注了随着时间的变化，教育支出的不均等程度；从研究方法上看，测度不均等程度所用的指标以标准差、极差、洛伦兹曲线、变异系数、基尼系数和希尔系数为主；从研究区域来看，主要比较了不同区域之间（"二片"地区）、城市和农村之间以及民族和非民族地区之间的教育发展差异。从研究的时间跨度来看，一般为一年或者两年，时间跨度最长的张长征等在 2006 年运用教育基尼系数对 1978—2004 年我国教育公平程度进行的一个实证研究，时间跨度为 26 年。[1]

2003 年，我国有学者明确提出：建立义务教育均衡发展系数，明确教育均衡发展目标，切实保证对教育失衡的有效监控和调节。[2] "义务教育发展均衡系数"的提出主要是受经济学上的基尼系数、国际债务预警线的启示，目的是及时发现义务教育中存在的问题，对决策部门起到预警的作用。所谓"义务教育均衡发展系数"即通过一套比较敏感且重要的教育指标进行动态分析，并建立适当的数学模型，以得出教育发展的一个基准值。我们可以通过基准值比较不同地区、不同学校的发展程度，从而获得发展的偏离程度。结合我国的实际情况，被认为最具有意义的指标包括：生均经费、师资力量、物质资源和学生辍学率。但是，这些直观的数据尽管能使我们看到不同层面教育发展水平的差距，却无法继续深入地帮助我们形成一个完整可靠的判断。因此，继续进行深化研究十分必要。

李强等提出从教育均衡发展的基本理论出发，综合教育发展数量指标和教育发展质量指标两个层次设计，构建教育均衡发展评价指标体系，以便能够更全面、深刻地反映教育均衡发展的系统性。并提出在不同时期有关均衡的认识是有限度的、不断发展变化的看法。对于不同区域，

---

① 张长征、郁占坚、李怀祖：《中国教育公平程度实证研究：1978—2004——基于教育基尼系数的测算与分析》，《清华大学教育研究》2006 年第 2 期。

② 袁振国：《建立教育发展均衡系数 切实推进教育均衡发展》，《人民教育》2003 年第 6 期。

均衡也有着不尽相同的内涵，因此在设计指标体系时，应注意具体考虑区域发展的特点。教育均衡发展的评价指标体系确定教育指标体系时应具体考虑区域发展特点。我们主要采用系统模式的方法达到通过教育均衡发展的评价指标体系来确定教育指标的目的。这种模式仿照生产部门的投入、过程、产出的三段模式进行描述，在构建教育指标体系的过程中，系统地反映了经济社会政治发展对教育输入与输出过程的相关影响，因而可以从教育发展数量指标和教育发展质量指标两个层面构建教育均衡发展的指标体系。[①] 如表1—3所示。

表1—3　　　　　　　　　　**教育均衡发展指标体系**

一级指标	二级指标	三级指标	指标区间	指标内涵
教育发展数量指标	入学率	高中入学率	(0，1)	体现教育的普及程度
	劳动人口平均受教育水平	劳动人口平均受教育年限	—	反映教育发展总体水平的数量指标
教育发展质量指标	毕业合格率	初中毕业合格率	(0，1)	毕业合格率体现了教育产出的质量
		高中毕业合格率	(0，1)	
	升学率	高中升学率	(0，1)	高中升学率从侧面反映了教育培养人才的质量
	教育经费	生均教育经费		教育经费体现教育投入实际水平及教育运行保障程度，间接衡量教育发展质量的主要指标
		生均教育经费指数	(0，1)	
		生均公用经费	—	
	师资水平	生师比	—	师资水平体现教育资源的配置效率，能够间接反映教育质量
		教师学历合格率	(0，1)	
		中级以上教师比例	(0，1)	

　　资料来源：李强、吴中元：《教育均衡发展评价指标体系的构建》，《统计与决策》2009年第6期。

1. 教育发展数量指标

教育发展数量指标是衡量教育发展数量变化的指标，包括各级学校

---

① 李强、吴中元：《教育均衡发展评价指标体系的构建》，《统计与决策》2009年第6期。

的入学率、劳动人口平均受教育年限等多方面的内容。入学率的衡量选择经入学率进行考察，某一级教育适龄人口中正在该级学校就读的比例即是该级教育的净入学率，它能够有效地反映教育机会的均等与否。目前，由于我国已经普及了义务教育，且在义务教育阶段，小学和初中均强制施行九年义务教育，那么，统计小学与初中的入学率意义则微乎其微，因此在教育发展数量指标中，可以略去对小学和初中入学率的考察，重点分析高中教育阶段入学率。

2. 教育发展质量指标

教育发展质量指标是用来衡量教育发展质量的指标，包括各级学校毕业生合格率、升学率、教育资源配置方面的师资水平以及教育经费等相关内容。毕业生合格率是指某一级教育毕业生合格人数占总体毕业生的比例；升学率指某一级教育毕业生继续升入高一级教育阶段学习的学生比例，教育发展的程度便可以用毕业生合格率和升学率来表示。另外，生师比是反映教育资源配置效率的一个重要指标。当无法建立直接的指标来评价教育质量时，生师比可以间接地反映教育质量：低于标准生师比水平则表明师资和教育经费不足；相反，优于标准生师比水平则往往表明对教育的投入较大，并且对教育质量的提升十分有利。

李强和吴中元提出：在教育均衡发展指标体系的设计中，由于教育发展系统涉及诸多相互关联、彼此影响的因素，且各因素对评价的目标也有着各异的重要性，因此，决定各因素对目标的相对重要性序列生成了指标的权重。这里采用层次分析法（AHP）来确定各指标的权重：将评价目标分解成多级指标，并通过各项指标的不同单位以及由数值数量级之间的悬殊差别造成的影响，来标准化处理评价指标数据：一是指标的转换，即无量纲化处理。二是指标权数的构造。最终形成指标体系的权重。而在翟博看来，"教育均衡"实质上是指：在教育公平思想和教育平等原则的支配下，于教育活动中，教育机构和受教育者有平等待遇的理想，并能够享有确保其实际操作的教育政策和法律制度。教育均衡发展的本质是追求教育平等、实现教育公平；教育均衡发展包括受教育机会均等、教育资源配置均衡、教育过程均衡、教育质量和教育结果均衡等内容。据此，他们提出根据教育均衡发展的目标要求和经济社会发展、教育发展实际，基础教育均衡发展特别是义务教育均衡发展指数应从以下 4 个层次、25 个要素去测度。如表 1—4 所示。

表 1—4　　　　　　　　　　基础教育均衡发展指标体系

一级指标	二级指标
教育机会均衡指数	地区间学生入学率差异系数
	特殊教育学生入学率
	城乡教育入学率差异
	入学率性别差异
教育资源配置均衡指数	地区间公共教育经费差异系数
	地区间生均教育经费差异系数
	地区间生均预算内教育经费差异系数
	地区间生均校舍建筑面积差异系数
	生均教育经费
	生均预算内教育经费城乡差异
	危房所占比例
	教学仪器达标率
	图书资料达标率
	教师合格率
	教师合格率以上学历率
教育质量均衡指数	毕业生升学率
	学生巩固率
	学生辍学率
	教师合格率城乡差异
教育成就均衡指数	教育普及程度
	城乡非文盲率差异
	男女性别非文盲率差异
	人口受教育年限的基尼系数
	不同经济收入家庭学生入学率差异系数
	不同民族学生入学率差异系数

资料来源：翟博：《教育均衡发展指数构建及其运用——中国基础教育均衡发展实证分析》，《国家教育行政学院学报》2007 年第 11 期。

教育均衡发展指标体系综合反映了教育均衡发展的全部过程，具有全面性、综合性和整体性的特点。其总均衡指数不仅可以直观地反映出一个国家或地区教育均衡发展的大致趋势，还能够通过数据分析、查找出教育均衡发展的临界点，这将对教育发展起到预警作用。但其缺陷也是客观存在的，首先，它不易直观地表现出系统内部各个环节教育均衡的发展状况；其次，该指标体系并没有以一定的理论为基础，并且它自身也没有一定的理论分析框架。而真正意义上严格、准确的指标体系，必定有自身的理论基础以及一定的理论分析模式。

丁金泉认为，均衡发展，在一般意义上来说，是事实状态的一种描述，从价值上说，它体现了一种追求平等和公平的思想，从社会政策的角度说，它是一种资源配置的原则。如果把均衡作为一个目标，它不应该是绝对的平均，而是一种有差异的和谐。如果把均衡作为一个原则，它指的是社会政策的对象获得大体相当的机会和对待，并通过建立补偿机制，对弱势人群提供救济，以期求得整体均衡。因此，教育均衡发展是：一定区域和受教育群体在教育资源获得和教育效果输出上的均衡状态，并通过生均教育经费指标（具体指标包括生均经费、生均公用经费、预算内生均经费、预算内生均公用经费）体现教育均衡发展的状况。①

随着近年国家对义务教育均衡发展的重视，对于义务教育均衡发展指标体系的研究也逐渐增多，但是很多学者都局限在各个国际组织提出的指标体系内容，或者根据自身研究内容、研究方向提出自己的见解，这些内容虽然有一定价值，但是很不全面。应该根据中国义务教育发展的失衡现状，借鉴、参考各个国际组织的指标体系，从国家层面上建立一套更有针对性、实用性、科学性的中国特色义务教育发展指标体系，为评测、指导、改革当前中国义务教育均衡发展做出贡献。

---

① 丁金泉：《我国义务教育均衡发展问题研究》，博士学位论文，华东师范大学，2004 年，第 45 页。

第 二 章

义务教育均衡发展的
历史溯源

第一节　义务教育发展的历程

中华人民共和国成立初期开始普及小学教育，2011 年，我国实现了全面普及九年义务教育，共用了 62 年时间，其发展历程可以分为三个时期：

一　普及初等教育（1949—1984）

从中华人民共和国成立到 1984 年的 35 年间，我国普及教育的发展经历了四个阶段：

（一）奠定基础（1949—1957）

中华人民共和国成立之初，教育基础十分薄弱，全国人口有 80% 是文盲，仅有小学 34.68 万所、在校生 2439.1 万人。[①] 1949 年 9 月，《中国人民政治协商会议共同纲领》第五章第四十七条规定"有计划有步骤地实行普及教育"，以适应"革命工作和建设工作的需要"。同年 12 月，教育部召开第一次全国教育工作会议，会议明确了"在普及的基础上提高，在提高的指导下普及"的普及教育方针。

1951 年，我国学龄儿童的入学率只有 47%。同年 8 月，教育部召开第一次全国初等教育工作会议和第一次全国师范教育会议，提出"从

---

① 中华人民共和国教育部计划财务司：《中国教育成就统计资料（1949—1983）》，人民教育出版社 1984 年版，第 213 页。

1952 年到 1957 年，争取全国平均有 80% 的学龄儿童入学；从 1952 年开始，争取十年内基本上普及小学教育"①。为实现普及小学教育的目标，主要采取了以下政策措施：

1. 私立小学全部改为公立

1952 年 9 月 10 日教育部发出指示，决定自 1952 年下半年至 1954 年，将全国私立中小学全部由政府接办，改为公立。而此前，全国有私立小学 8925 所，教职员 5.5 万人，学生 160 余万，占全国小学生总数的 3% 强。② 这项工作实际到 1956 年才基本完成。

2. 增设公立小学，发展民办小学

1952 年 11 月，教育部发出《关于整顿和发展民办小学的指示》，指出 "今后几年内发展小学教育的方针是政府有计划地增设公立小学，同时允许群众在完全自愿的基础上出钱出力有条件地发展民办小学"；并提出发动群众办学必须坚持的三条原则，其中，第二条原则要求 "发动群众办学，应着重在经济比较富裕和失学儿童较多的大村。贫苦小村由政府设公立小学"③。1953 年 6 月，教育部召开第二次全国教育工作会议，重点讨论整顿和改进小学教育问题，明确在工矿区、城市、少数民族地区适当地发展公立小学，农村提倡民办小学（包括完全小学）；会议确定用地方附加粮、群众自筹、学田等办法解决小学部分经费问题。④

探索多种办学主体，使小学数量大幅增加，从 1952 年到 1955 年，我国政府出台了一系列政策措施，推动普及小学教育工作不断向前发展。但民办公助小学仅设在农村，这一做法逐渐演变成了城市学校国家办、农村学校农民办的模式。

1956 年，社会主义改造基本完成，激发了上上下下的革命热情。1956 年 9 月，刘少奇在中共八大的报告中指出 "在财政力量许可的范围

---

①　中央教育科学研究所：《中华人民共和国教育大事记（1949—1982）》，教育科学出版社 1984 年版，第 46 页。

②　中国教育事典编委会：《中国教育事典·初等教育卷》，河北教育出版社 1994 年版，第 15 页。

③　同上。

④　同上书，第 17 页。

内，逐步地扩大小学教育，以求 12 年内分批分期地普及小学义务教育"①。1960 年 4 月，第二届全国人民代表大会通过了《1956—1967 年全国农业发展纲要》，纲要提出"从 1956 年开始，按照各地情况，分别在七年或者十二年内普及小学义务教育"，并提出"要大力提倡群众办学，集体办学"。显然，从各地实际出发，分期分批地普及小学教育符合了当时的国情，但在当时革命热潮的冲击下，这些计划并没有很好地落实。到 1957 年，全国小学校数量达到 54.73 万所，其中，民办小学 7.56 万所，在校生 6428.3 万人，分别比 1952 年增加了 3.85%、240.54% 和 25.9%。②

（二）冒进调整（1958—1965）

1958 年我国开始了"大跃进"、人民公社化运动，全社会刮起一股共产风浮夸风。随着"大跃进"运动的深入，原有的管理体制难以适应教育事业发展的需要，于是，党中央、国务院在当年 9 月印发《关于教育工作的指示》，提出"全面规划与地方分权结合的原则"，下放教育管理权到地方，力求通过"两条腿走路"的方式在三到五年内基本完成普及小学教育的任务。很多地区甚至提出"一年普及小学""一年实现无盲县""争取在三到五年内做到乡乡有中学"。据国家统计局不完全统计，截至 1958 年 6 月底，全国已有 1240 个县普及了小学教育③，"普通小学由 54.73 万所发展到 77.68 万所，学生由 6428.3 万人增加到 8640.3 万人"④。

这一政策执行几个月后，中央开始采取措施"纠左"。1959 年 1 月 12 日至 3 月 1 日，中共中央在北京召开教育工作会议，提出"1959 年教育工作的方针主要是巩固、调整和提高，并在这个基础上有重点的发展"⑤。1961 年中共中央批转中央文教小组《关于 1961 年和今后一个时

① 中国教育年鉴编辑部：《中国教育年鉴（1949—1981）》，中国大百科全书出版社 1984 年版，第 123 页。

② 根据《中国教育成就统计资料（1949—1983）》第 213—214 页相关数据计算得出。

③ 陆定一：《教育必须与生产劳动相结合》，《红旗》1958 年第 7 期。

④ 中国教育事典编委会：《中国教育事典·初等教育卷》，河北教育出版社 1994 年版，第 1021 页。

⑤ 中央教育科学研究所：《中华人民共和国教育大事记（1949—1982）》，教育科学出版社 1984 年版，第 240 页。

期文化教育工作安排的报告》提出"当前文化教育工作必须贯彻执行调整、巩固、充实、提高的方针"[①]。经过调整，学龄儿童入学率由1958年的80.3%下降到1962年的56.1%[②]，逐步趋于合理。

　　1964年3月，教育部召开全国教育厅长和教育局长会议，要求进一步贯彻"两条腿走路"的方针，逐步推行"两种教育制度"。1965年3月，教育部召开全国农村半工半读教育会议，提出农村要在办好全日制小学的同时大力发展耕读小学，会议计划建立多种办学形式的小学教育网，从普及四年制初小逐步向普及六年制完全小学过渡，在第三个五年计划期间于全国范围内实现小学教育的普及。由于实行了调整、整顿的方针和落实"两条腿走路"、推行"两种教育制度"，1963—1965年，普及小学教育进展较快，到1965年，全国学龄儿童入学率达到84.7%，[③]小学168.19万所，在校生达11620.9万人。[④]

　　值得注意的是，1959年国家提出"应当首先集中较大力量办好一批重点中学，以便为国家培养更高质量的专门人才，迅速促进我国科学文化事业的提高"[⑤]。1962年，教育部发布《关于有重点地办好一批全日制中、小学校的通知》，要求各地选定一批重点中学，其比例与高一级学校形成"小宝塔"，集中精力先办好一批"拔尖"学校。这一制度的实施对发展农村中学产生了一定的负面影响，因为重点中学大部分集中在城市，而农村的重点中学没有被列入该计划中。据统计，1963年北京、吉林、江西等9省、市、自治区共135所重点学校的布局，城市有84所，占62%；县镇43所，占32%；农村8所，占6%；有7个省、自治区没有选定农村中学。[⑥] 社会对此反响很大，于是，教育部发出《关于城市中学招收少量优秀的农村学生的通知》，试图纠正一

---

　　① 中央教育科学研究所：《中华人民共和国教育大事记（1949—1982）》，教育科学出版社1984年版，第289页。

　　② 中华人民共和国教育部计划财务司：《中国教育成就统计资料（1949—1983）》，人民教育出版社1984年版，第226页。

　　③ 同上。

　　④ 同上书，第213页。

　　⑤ 周恩来：《政府工作报告——在第二届全国人民代表大会第一次会议上的报告》，载何东昌《中华人民共和国重要教育文献（1949—1975）》，海南出版社1997年版。

　　⑥ 中国教育年鉴编辑部：《中国教育年鉴（1949—1981）》，中国大百科全书出版社1984年版。

些有偏差的做法。在限制人口流动的年代，上大学是农家子弟向上流动的主要途径，上述政策使农村学生升学的信念备受打击，这似乎预示农村教育与城市教育开始出现功能性的差别，加剧了城乡基础教育的不均衡。

（三）畸形跨越（1966—1976）

1966 年 6 月，爆发了无产阶级"文化大革命"，学校停课。1967 年，小学开始复课；1968 年，教育管理权限下放，城市小学改由工厂、街道办，农村小学改为村办，大批农村公办小学被迫改为民办，教师队伍也遭到严重破坏。

1971 年 7 月，周恩来接见全国教育工作会议领导小组成员和出席教育、出版等七个专业会议的代表，在讲话中他强调了普及小学教育的重要性。8 月，中共中央批转了《全国教育工作会议纪要》，要求"大力普及教育，扫除文盲。争取在第四个五年计划期间，农村普及小学教育，有条件的地区，普及七年教育。要采取多种形式办学，把学校办到家门口，让'农民子女就近上学方便'"①。同月，国家计委、国务院科教组、财政部联合发出通知，追加 3.5 亿元教育经费，重点用于资助农村中小学教育，这在一定程度上推动了初等教育的普及。

1974 年 5 月，国务院科教组印发《关于 1974 年教育事业计划（草案）的通知》，不切实际地将普及教育的年限延至七年，要求在大力普及五年小学教育的同时，着力在条件好的农村普及七年教育，在大中城市普及十年教育。为了实现这一目标，各地不顾实际条件盲目普及教育，中小学数量急剧膨胀，特别是农村中小学数量和规模更是迅猛增长，"小学不出村，初中不出队，高中不出社"，"广大农村已经基本普及五年制小学教育，不少地区已经普及七年（初中）教育，有的还普及了九年（高中）教育"②。为了普及七年、九年甚至十年教育，采取了许多极端的做法，如缩短学制（小学学制由 6 年改为 5 年）、精简教学内容、农村

---

① 何东昌：《中华人民共和国重要教育文献（1949—1997）》，海南出版社 1998 年版，第 1482 页。

② 佚名：《在毛主席无产阶级教育路线指引下我国农村教育革命十年来取得巨大成就》，《光明日报》1976 年 6 月 1 日第 1 版。

办"戴帽中学"、抽调小学骨干教师去中学任教等，这些都严重违背了教育规律。到 1976 年，全国有小学 104.43 万所，在校生 15005.5 万人，小学学龄儿童入学率达到 96%①，中小学入学率有大幅提升，但也仅仅是数量上的"普及"，毫无质量可言，是一种畸形的普及教育。

（四）步入正轨（1977—1984）

1976 年粉碎"四人帮"、特别是 1978 年改革开放，为普及教育的恢复和发展创造了良好的社会环境。虽然中华人民共和国成立后小学教育获得了很大的发展，但是"由于工作上的种种失误，特别是'文化大革命'的破坏，我国目前五年制小学教育尚没有普及，新文盲继续大量产生。这种情况同经济发展对人才培养的要求很不适应，同建设现代化的、高度民主、高度文明的社会主义强国的要求很不适应"②。因此，普及小学教育再度被列入政府工作的重要议事日程。

1979 年 10 月，教育部发出通知，要求各地继续抓紧普及小学五年教育，并针对一些地区出现入学率下降、流失率增加的情况，提出入学率不是普及率，满足于入学率达到 90% 以上而放松普及工作是不对的。11 月，中央批转湖南省桃江县委《关于发展教育事业的情况报告》，"希望各级党政领导机关切实将教育事业摆到重要的位置上，要将普及小学教育当作一件大事来抓，一定要切实抓好"，并将桃江县坚持"两条腿走路"的经验向全国推广。③

1980 年，中共中央和国务院决定"在 1990 年前以多种形式基本实现普及初等教育，经济比较发达、教育基础较好的地区，要争取提早实现"④。12 月，中共中央、国务院又做出《关于普及小学教育若干问题的

---

① 中华人民共和国教育部计划财务司：《中国教育成就统计资料（1949—1983）》，人民教育出版社 1984 年版，第 213—226 页。

② 中国教育年鉴编辑部：《中国教育年鉴（1949—1981）》，中国大百科全书出版社 1984 年版，第 123 页。

③ 1979 年，湖南省桃江县小学学龄儿童入学率为 99.4%，巩固率均在 98% 左右，青壮年文盲率为 13%，6 岁儿童入幼儿班人数达 95%，全县免收学费或书本费的学校有 515 所，占全县小学的 67%。参见《中国教育年鉴（1949—1981）》，中国大百科全书出版社 1984 年版，第 127 页。

④ 胡耀邦：《全面开创社会主义现代化建设的新局面》，人民出版社 1982 年版，第 26—27 页。

决定》，提出要在 80 年代基本普及小学教育；经济比较发达、教育基础较好的地区，应在 1985 年普及小学教育，其他地区一般应在 1990 年前基本普及；至于极少数经济特别困难、山高林深、人口稀少的地区，普及期限还可延长一些。① 该《决定》还提出要搞好教育立法，并责成相关部门尽快制定《小学教育法》，这表明我国在普及教育制度建设上开始迈向法律化的层阶。

1982 年 12 月，第五届全国人大第五次会议通过《中华人民共和国宪法》，其中第四十六条规定，"中华人民共和国公民有受教育的权利和义务"，"国家举办各种学校，普及初等义务教育"，这是新中国首次在宪法中明确受教育既是权利也是义务，第一次规定普及义务教育，这不仅为《义务教育法》的制定提供了法律依据，更标志着我国政府法律意识的觉醒，为以法律手段推进普及义务教育奠定了基础。

二　基本普及九年义务教育（1985—2000）

1985 年 5 月，中共中央、国务院颁布《中共中央关于教育体制改革的决定》，首次将普及义务教育的年限提升为 9 年，明确实行"地方负责、分级管理"的基础教育管理体制。"地方负责，分级管理"就是"大政方针和宏观规划由中央决定外，具体政策、制度、计划的制定和实施，以及对学校的领导、管理和检查、责任和权力都交给地方。省、市（地）、县、乡分级管理的职责如何划分，由省、自治区、直辖市决定"。这种体制的优点是有利于调动地方发展义务教育的积极性，缺点是忽略了不同区域间、城乡间在经济、社会和教育发展水平上存在的差异，把"普九"的责任交给了市、县、乡、村，而实际上自然村又把办学的责任转嫁给了农民，无疑加重了贫困、落后地区政府和农民的经济负担，不利于义务教育的持续、均衡地发展。《决定》还将全国划分为三类地区，因地制宜，分类、分步骤推进"普九"，大多数地区都能根据这一原则要求，规划本地义务教育的发展，使"普九"目标得到切实落实。

1986 年 4 月 12 日，第六届全国人民代表大会第四次会议通过了《中华人民共和国义务教育法》，这是中华人民共和国首次颁布的义务教育专

① 袁贵仁：《中国教育》，北京师范大学出版社 2013 年版，第 36 页。

门法律，其颁布实施标志着我国义务教育法律体系初步形成，从此，我国普及义务教育开始步入法制化的轨道。为了贯彻、落实《义务教育法》，1986 年 9 月，国务院办公厅转发了国家教委等四部委发布的《关于实施〈义务教育法〉若干问题的意见》；1992 年 3 月，国家教委又发布了《中华人民共和国义务教育法实施细则》，这些实施意见和细则明确了实施义务教育的监管措施，并就义务教育的经费筹措和社会力量捐资助学做出说明。

　　1992 年 10 月，中共十四大明确提出"到本世纪末基本普及九年义务教育"的战略目标。1993 年 2 月，中共中央、国务院印发了《中国教育改革和发展纲要》，重申到 20 世纪末要基本实现普及九年义务教育。何谓基本普及九年义务教育？1994 年 6 月，中共中央、国务院召开第二次全国教育工作会议，明确"基本普九"就是"到 20 世纪末，在占全国总人口 85% 的地区普及九年义务教育，初中阶段的毛入学率达到 85%，全国小学入学率达到 99%"。会议提出"分区规划，分类指导，分步实施"的原则，实施步骤分"三步走"：到 1996 年在 40%—45% 人口地区"普九"（城市和经济发展较快的农村）；1998 年在 60%—65% 人口地区"普九"（经济发展中等地区）；2000 年在 85% 人口地区"普九"（经济发展中等地区和少部分贫困地区）。之后不久，国务院印发的《国务院关于〈中国教育改革和发展纲要〉的实施意见》及国家教委下发《关于在 90 年代基本普及九年制义务教育和基本扫除青壮年文盲的实施意见》，都对"基本普九"的目标、步骤、具体要求和实施方式做出详细规定。同时，国家教委还制定了《普及义务教育评估验收暂行办法》，每年对各地"普九"工作进行检查评估，并公布各地验收的情况。

　　1995 年 3 月，全国人大通过了《中华人民共和国教育法》，其中，第十八条、第五十七条都是对义务教育的规定，明确了义务教育的权利、义务和经费来源，标志着我国义务教育法律体系已经形成。由宪法、教育基本法、义务教育法和实施细则及地方相应法规组成的义务教育的法律体系，为"普九"提供了法律依据，有力地推动着"基本普九"的快速发展。

　　为确保"基本普九"目标的实现，中央加大了对义务教育特别是贫困地区义务教育的投入，1995—2000 年，国家教委和财政部组织实施第一期"国家贫困地区义务教育工程"，中央财政投入专款 39 亿元，地方配套资金 87 亿元,共计 126 亿元,凸显了政府对普及义务教育工作的责任和义务在逐步增强。

经过多方面艰苦努力,我国如期实现了基本普及九年义务教育的战略目标,"到 2000 年底,全国已有 2541 个县级行政单位通过了'两基'验收,全国 85% 以上的人口地区普及了九年义务教育,青壮年文盲率下降到 5% 以下"①。

三 全面普及义务教育(2001—2011)

伴随着 21 世纪的到来,我国已经实现了"基本普九",但是仍有 15% 的西部和贫困、落后地区没有实现"普九",另外,实现了"普九"的地区,也存在着"普九"质量不高、城乡义务教育发展严重失衡、拖欠教师工资、"普九"负债沉重、义务教育不"义务"等诸多问题,因此,这一时期普及义务教育的重心是向农村义务教育倾斜,突破"瓶颈",全面实现普及九年义务教育。

(一)全面普及义务教育的措施

为推进全面"普九",政府主要采取了以下措施:

1. 改革和完善农村义务教育管理体制

2001 年 5 月,国务院做出《关于基础教育改革与发展的决定》,对农村义务教育管理体制进行了重大调整,明确农村义务教育"实行在国务院领导下,由地方政府负责,分级管理、以县为主的体制"(简称"以县为主")。"地方负责、分级管理"的体制是与"地方负责、分级包干"的财政体制相对应的,1994 年"分税制"改革后,"分级办学、分级管理"的经济基础不复存在,脆弱的乡镇财政难以承受义务教育的负担,造成了教育费附加不能足额征收、教育集资难以依法实行、义务教育经费匮乏、长期拖欠教师工资等问题,严重影响了农村义务教育的发展。"以县为主"的核心是县级政府对本县义务教育负主要责任,并对县级以上政府的义务教育财政责任做出了更为明确的规定,强化了各级政府对农村义务教育的责任,在一定程度上化解了农村义务教育的难题。

---

① 袁贵仁:《中国教育》,北京师范大学出版社 2013 年版,第 36 页。

2002 年 4 月，国务院又印发《关于完善农村义务教育管理体制的通知》，提出完善农村义务教育的管理机制、保障机制和监督机制的具体措施，促使"农村教育农民办"向"农村教育政府办"转变，为在农村实现全面"普九"扫除了障碍。

2. 建立健全农村义务教育经费保障机制

2003 年 9 月，国务院做出《关于进一步加强农村教育工作的决定》，其中最重要的政策是构建了农村义务教育经费的保障机制：中央、省和地（市）级政府要通过增加转移支付，增强财政困难县义务教育经费的保障能力；对实行"一费制"的国家扶贫开发工作重点县和财力确有困难的县，省、地（市）政府对其公用经费缺口要予以补足；县级政府要增加对义务教育的投入，将农村义务教育经费全额纳入预算，要按照省级政府制定的标准拨付公用经费，公用经费基本标准要根据农村义务教育发展的需要和财政能力逐步提高；乡镇政府要积极筹措资金，改善农村中小学办学条件。中共中央关于新增教育经费主要用于农村义务教育，在税费改革中，确保改革后农村义务教育的投入不低于改革前的水平并力争有所提高。2005 年 12 月，国务院颁发《关于深化农村义务教育经费保障体制改革的通知》，提出"逐步将农村义务教育全面纳入公共财政保障范围，建立中央和地方分项目、按比例分担的农村义务教育经费保障新机制"。

3. 实行免费义务教育

2004 年 3 月，教育部等三部委联合下发《关于在全国义务教育阶段学校推行"一费制"收费办法的意见》，提出自本年秋季学年起在全国义务教育阶段的学校推行"一费制"。2005 年 2 月，财政部、教育部下发关于印发《对农村义务教育阶段家庭经济困难学生免费提供教科书工作暂行管理办法》，提出中央财政设立专项资金，为农村义务教育阶段家庭经济困难的学生免费提供教科书。同月，国务院办公厅又转发了财政部《关于加快国家扶贫开发工作重点县"两免一补"实施步骤有关工作意见的通知》，提出对农村义务教育阶段贫困家庭学生免收书本费、杂费，并补助寄宿生生活费，并就"两免一补"的实施提出相应的措施。2005 年 12 月，国务院决定从 2006 年开始"全部免除农村义务教育阶段学生学杂费"。这是继"一费制"之后向免费义务教育迈出的又一大步，"2006 年起全部免除西部农村义务教育阶段学杂费，惠及西部 4880 万名学生，使约 20 万名因贫困辍学的孩子重返校园"①。2008 年 8 月，国务院发出《关于做好免除城市义务教育阶段学生杂费工作的通知》，要求"从 2008 年秋季学期开始，全部免除城市义务教育阶段公办学校学生学杂费"，对家庭困难的学生进行"两免一补"。至此，免费义务教育的范围从农村扩展到城市，我国的义务教育真正成为名副其实的义务教育。实行免费的义务教育不仅解除了家庭困难学生经济上的后顾之忧，更重要的是它标志着我国义务教育回归本质，有效地遏制了乱收费的现象。

4. 修订《义务教育法》

2006 年 6 月，第十届全国人大常委会第 22 次会议对 1986 年《中华人民共和国义务教育法》进行了修订，明确了义务教育权利性、平等性、强制性、免费性、公共性等特征，并提出促进义务教育均衡发展。这些法律规定真正起到了为义务教育发展保驾护航的作用。

（二）全面普及义务教育取得的成效

在上述政策措施的有力推动下，全面普及义务教育取得了显著成效：

1. 加大了对农村义务教育的投入

2003 年，农村义务教育投入总额为 1365 亿元，2007 年增加到 2992 亿元，增幅达 119%，年均增长 21.7%，而同期全国教育经费总投入的年均增长率为 18.3%，高出 3.4%。②

为改善贫困地区和农村义务教育学校的办学条件，教育部先后启动了"全国中小学危房改造工程"（2001）、"农村中小学远程教育工程"（2003）、"农村寄宿制学校建设工程"（2004），还制定了《"十一五"期间中西部地区特殊教育学校建设规划》（2007）、《农村义务教育薄弱学校改造计划》（2010）等，有力地支持了农村义务教育的发展。

2. 城乡义务教育的差距逐步缩小

在相关政策的引导下，我国城乡义务教育的差距正逐步缩小：

教育经费投入。从 2004 年起，农村义务教育经费投入增长幅度超过城市（见表 2—1）。

① 袁贵仁：《中国教育》，北京师范大学出版社 2013 年版，第 37 页。
② 根据《中国教育经费统计年鉴》相关年份数据计算得出。

表 2—1　　　　　　2003—2007 年农村和城镇义务教育总投入

情况统计表　　　　　（单位：亿元、%）

年份	总投入	农村		城镇	
		金额	所占比例	金额	所占比例
2003	2743	1365	49.8	1378	50.2
2004	3139	1645	52.4	1494	47.6
2005	3557	1939	54.5	1618	45.5
2006	4000	2177	54.4	1823	45.6
2007	5046	2992	59.3	2054	40.7

资料来源：王慧：《中国当代农村教育史论》，光明日报出版社 2014 年版。

办学条件。在教学仪器设置配备上，全国小学生均仪器设备值 585.4 元，其中，农村小学生均仪器设备值 421.4 元，比上年增加 13 元。初中生均仪器设备值 1014.5 元，其中，农村初中 835.6 元，比上年增加 155 元。[1]

师资配备。到 2012 年，全国农村小学大专及以上学历教师比例达到 81.7%，城乡差距缩小 1.7 个百分点；全国农村初中本科及以上学历教师比例达到 66.5%，城乡差距缩小 1.5 个百分点。[2]

当然，由于城乡义务教育的差距不是短时间内形成的，也不是教育政策一方面原因造成的，所以，要缩小差距还需要长时间、多方面坚持不懈的努力。

3. 实现了全面"普九"的任务

2007 年，西部攻坚计划如期完成，"全国共有 3022 个县级行政单位通过'两基'验收，未通过验收的县级行政单位由 410 个减至 42 个。'两基'人口覆盖率达到 99%，初中毛入学率达到 98%，青壮年文盲率下降到 3.58%，同年，西部地区'两基'人口覆盖率达到 98%，青壮年

---

① 中华人民共和国教育部：《中国教育概况——2012 年全国教育事业发展情况》，2013 年 10 月 23 日，教育部门户网站（http://www.moe.edu.cn/publicfiles/business/htmlfiles/moe/s5990/201111/126550.html）。

② 同上。

文盲率下降到5%以下"①。自2008年起，国家重点帮助西部42个县实现了"两基"。2011年，教育部宣布"全国所有县级行政单位全部通过普及九年义务教育和扫除青壮年文盲的国家验收，人口覆盖率达到100%，初中阶段毛入学率超过100%，青壮年文盲率下降到1.08%以下"②。这标志着我国人民基本受教育的权利得到高水平的保障。

第二节 义务教育发展的影响因素

纵观义务教育的发展历程，我们可以归纳出影响义务教育发展的一些主要因素，这些因素包括经济、政治、文化、观念、制度等。

一 经济因素

经济是社会发展的根本动力，同时也是影响教育发展的根本因素。教育与经济之间存在着相互促进、相互制约的关系。一方面，经济推动着教育的发展，它既为教育发展提供物质保障，又对教育发展不断提出新的要求，因而对教育发展具有决定作用；另一方面，教育有促进或减缓经济发展的作用，因而对经济具有不可忽视的作用。一般而言，经济发展较快的国家和地区，教育事业往往发展得较快，而经济较落后的国家和地区，教育发展则相对缓慢。

"有人通过多种统计分析方法，针对我国东、中、西部以及各省份GDP与教育发展关系进行探讨，得出明确的结论：经济发达地区的人均教育经费远远高于经济欠发达地区；经济欠发达地区的国家财政性教育经费支出占国民生产总值的比例要远远高于经济发达地区；从整体上说，经济发达地区预算内教育经费支出占财政支出的比例要远远高于经济欠发达地区。换个角度说，经济欠发达地区的人均教育经费虽然比较低，而在国民生产总值中被政府用来投入教育的资金比例相反却较高。这说明不发达地区被政府动员用来办教育的余地很少。由此可以看出，经济增长迅速的地区一般比较容易多渠道筹措教育资金，换言之，经济越发

---

① 袁贵仁：《中国教育》，北京师范大学出版社2013年版，第37—38页。
② 同上书，第39页。

达，对教育的支持能力越强。"①

义务教育是教育的基础阶段，同样深受经济的制约。从义务教育的出现来看，随着资本主义生产方式的发展，经济发展对劳动者素质的要求提高了，从而提出了发展义务教育的历史课题。正是因为资本主义生产方式逐渐取代了农业社会的生产方式，发展义务教育、提高全体劳动者素质才成为必要。与此同时，资本主义生产方式极大地提高了劳动生产率，为发展义务教育奠定了一定的物质基础。义务教育之所以最早出现在德（普鲁士）、英、法、美等国，正是因为当时这些国家的经济发展水平处于世界前列。从义务教育发展的历程来看，当前义务教育年限较长、质量较高的国家，都是经济较为发达的国家，例如德、英、法、美、日、韩等。与这些国家相比，我国经济发展水平还较为落后。正是经济发展水平的巨大差距，使得我国义务教育无论是在年限上还是在质量上，都与这些发达国家有相当的距离。

就当前我国而言，经济发展水平为义务教育发展提供了相应的物质保障，为义务教育发展提供了发展的可能性。把这种可能性变成现实性的因素是政治、文化、观念、制度等其他因素。

二 政治因素

政治是经济的集中体现，经济发展对教育的要求也会通过政治直接表现出来，义务教育的出现、发展历程证明了这一点。义务教育在资本主义社会的产生、上升时期出现绝非偶然。封建社会时期，教育普遍具有阶级性的特点，只有统治阶级的子女才能接受教育。这是封建社会政治上的阶级性所决定的。资本主义的生产方式需要社会中的每个人都能更自由地流动，而非像农业社会那样固定在一方土地上。这就必然要求社会中的每个人都能够作为平等的主体参与社会经济活动。因此，资产阶级思想启蒙家提出"自由、平等、博爱"等口号。这些口号后来成为资本主义国家反对封建专制统治的有力武器，并成为资本主义国家的基本政治理念。义务教育所具有的普及性特点，符合了资本主义国家的政

① 靳园：《我国义务教育的区域性不均衡状况研究》，硕士学位论文，首都经济贸易大学，2007年，第31页。

治理念。

德国之所以能开创世界义务教育之先河，正是因为宗教改革这一重大历史事件。虽然今天对德国宗教改革存在许多不同的看法，但有一点基本得到认同：德国宗教改革是资本主义发展史上的重要事件。德国宗教改革涉及德皇与教皇、宗教与世俗等诸多方面的关系，但它绝对不仅仅是一场宗教领域的改革，更是人们思想观念的一次变革。这次改革使德国民众树立了平等意识，为普及义务教育奠定了坚实的政治思想基础。

美国义务教育的出现同样深受政治因素的影响。从 19 世纪三四十年代开始，美国兴起了"公共学校运动"（the Common School Movement），这是一场普及义务教育的运动。除了经济因素之外，政治因素是这一运动兴起的最重要因素。"在一个具有长期地方自治传统的国家，如何真正实现'合众为一'的合众国理想，是建国后许多有识之士不断思考的问题。新的合众国要'合众为一'，必须要有共同的民族精神、政治理念和价值观等；要实现这一目标，只有依靠普及教育。"[①] 其他经济发达国家在发展义务教育时，政治因素同样都起了至关重要的作用。

义务教育的出现与政治密不可分，其发展同样深深受到政治的影响。只有国家政局稳定，才能制定适宜的义务教育法律和政策并付诸实施，才能不断加大经费投入，促进义务教育持续健康发展。反之，如果政局动荡，即使制定了相应的法律和政策，也无法付诸实施。法国大革命、美国南北战争都对当时国家的义务教育发展产生了极大的消极影响，以致法、美两国事后都花费了相当长的时间，才使义务教育恢复到事发前的水平。

三　文化因素

义务教育的发展与文化息息相关。文化是与自然现象不同的人类社会活动的全部成果，它包括了人类所创造的一切物质的与非物质的东西。文化从广义上讲是指人类物质财富和精神财富的总和；狭义文化则指生活于一定的文化共同体中的人们，长期积淀而成的一套系统，包括价值

---

① 但柳松：《美国公共学校运动研究》，博士学位论文，天津师范大学，2014 年，第 21 页。

观念、思维模式、审美趣味、道德情操、宗教情绪、民族性格等，而价值观念系统则是其核心。社会文化对教育的影响也已广泛为当代教育学家所认识。联合国教科文组织国际教育委员会在《学会生存》的报告中强调："教育体系是每个民族的民族意识、文化和传统的最高表现……每个国家都有它不同的地理、文化和社会——职业环境以及语言上的差别。文化所包括的科学、语言、文字、法律、思维方式、民族性格、宗教传统、风俗习惯等，都会对教育的发展产生直接或间接的影响。"

文化的发展与经济的发展基本上一致。一般来说，经济发达的地方文化也往往较发达，而在一些贫困地区和一些地区的贫困阶层，还存在着陈旧的、低层次的贫困文化。贫困文化是某些地区与贫困经济相联系的一种负面文化，这种文化禁锢着人的思想意识和行为，对义务教育的发展产生巨大的消极影响，成为制约教育健康发展的障碍。贫困文化不能形成义务教育发展所要求的人文环境，消极的思想和落后的观念时时处处制约着义务教育的发展。贫困文化加速形成了"读书无用论"。在许多贫困国家和地区，人们思想意识中几乎没有义务教育的位置，往往用非常功利的态度来对待义务教育，不能全面认识到义务教育对个人、对整个社会生活深远的、长期的影响。升大学、找好工作成为一些人重视"教育"的唯一动机，一旦看到子女升学无望，他们便随意中止子女学业，剥夺子女学习权利。贫困国家和地区义务教育阶段学生辍学与流失，大多与此有关。

一个地区的文化氛围对人们的观念及行为同样具有重要影响。这种影响是建立在熏陶和耳濡目染基础之上，影响的过程往往需要若干年，通过若干代的传承来实现。我国地域广阔，各地区的文化环境差异很大，人们对义务教育观念和态度差别非常大。一个崇文重教的文化氛围与一个重商重利的文化氛围有着明显区别，二者对于教育发展的态度决定了本地区教育事业发展的不同成就。这种差别在一定程度上解释了一些经济较落后的地区大力发展义务教育的现象。

四　观念因素

义务教育具有普及性的特点，因而必然以平等作为基本观念。社会对于平等观念的接受程度，在一定程度上决定了义务教育普及的水平。

自从告别蒙昧以后，人类在很长时间之内都生存在等级社会之中。无论是欧洲还是中国，无论是奴隶社会还是封建社会时期，人们都有其鲜明的等级身份。在等级社会中，社会地位越高的人享有的权利越多，社会地位越低的人享有的权利越少，甚至连生命权都不掌握在自己手中。生存于等级社会中的人普遍接受这种事实，并承认其合理合法性，等级观念因而成为一种社会共识。所谓等级观念，大范围地来说，是指按照人们的普遍的主观意识，将人所见到的万事万物，按照地位的高低加以等级划分，同时赋予高等级者特定的权力以及荣誉。具体而言，是指在人类社会中，按照血统、社会地位及社会成就的高低等标准，将人划分为不同等级，高等级者在社会生活中享有更多的权力以及社会荣誉。

近代以来，西方资产阶级启蒙思想家开始倡导"民主、平等、博爱"等观念，极力推动政治民主。随着西方主要国家纷纷建立资本主义制度，等级社会才逐渐退出西方历史舞台。正是在此基础之上，美国独立宣言才能提出"人人生而平等"这一振聋发聩的理念。随着"人人生而平等"理念的深入人心，等级观念也随之逐渐消失，民主平等成为社会共识和普遍追求。正是在这种平等观念的基础上，西方发达国家的义务教育才逐步走上了持续健康发展的道路。

相比之下，中国等级社会的历史非常长。从公元前2070年夏代建立到1911年辛亥革命推翻清政府，等级社会的历史将近4000年。经过如此漫长时间的延缓，等级观念深入中国人的骨髓，成为中国文化的特色之一。不仅如此，中国还没有经历过类似西方资产阶级启蒙运动式的思想洗涤。虽然，近代以来，中国也经历了辛亥革命和"新文化运动"等的洗礼，这些运动同样强调民主平等这些观念。但是，由于种种原因，这些运动对农民这一中国人的主体几乎没有影响。中华人民共和国成立之后，通过运动式的活动，在一定时期内强力推动了人们的平等意识，"人民当家做主"成为家喻户晓的话语。非常遗憾的是，在后来的发展过程中，对人的出身的重视打断了中国民主化进程，等级观念卷土重来。改革开放以来，虽然人们对出身逐渐不再那么敏感，但是等级观念又以其他的方式延续下来，成为制约社会发展的重要因素，并深刻地影响着我国义务教育的发展。

五　制度因素

一定社会的经济、政治、文化等不仅直接影响着义务教育的发展，它们还共同影响着制度的制定与实施，从而间接地对义务教育产生深刻的影响。"制度是在特定范围内由一个集体或组织制定的、对其成员的个体行为起引导和约束作用的一系列规则的总和。制度的形成是人们重复博弈的结果。就国家形态而言，制度是指以宪法、法律、法规为基本内容的正式规则和以习俗、传统、习惯等形式存在的非正式规则交错构成的一整套规则体系及其实现机制。"①

中央集权与地方分权是当前世界主要的两种教育管理体制。不同的教育管理体制对义务教育的影响十分明显。例如，同样为经济发达国家，美国与日本的义务教育发展的均衡程度就完全不同。美国是典型的地方分权国家，因此各州义务教育发展水平不尽相同，同一州内各市、各学区之间的教育发展水平更是千差万别，这种差别甚至引发许多诉讼案件。日本是一个中央集权国家，又特别重视义务教育的均衡发展，因此全国义务教育均衡化水平非常高，成为世界义务教育均衡发展的楷模。

教育财政体制与教育管理体制相适应，并对义务教育的发展产生深刻的影响。地方分权制国家的教育财政体制使得各地义务教育经费投入不同，从而容易导致各地义务教育发展水平差距较大；而中央集权制国家的教育财政体制往往规定，主要由国家承担义务教育的经费，义务教育均衡发展得到国家财政的有力保障。

具体到我国而言，《义务教育法》修订之前，长期实施的重点学校制度造成了义务教育的严重失衡；新《义务教育法》实施之后，从法律上废除了义务教育阶段的重点学校制度，为义务教育的均衡发展提供了法律保障。然而，新《义务教育法》继续坚持了"省级统筹、县级为主"的义务教育管理体制和财政体制。从长远来看，这样的体制并不利于义务教育的均衡发展。

---

① 张侃：《制度视角下的我国义务教育均衡发展》，《教育科学》2011 年第 3 期。

第三节　义务教育发展不均衡的表现

　　义务教育发展不均衡是指省域间、城乡间、校际间在入学机会、教育经费投入、学校设施、师资配备、校内资源等方面存在差异。本节将就区域包括省际和城乡间义务教育教育机会、教育经费、办学资源、师资条件等方面的差异进行比较。

一　区域、省际义务教育的差异

　　由于自然地理、经济发展水平和文化传统多方面复杂原因，我国大陆31个省级行政区的社会发展状况参差不齐，根据各省经济、社会发展的总体水平可明显区分出"发达""欠发达""不发达"等若干层次。"区域"是根据区位地理位置将31个省级行政区划分为"东北地区""东部地区""中部地区"和"西部地区"，东部地区是指北京、天津、河北、上海、江苏、浙江、福建、山东、广东和海南10省市；中部地区是指山西、安徽、江西、河南、湖北和湖南6省；西部地区是指内蒙古、广西、重庆、四川、贵州、云南、西藏、陕西、甘肃、青海、宁夏和新疆12省（区、市）；东北地区是指辽宁、吉林和黑龙江3省。① 这里笔者以区位地理作为划分标准，将我国分为四个地区，探讨区域间、省际义务教育的差异。

　　（一）教育机会的差异

　　2011年，我国实现了全面普及九年义务教育。2012年，全国适龄儿童净入学率为99.8%，全国初中阶段的毛入学率已经达到102.1%，省域间小学、普通初中的入学机会比较均衡。义务教育在教育机会的差异主要体现在小学五年保留率、初中三年保留率和九年义务教育的完成率上。

　　2012年，小学五年保留率全国为91.83%，其中，保留率在95%以上的有13个省（区、市），依次是上海市、北京市、黑龙江、江苏、天

---

　　① 国家统计局：《中华人民共和国2013年国民经济和社会发展统计公报》，2015年2月1日，郴州人民政府门户网站（http://www.czs.gov.cn/fgw/ckwx/content_423667.html）。

津、浙江、山东、广东、河北、云南、福建、辽宁、新疆；保留率超过80%、不足90%的有15个省（区、市），依次是河南、山西、内蒙古、西藏、贵州、吉林、重庆、陕西、湖南、四川、广西、青海、江西、甘肃、宁夏；部分省还不足80%，如安徽（75.7%）、湖北（77.9%）、海南（78.3%）。虽然，各省、自治区、直辖市学龄儿童的入学率较高，但小学五年保留率的差距较大，最高的上海、北京已经达到100%，但仍有3个省低于80%；西部地区只有云南、新疆较高，其余西部省区都维持在中等水平，与2008年相比，西部小学五年保留率有的提高，有的降低。2012年小学五年保留率的省际差异如表2—2所示。

表2—2　　　　　　　　2012年各地区小学五年保留率　　　　（单位：人、%）

地区		2008年一年级在校生数	2012年五年级在校生数	小学五年保留率
全国		17211575	15804784	91.83
东部地区		5361771	5239894	97.73
东部地区	北京	110826	112607	101.61
	天津	89191	88758	99.51
	河北	914954	888530	97.11
	上海	124131	133729	107.73
	江苏	642846	640419	99.62
	浙江	558165	553532	99.17
	福建	405479	387377	95.54
	山东	1046163	1027384	98.20
	广东	1315880	1286809	97.79
	海南	154136	120749	78.34
中部地区		5508298	4790854	86.98
中部地区	山西	477473	446165	93.44
	安徽	856266	648515	75.74
	江西	804343	670358	83.34
	河南	1888700	1777133	94.09
	湖北	631232	491760	77.90
	湖南	850284	756923	89.02

续表

地区		2008 年一年级在校生数	2012 年五年级在校生数	小学五年保留率
西部地区		5348662	4822638	90.17
西部地区	内蒙古	250256	233026	93.12
	广西	776989	684466	88.09
	重庆	349785	316278	90.42
	四川	1033350	911667	88.22
	贵州	722594	669899	92.71
	云南	743616	711532	95.69
	西藏	51037	47481	93.03
	陕西	438131	390214	89.06
	甘肃	426906	354569	83.06
	青海	97679	84000	86.00
	宁夏	124238	102022	82.12
	新疆	334081	317484	95.03
东北地区		992844	951398	95.83
东北地区	辽宁	395936	376452	95.08
	吉林	259967	238199	91.63
	黑龙江	336941	336747	99.94

注：从理论上测算，小学五年保留率应按同一批学生从一年级到五年级的升级人数。本表采用 2012 年五年级学生数与 2008 年一年级学生数比率。

资料来源：《中国教育统计年鉴 2008》《中国教育统计年鉴 2012》。

2012 年，初中三年保留率全国为 91.64%，保留率超过 95% 的有 8 个省市，依次是黑龙江、福建、辽宁、江苏、天津、吉林、山东、上海；在 90%—95% 的有 17 个省（区、市），依次是山西、河北、北京、重庆、新疆、西藏、陕西、浙江、内蒙古、四川、江西、广东、湖南、甘肃、广西、河南、宁夏；低于 90% 的有 6 个省，分别是云南、贵州、安徽、青海、海南和湖北，最低的湖北省只有 81.49%，低于全国平均值 10 个百分点，具体情况如表 2—3 所示。与小学五年保留率相比，省际初中三年保留率差距较小，可能是难以保留的学生在小学阶段就流失了。

表 2—3　　　　　　　2012 年各地区初中三年保留率　　（单位：人、%）

地区		2010 年一年级 在校生数	2012 年三年级 在校生数	初中三年 保留率
全国		17202342	15764287	91.64
东部地区		5563532	5224712	93.91
东部 地区	北京	102561	96002	93.60
	天津	83995	80587	95.94
	河北	721728	681414	94.41
	上海	109739	104360	95.10
	江苏	710582	686223	96.57
	浙江	532160	492231	92.50
	福建	383433	380316	99.19
	山东	1113148	1060978	95.31
	广东	1664182	1526120	91.70
	海南	142004	116481	82.03
中部地区		5119692	4564913	89.16
中部 地区	山西	572990	542325	94.65
	安徽	875999	738230	84.27
	江西	686569	631517	91.98
	河南	1591267	1446574	90.91
	湖北	658368	536489	81.49
	湖南	734499	669778	91.19
西部地区		5504390	4979162	90.46
西部 地区	内蒙古	270361	249674	92.35
	广西	706869	642651	90.92
	重庆	408817	381555	93.33
	四川	1120689	1031045	92.00
	贵州	768451	657721	85.59
	云南	711271	626177	88.04
	西藏	47361	43858	92.60
	陕西	494653	457673	92.52
	甘肃	456242	414860	90.93
	青海	79223	66391	83.80

地区		2010 年一年级在校生数	2012 年三年级在校生数	初中三年保留率
西部地区	宁夏	104164	94117	90.35
	新疆	336289	313440	93.21
东北地区		1014728	995500	98.11
东北地区	辽宁	397750	391228	98.36
	吉林	253433	242688	95.76
	黑龙江	363545	361584	99.46

注：从理论上测算，初中三年保留率应按同一批学生从一年级到三年级升级人数测算。本表采用 2012 年三年级学生数与 2010 年一年级学生数比率。初中包括初级中学、九年一贯制学校和职业初中。

资料来源：《中国教育统计年鉴 2010》《中国教育统计年鉴 2012》。

从小学五年保留率和初中三年保留率的整体上看，东部地区除了海南省，其余省、区、直辖市都比较高；东北地区三省也比较高，特别是黑龙江省的两个保留率都居于全国前列；西部边远省区两个保留率相对较低，其中较高的省、区是新疆和云南；与 2008 年相比（见表 2—4、表 2—5）。① 值得注意的是中部地区，两个保留率都居于全国中下游，特别是湖北、安徽两省的保留率都排在全国后位，出现了"中部凹陷"，这与其区位和经济、社会发展水平极不相称。这些情况说明国家实施西部大开发战略后义务教育政策向西部地区倾斜取得了显著成效，同时，应加大对中部地区正常扶持；新疆、黑龙江义务教育就学机会水平较高的事实也显示出教育成就与经济发达程度并非完全相关，是各种复杂的因素整体作用的结果。

表 2—4　　　　　2008 年西部地区各省小学五年保留率　　（单位：人、%）

省份	2004 年一年级在校生数	2008 年五年级在校生数	小学五年保留率
内蒙古	270218	275466	101.94
广西	766687	736380	96.05

① 中华人民共和国教育部：《中国教育年鉴 2008》，人民教育出版社 2009 年版。

续表

省份	2004 年一年级在校生数	2008 年五年级在校生数	小学五年保留率
重庆	415419	404015	97.25
四川	1197014	1134755	94.80
贵州	840314	809487	96.33
云南	749820	754260	100.59
西藏	59323	53200	89.68
陕西	493201	506208	102.64
甘肃	555156	490004	88.26
青海	106415	86215	81.02
宁夏	131675	114092	86.65
新疆	358026	340530	95.11

注：从理论上测算，小学五年保留率应按同一批学生从一年级到五年级的升级人数。本表采用 2008 年五年级学生数与 2004 年一年级学生数比率。

资料来源：《中国教育统计年鉴 2004》《中国教育统计年鉴 2008》。

表 2—5　　　　2008 年西部地区各省初中三年保留率　　（单位：人、%）

省份	2006 年一年级在校生数	2008 年三年级在校生数	初中三年保留率
内蒙古	314736	297334	94.47
广西	784719	645755	82.29
重庆	460802	419076	90.94
四川	1267303	1132559	89.37
贵州	715588	623823	87.18
云南	666865	628069	94.18
西藏	45309	41472	91.53
陕西	698632	660188	94.50
甘肃	506970	464051	91.53
青海	74545	66715	89.50
宁夏	103989	93635	90.04
新疆	380641	358950	94.30

注：从理论上测算，初中三年保留率应按同一批学生从一年级到三年级升级人数测算。本表采用 2008 年三年级学生数与 2006 年一年级学生数比率。初中包括初级中学、九年一贯制学校和职业初中。

资料来源：《中国教育统计年鉴 2006》《中国教育统计年鉴 2008》。

完成率代表义务教育实际完成的情况，是衡量、评价义务教育水平的重要指标。2012 年，全国义务教育完成率为 90.78%，从区域来看，义务教育完成率最高的是东北地区，为 97.85%，西部地区最低，为 86.78%，东部地区和中部地区排在第二、第三位，分别是 96.70% 和 87.73%。从省际来看，完成率最高是北京市，达到 115.92，最低的是青海省，为 72.49%，完成率超过 98% 的有 7 个省市，依次是北京市、江苏省、吉林省、福建省、天津市、陕西省、浙江省，低于 80% 的有 5 个省区，分别是西藏自治区、山西省、甘肃省、宁夏回族自治区和青海省，多数位于西部地区，这反映了西部地区义务教育的整体水平不高，虽然近年来西部地区义务教育发展很快，但是西部边远地区义务教育长时期落后形成的顽疾很难在短时间根治。2012 年义务教育完成率的区域间、省际差异如表 2—6 所示。

表 2—6　　　　　2012 年全国各地区九年制义务教育完成率　　（单位：人、%）

地区		2003 年小学招生数	2012 年初中毕业生数	九年制义务教育完成率
全国		18293875	16607751	90.78
东部地区		5638712	5452741	96.70
东部地区	北京	82631	95782	115.92
	天津	84963	84072	98.95
	河北	727434	703054	96.65
	上海	101633	94645	93.12
	江苏	742117	752183	101.36
	浙江	524509	514374	98.07
	福建	402276	404766	100.62
	山东	1078606	1049116	97.27
	广东	1729914	1619805	93.64
	海南	164629	134944	81.97
中部地区		5542704	4862608	87.73
中部地区	山西	734901	578684	78.74
	安徽	1063988	869576	81.73

地区		2003 年小学招生数	2012 年初中毕业生数	九年制义务教育完成率
中部地区	江西	733559	651764	88.85
	河南	1643456	1498054	91.15
	湖北	651856	575799	88.33
	湖南	714944	688731	96.33
西部地区		6024472	5227758	86.78
西部地区	内蒙古	294991	263265	89.25
	广西	770795	643804	83.52
	重庆	444276	403096	90.73
	四川	1223734	1093729	89.38
	贵州	827264	663275	80.18
	云南	731132	666942	91.22
	西藏	58913	46578	79.06
	陕西	530089	521287	98.34
	甘肃	572321	442640	77.34
	青海	94559	68547	72.49
	宁夏	128779	95094	73.84
	新疆	347619	319501	91.91
东北地区		1087987	1064644	97.85
东北地区	辽宁	432650	410708	94.93
	吉林	250000	259666	103.87
	黑龙江	405337	394270	97.27

注：以 2012 年初中阶段（初级中学、九年一贯制学校和职业初中）毕业生数与 2003 年小学招生数的比值作为 2012 年九年义务教育完成率。

资料来源：《中国教育统计年鉴 2003》《中国教育统计年鉴 2012》。

（二）义务教育经费的差异

考察义务教育经费的差异，主要对区域间、省际普通小学、普通初中生均公共财政预算教育事业费支出和生均公共财政预算公用经费支出的差异进行比较。

2013 年，全国小学生均教育事业费支出为 6901.77 元，高于全国均值的有 15 个省（区、市），低于全国平均水平的省（区、市）有 16 个。全国最高的是北京市（21727.88 元），最低的是河南省（3913.95 元），相差 4.6 倍。均值最高的是东部地区，为 11034.43 元；其次是东北地区，为 8791.36 元；均值最低的是中部地区，为 5635.91 元，与东部地区相差 0.96 倍。东部地区除河北省、山东省外，其余均高于全国平均水平，最低的河北省（4936.80 元）比最高的北京市相差 3.4 倍。西部地区均值为 7823.55 元，最高的是西藏自治区（12820.24 元），最低的是广西壮族自治区（5472.39 元），相差 1.3 倍。全国小学生均公用经费支出为 2068.47 元，高于全国均值的有 17 个省区，低于全国平均水平的省区有 14 个。全国最高的是北京市（9938.97 元），最低的是河北省（1390.81 元），相差 6.15 倍，而且都位于平均值最高的东部地区（3427.73 元）；均值最低的仍然是中部地区，为 2039.41 元，其中最高的江西省达到 2536.23 元，山西、河南、湖北三省低于全国平均水平。西部地区的均值达到了 2208.77 元，其中，最高的是西藏自治区为 3434.75 元，比全国均值高出 80%。2013 年省际小学、初中生均教育事业费支出情况如表 2—7。

2013 年，全国初中生均教育事业费支出为 9258.37 元，高于全国均值的有 16 个省区，低于全国平均水平的省区有 15 个。全国最高的是北京市（32544.37 元），最低的是河南省（6453.79 元），相差 4 倍。各区位的均值由高到低的顺序是东部地区（15432.71 元）、东北地区（11082.71 元）、西部地区（9383.26 元）、中部地区（8051.65 元），中部地区省份全部低于全国平均水平，而在西部地区的 12 个省区中，有一半超过了全国平均值，其中，新疆、西藏自治区超出 30% 以上。全国初中生均公用经费支出为 2983.75 元，高于全国均值的有 17 个省区，低于全国平均水平的省区有 14 个。全国最高的是北京市（13747.01 元），最低的是广东省（1866.58 元），相差 6.4 倍。东部地区平均值仍然位居第一，西部地区的均值（3106.73 元）略高于中部地区均值（3070.44 元），分列第三和第四位。2013 年省际小学、初中生均教育公用经费的差异如表 2—7 所示。

表 2—7　　　　　2013 年小学、初中生均公共财政预算教育事业费

和公用经费情况表　　　　（单位：元）

地区		生均公共财政预算教育事业费		生均公共财政预算公用经费	
		普通小学	普通初中	普通小学	普通初中
全国		6901.77	9258.37	2068.47	2983.75
东部地区		11034.43	15432.71	3427.73	4752.79
东部地区	北京	21727.88	32544.37	9938.97	13747.01
	天津	15447.39	22840.57	3788.90	5379.93
	河北	4936.80	7470.83	1390.81	2083.65
	上海	19518.03	25445.47	6417.43	8333.24
	江苏	10584.64	15140.80	2664.10	3367.92
	浙江	8874.54	12617.07	1492.81	2132.93
	福建	7522.51	10510.97	1849.43	2581.42
	山东	6642.19	10171.24	2019.30	3332.70
	广东	6742.84	7508.99	1481.56	1866.58
	海南	8347.48	10076.82	3233.94	4702.49
中部地区		5635.91	8051.65	2039.41	3070.44
中部地区	山西	6517.16	7765.15	1639.27	2402.84
	安徽	6437.96	8830.00	2451.32	3618.20
	江西	5817.11	7882.12	2536.23	3769.52
	河南	3913.95	6453.79	1806.61	3046.85
	湖北	5408.12	8543.48	1581.18	2320.33
	湖南	5721.18	8835.38	2221.84	3264.91
西部地区		7823.55	9383.26	2208.77	3106.73
西部地区	内蒙古	9837.99	11414.81	2298.51	3168.45
	广西	5472.39	6750.79	1439.85	2238.77
	重庆	6308.70	7606.65	2309.65	2887.39
	四川	6822.64	8336.83	1771.71	2508.43
	贵州	5975.72	6140.45	1400.32	1887.40
	云南	6145.38	7189.98	1670.26	2119.78
	西藏	12820.24	12783.54	3434.75	3727.30
	陕西	9633.06	11358.64	3343.90	4081.73
	甘肃	6191.50	7494.27	1585.10	2271.73

续表

地区		生均公共财政预算教育事业费		生均公共财政预算公用经费	
		普通小学	普通初中	普通小学	普通初中
西部地区	青海	8200.50	10494.92	2741.16	3914.69
	宁夏	6011.26	8479.07	2034.80	3181.74
	新疆	10463.21	14549.15	2475.17	5293.35
东北地区		8791.36	11082.71	2596.92	3492.05
东北地区	辽宁	8304.58	11462.64	2846.53	3937.15
	吉林	9174.47	11451.44	2294.01	2974.98
	黑龙江	8895.02	10334.05	2650.21	3564.01

资料来源：中华人民共和国教育部：《2013年全国教育经费执行情况统计表》，2014年10月21日，教育部门户网站（http://www.moe.gov.cn/publicfiles/business/htmlfiles/moe/s3040/201411/178035.html）。

从2013年全国小学、普通初中生均公共财政预算教育事业费支出和生均公共财政预算公用经费支出情况来看，省际小学和初中的生均教育事业经费的最高相差4倍，生均公用经费的最大差距为6倍，可见，生均公用经费的差距要大于生均教育事业费。东部地区小学和初中生均教育事业费和生均公用经费都是全国最高的，但东部地区内的省市也存在较大差异，如北京、天津、上海、江苏、浙江等省市小学和初中生均公用经费都位居全国前列，而河北、广东、山东等省两项经费的支出都位于全国下游，特别是广东省、山东省的义务教育投入与他们经济、社会发展水平有较大差距。西部地区义务教育经费增加较快，与东部地区和东北地区的差距在逐步缩小，已经超过了中部地区，与2012年相比，除重庆市和青海省外，其余10个省区两项经费支出均有较大增幅，特别是新疆维吾尔自治区、西藏自治区和云南省增长最为突出。中部地区小学和初中生均教育事业费和生均公用经费都是全国最低的，小学和初中生均教育事业费全部低于全国平均水平，小学和初中生均公用经费只有1/2的省份达到了全国平均水平，"中部塌陷"的迹象非常明显。

从经济发展水平来看，东部是经济发达地区，中部是经济欠发达地区，而西部是经济不发达地区。区域经济发展水平对义务教育投资有直接影响。从2002年起，我国开始建立健全农村义务教育经费保障机制，义务教育经费由中央与地方按比例分担，"西部地区为 8：2，中部地区为 6：4，东部地区除直辖市外，按照财力状况分省确定"①。西部地区义务教育经费 80% 来自中央财政，而且教育部还安排多种项目，增加西部的转移支付，这些向西部地区倾斜的特殊政策取得了明显的成效，大大推进了西部地区义务教育的发展，但却忽视了经济欠发达的中部地区，近年来，中部地区小学、初中生均公共财政预算公用经费均低于西部地区，与东部地区的差距更大。

（三）义务教育办学条件的差异

义务教育发展不均衡的另一个重要表现是办学条件的差异。本书的义务教育办学条件主要由生均校舍面积、校舍危房率、生均教学仪器设备资产值和生均图书保有量几方面组成。

1. 小学办学条件的差异

2012 年，全国小学生均校舍面积为 6.09 平方米，区域间高于全国平均水平的有东部地区和西部地区，低于全国平均数的有中部地区和东北地区，东部地区和东北地区小学生生均校舍面积的比值为 1.21，省际最高的是北京市，为 8.20 平方米，最低的是新疆维吾尔自治区，为 4.53 平方米，相差 0.81 倍。

全国小学危房率为 6.82%，区域间高于全国平均值的是西部地区和中部地区，低于全国平均值的是东部地区和东北地区，西部地区最高，为 14.15%，而最低的东部地区仅有 0.98%，相差约 14 倍；省际最高的是甘肃，为 49.99%，而最低的为 0，分别有北京市、上海市、江苏省、浙江省、吉林省，倍率接近 50，不足 1% 的有天津市、广东省、西藏自治区和贵州省。

全国小学生均教学仪器设备资产值为 585.42 元，区域间最高的东部地区，为 925.86 元，由高到低依次是东北地区（637.50 元）、西部地区（447.16 元）、中部地区（332.83 元），最高和最低相差 1.8 倍。省际高于全国平均值的有 9 个，低于全国平均值的有 22 个，最高的是北京市，为 4774.01 元，最低的是江西省，为 203.13 元，相差 22.5 倍。

---

① 《国务院关于深化农村义务教育经费保障机制改革的通知》，2015 年 2 月 7 日，中央人民政府门户网站（http://www.gov.cn/zwgk/2006-02/07/content_181267.htm）。

全国小学生均图书保有量是 17.12 册，在区域间除了东部地区高于全国平均数，为 21.67 册，其余地区均低于全国平均值，且差异不显著，东北地区为 15.64 册，中部地区为 14.90 册，西部地区为 14.49 册。省际生均图书最多的是北京市，为 35.62 册，最少的是江西省，为 10.69 册，相差 2.33 倍。

2012 年全国小学办学条件差异如表 2—8 所示。

表 2—8 　　　　　　　 2012 年全国各地区小学办学条件情况表

地区		生均校舍面积（平方米）	校舍危房率（%）	生均教学仪器设备资产值（元）	生均图书（册）
全国		6.09	6.82	585.42	17.12
东部地区		6.51	0.98	925.86	21.67
东部地区	北京	8.20	0	4774.01	35.62
	天津	7.35	0.29	1416.56	28.53
	河北	5.46	2.53	486.29	21.41
	上海	6.37	0	2558.58	28.14
	江苏	7.00	0	1192.25	21.98
	浙江	7.00	0	1045.07	24.73
	福建	7.83	1.04	715.03	23.00
	山东	5.00	1.32	570.99	18.02
	广东	7.32	0.76	891.04	21.11
	海南	6.77	4.56	533.88	14.85
中部地区		5.74	7.13	332.83	14.90
中部地区	山西	6.68	1.21	465.83	16.05
	安徽	5.86	2.21	351.08	16.64
	江西	5.06	17.97	203.13	10.69
	河南	4.74	5.55	223.27	13.39
	湖北	7.99	9.32	688.83	20.55
	湖南	6.45	7.35	366.67	16.19
西部地区		6.11	14.15	447.16	14.49
西部地区	内蒙古	7.54	3.47	574.00	17.18
	广西	6.56	14.26	283.67	12.25

续表

地区		生均校舍面积（平方米）	校舍危房率（%）	生均教学仪器设备资产值（元）	生均图书（册）
西部地区	重庆	8.51	6.04	615.66	12.84
	四川	5.37	6.24	533.10	13.86
	贵州	4.73	0.51	265.69	12.99
	云南	6.17	40.62	329.63	13.18
	西藏	9.31	0.21	607.32	15.87
	陕西	7.26	2.45	652.03	23.88
	甘肃	6.34	49.99	462.72	16.61
	青海	5.98	5.01	520.20	15.65
	宁夏	5.50	1.85	649.34	16.11
	新疆	4.53	2.35	532.19	11.92
东北地区		5.36	3.66	637.50	15.64
东北地区	辽宁	5.12	3.17	846.93	19.17
	吉林	5.92	0	509.57	16.33
	黑龙江	5.22	7.37	496.22	11.10

资料来源：中华人民共和国教育部发展规划司：《中国教育统计年鉴2012》，人民教育出版社2013年版。

2. 普通初中办学条件的差异

2012年，全国普通初中均校舍面积为9.99平方米，区域间高于全国平均水平的有东部地区和中部地区，低于全国平均数的有西部地区和东北地区，东部地区比西部地区生均校舍面积多2.31平方米。省际最高的是湖北省，达到14.48平方米，最低的是甘肃省，为7.41平方米，相差0.95倍。

全国初中危房率为4.80%，高出全国均值的有西部地区和中部地区，分别是10.04%和5.43%，低于全国平均值的是东部地区和东北地区，分别是0.77%和2.51%，东部和西部相差9.27个百分点；省际危房率最高的依旧是甘肃省，为36.56%，其次云南31.65%，而危房率为0的有上海市、江苏省、浙江省、吉林省，低于1%的有北京市、西藏自治区、贵州省、广东省、天津市、新疆维吾尔自治区、山西省和宁夏回族自治区。

全国初中生均教学仪器设备资产值为1014.47元，区域间最高的东部地区，为1489.11元，最低的是中部地区，为684.16元，相差约1.18倍，位列中间的是东北地区（1240.97元）、西部地区（771.44元）。省际高于全国平均值的有12个，最高的是上海市，为4848.60元，最低的是河南省，为467.85元，相差9.36倍，贵州省以468.00元排在倒数第二位。

全国初中均图书保有量是24.70册，区域间除了东部地区高于全国平均数，其余地区均低于全国平均值，分别是东北地区24.06册，中部地区23.57册，西部地区20.58册。省际生均图书最多的是上海市，达到了生均49.85册，最少的是重庆市，为12.70册，相差2.93倍。

2012年全国普通初中办学条件差异如表2—9所示。

表2—9　　　　　　2012年全国各地区初中办学条件情况表

地区		生均校舍面积 （平方米）	校舍危房率 （%）	生均教学仪器 设备资产值（元）	生均图书 （册）
全国		9.99	4.80	1014.47	24.70
东部地区		11.12	0.77	1489.11	29.71
东部地区	北京	11.03	0.09	4331.39	30.47
	天津	8.96	0.57	1812.19	32.14
	河北	9.61	2.10	877.18	32.00
	上海	14.47	0	4848.60	49.85
	江苏	15.26	0	2222.64	37.11
	浙江	15.55	0	2023.51	38.73
	福建	9.69	1.10	838.68	23.60
	山东	10.43	1.32	1145.46	28.40
	广东	9.36	0.54	1219.06	23.57
	海南	9.34	2.88	758.14	18.17
中部地区		10.02	5.43	684.16	23.57
中部地区	山西	9.32	0.69	692.38	19.86
	安徽	9.38	2.31	641.55	24.00
	江西	8.48	13.65	498.06	17.66

地区		生均校舍面积（平方米）	校舍危房率（%）	生均教学仪器设备资产值（元）	生均图书（册）
中部地区	河南	8.21	4.30	467.85	21.20
	湖北	14.68	6.57	1303.37	31.34
	湖南	12.96	5.76	895.01	30.48
西部地区		8.81	10.04	771.44	20.58
西部地区	内蒙古	10.87	2.15	908.50	22.32
	广西	9.19	14.16	632.49	16.63
	重庆	9.51	6.38	679.86	12.70
	四川	9.52	5.16	958.77	23.34
	贵州	6.26	0.22	468.00	20.04
	云南	7.74	31.65	481.26	15.20
	西藏	13.97	0.02	694.44	19.79
	陕西	10.16	1.74	996.39	31.26
	甘肃	7.41	36.56	805.99	20.64
	青海	10.77	1.46	924.48	24.90
	宁夏	9.17	0.78	1208.26	20.42
	新疆	9.84	0.57	1215.45	24.13
东北地区		9.78	2.51	1240.97	24.06
东北地区	辽宁	11.22	1.36	1704.25	33.89
	吉林	10.04	0	1038.97	22.26
	黑龙江	8.26	5.75	921.49	15.85

资料来源：中华人民共和国教育部发展规划司：《中国教育统计年鉴2012》，人民教育出版社2013年版。

（四）义务教育师资的差异

师资水平是义务教育的"软件"，是义务教育体系的核心和关键。义务教育师资方面的差异主要体现在学历合格率和高一级学历的比例上。

1. 学历合格率

近年来，随着教师专业化程度的提高，区域间、省际教师学历合格率的差异逐步缩小。2012年，全国小学教师合格率为99.81%，区域间只有西部地区略低于全国均值，为 99.61%，可是，这意味着西部地区仍有6721 名小学教师学历不达标；省际排在后两位的是云南省和西藏自治区，分别是 99.08% 和 99.09%。全国初中教师的合格率 99.12%，区域间只有中部地区低于全国平均值，为 98.8%，虽然学历不合格教师仅占1.2%，但量化后的数量仍达到 12014 人，这是一个庞大的群体，说明中部地区初中教师学历需要进一步提高。

2. 高学历教师比例

教师学历是反映和衡量师资素质的基础指标。小学教师的高学历是指专科以上，初中教师的高学历是指本科以上的学历。2012 年，全国小学高学历教师的比例是 84.91%，区域间小学高学历教师的比例最高的是东北地区，为 87.74%，东部地区以 87.61% 排在第二，中部仍然是最低的，为 81.75%；省际最高的是北京市，达到 97.48%，最低的是江西省，为 75.00%，相差了 22.48 个百分点。全国初中教师高学历的比例为71.63%，区域间最高的是东部地区，为 78.47%，最低的依然是中部地区，为 63.54%，相差近 15 个百分点，差距较大；省际最高的是北京市，达到 97.06%，最低的是河南省，仅为 59.96%，相差 37.1 个百分点，差距更大。

2012 年全国小学、初中专任教师学历情况如表 2—10、表 2—11所示。

表 2—10　　　　2012 年全国各地小学专任教师学历情况　　（单位：人、%）

地区		专任教师数	学历合格数	学历合格率	高学历人数	高学历比例
全国		5585476	5574901	99.81	4742442	84.91
东部地区		1907442	1905894	99.92	1671040	87.61
东部地区	北京	52472	52447	99.95	51151	97.48
	天津	37769	37720	99.87	34112	90.32
	河北	316962	316829	99.96	279093	88.05
	上海	48066	48038	99.94	46437	96.61
	江苏	252580	252487	99.96	229916	91.03
	浙江	179473	179324	99.92	165567	92.25
	福建	153941	153734	99.87	124629	80.96

续表

地区		专任教师数	学历合格数	学历合格率	高学历人数	高学历比例
东部地区	山东	382562	382307	99.93	317699	83.05
	广东	432374	431820	99.87	381084	88.14
	海南	51243	51188	99.89	41352	80.70
中部地区		1566714	1565089	99.90	1280791	81.75
中部地区	山西	184326	184203	99.93	161024	87.36
	安徽	241504	241403	99.96	192118	79.55
	江西	205470	204747	99.65	154099	75.00
	河南	496856	496778	99.98	415848	83.70
	湖北	191699	191282	99.78	153175	79.90
	湖南	246859	246676	99.93	204527	82.85
西部地区		1703205	1696484	99.61	1432551	84.11
西部地区	内蒙古	112898	112745	99.86	101640	90.03
	广西	217151	216670	99.78	176212	81.15
	重庆	114036	113843	99.83	101252	88.79
	四川	304899	304680	99.93	256199	84.03
	贵州	197983	195645	98.82	162418	82.04
	云南	233710	231573	99.09	192472	82.36
	西藏	18853	18679	99.08	16885	89.56
	陕西	166822	166648	99.90	145130	87.00
	甘肃	140235	139689	99.61	111192	79.29
	青海	26103	26056	99.82	23400	89.64
	宁夏	34385	34321	99.81	28263	82.20
	新疆	136130	135935	99.86	117488	86.31
东北地区		408115	407434	99.83	358060	87.74
东北地区	辽宁	144633	144388	99.83	126157	87.23
	吉林	119274	119168	99.91	107158	89.84
	黑龙江	144208	143878	99.77	124745	86.50

注：小学教师以高中及以上为合格，专科及以上为高学历。

资料来源：中华人民共和国教育部发展规划司：《中国教育统计年鉴2012》，人民教育出版社2013年版。

表2—11　　　　　　　2012 年全国各地初中专任教师学历情况　　（单位：人、%）

地区		专任教师数	学历合格数	初中教师学历合格率	高学历人数	高学历比例
全国		3504363	3473477	99.12	2510234	71.63
东部地区		1218027	1210269	99.36	955745	78.47
东部地区	北京	31067	31032	99.89	30155	97.06
	天津	26055	25803	99.03	23447	89.99
	河北	167800	166713	99.35	122956	73.28
	上海	35202	35183	99.95	33950	96.44
	江苏	182231	181441	99.57	157007	86.16
	浙江	118855	118448	99.66	106448	89.56
	福建	96638	96022	99.36	78116	80.83
	山东	261611	259616	99.24	202413	77.37
	广东	273493	271115	99.13	183949	67.26
	海南	25075	24896	99.29	17304	69.01
中部地区		997028	985014	98.8	633531	63.54
中部地区	山西	118231	117094	99.04	77397	65.46
	安徽	161007	159742	99.21	111032	68.96
	江西	122771	121221	98.74	75018	61.1
	河南	282413	279257	98.88	169346	59.96
	湖北	141409	138961	98.27	89200	63.08
	湖南	171197	168739	98.56	111538	65.15
西部地区		1021283	1012137	99.1	717786	70.28
西部地区	内蒙古	62154	61724	99.31	47178	75.91
	广西	117478	116102	98.83	82495	70.22
	重庆	76060	75483	99.24	61255	80.54
	四川	203905	202663	99.39	135088	66.25
	贵州	114753	113607	99	72972	63.59
	云南	120817	119576	98.97	88633	73.36
	西藏	8982	8870	98.75	7203	80.19
	陕西	112604	111267	98.81	82693	73.44
	甘肃	84377	83267	98.68	59054	69.99
	青海	14846	14723	99.17	10473	70.54

续表

地区		专任教师数	学历合格数	初中教师学历合格率	高学历人数	高学历比例
西部地区	宁夏	19383	19275	99.44	16101	83.07
	新疆	85924	85580	99.6	54641	63.59
东北地区		268025	266057	99.27	203172	75.8
东北地区	辽宁	101083	100361	99.29	77002	76.18
	吉林	66898	66541	99.47	53406	79.83
	黑龙江	100044	99155	99.11	72764	72.73

注：初中教师以专科及以上为合格；本科及以上为高学历；初中包括初级中学、九年一贯制学校和职业初中。

资料来源：中华人民共和国教育部发展规划司：《中国教育统计年鉴2012》，人民教育出版社2013年版。

纵观上述对区域间、省际义务教育差异的比较，可以得出以下结论：

第一，区域间、省际义务教育的差异在逐步缩小；

第二，从区域义务教育发展的总体水平来看，东部地区水平最高，因为东部地区多数是直辖市、经济发达和沿海省市，教育基础也非常好。东北地区水平较高，也许是因为东北地区包括的省份少，而且区域内的三省各项指标都比较均衡。西部地区发展较快，特别是在义务教育投资和办学条件方面有显著改进，当然由于西部地区义务教育的基础比较薄弱，因此，还处于比较落后的位置。中部地区水平最低，多数指标都排在最后，"中部塌陷"日趋加剧，义务教育发展出现危机。

第三，省际义务教育不均衡，差异较大。如2012年义务教育完成率的极差为43.43个百分点，小学危房率的极差为49.99个百分点；2013年小学生均公用经费的倍率达到7.15，而初中生均公用经费的倍率也达到5。

第四，部分区域间义务教育不均衡。如2012年初中生均教育事业费，东部地区的倍率是4.36，中部地区的倍率是1.37，西部地区的倍率是2.37，东北地区的倍率是1.1；再如2013年初中生均教学仪器设备资产值，东部地区的倍率是6.39，中部地区的倍率是2.78，西部地区的倍率是2.52，东北地区的倍率是1.85。类似的情况还有很多，在此不一一列举。可见，东部地区的差异最大，不够均衡，东北地区的差异最小，比较均衡。

义务教育的投入是影响区域、省际义务教育发展的重要因素。义务教育的公共性决定了各级政府是义务教育投资的主体。目前我国建立了义务教育经费保障机制，确立了中央和地方对义务教育经费投入的比例，这样，地方的经济发展水平就成为制约义务教育发展的重要因素。发达地区经济实力雄厚，即使中央财政拨款的比例很小，也有能力投入较多的经费，而经济落后地区和经济欠发达地区的经济实力薄弱，即使中央财政拨款的比例较大，也难以拿出应负担的义务教育经费投入。农村义务教育经费投入中央和地方的分担比例，西部地区是 8∶2，中部地区是 6∶4，也许是西部地区自然条件恶劣、经济贫困、教育长期落后的缘故，中央政府对西部的支持力度明显大于中部。当我们更多地关注西部地区时，"中部塌陷"危机却悄然出现了，由于近年来西部经济崛起，中部地区经济低迷，而且中部地区学生数量又多，致使中部成为全国义务教育最落后的区域。诚然，经济实力并非导致义务教育投入差异的唯一原因，但一般来说，经济实力常常是导致教育投入差异的最直接的原因。

此外，地理自然环境、文化传统以及教育价值取向，也是综合地决定和影响着区域、省际义务教育的发展，不同区域、省际在上述诸因素上的总体差异终将导致义务教育的不均衡。

二　城乡义务教育的差异

从 20 世纪 50 年代开始，在高度集中的计划体制下，形成了城乡二元的社会结构，其核心的价值体现就是"城市中心"，在商品供应、就业、医疗、教育、住房和社会保障等方面优先满足城市人口。因此，长久以来，教育政策绝大部分都向城市倾斜，尽管 20 世纪 80 年代以来对农村教育进行了综合改革，农村义务教育获得了一定发展，但教育的话语权、决策权带有明显的"城市取向"，在教育机会、教育资源、教育质量等方面，农村大大落后于城市，城乡教育的发展严重失衡。

城乡义务教育的差异主要表现在以下几方面：

（一）城乡义务教育机会的差异

总的来看，2000 年，第五次全国人口普查结果表明，我国 15 岁及以上人口平均受教育年限农村为 6.85 年，城市为 9.8 年，相差近 3 年；农村 15 岁及以上人口初中、小学及以下文化程度占 52.3%，受过大专以上教育的不足 1%，比城市低 13 个百分点；全国有 8500 万文盲半文盲，90% 以上集中在农村，其中 3/4 以上集中在西部农村、少数民族地区和国家级贫困县。2010 年，第六次全国人口普查的结果显示，我国 15 岁以上人口平均受教育年限农村为 7.84 年，城市为 10.88 年，相差 3 年；15 岁及以上人口初中、小学及以下文化程度的比例农村为 40.64%，城市为 13.58%，相差 27 个百分点，城乡差距较 2000 年进一步扩大；全国有文盲 5419 万人，其中，农村有 3888 万，约占 72%。具体来看，城乡义务教育机会的差异主要体现在学龄儿童入学率、小学五年保留率、小学升学率、初中三年保留率和义务教育完成率这几个指标。

1. 学龄儿童入学率

在 2000 年以前，城乡学龄儿童入学率的差异还是比较大的，如 1987 年，全国城镇小学适龄儿童入学率为 99.88%，而农村同年龄儿童的入学率只有 96.59%，低于城市 3.29 个百分点，这意味着有近 269.9 万农村适龄儿童不能按时入学。1986—2002 年城乡学龄儿童入学率的差异如图 2—1 所示。

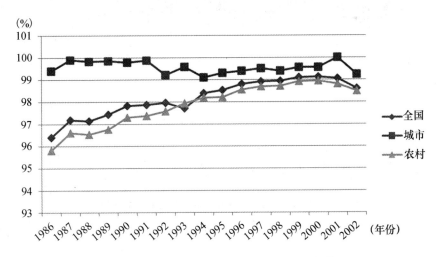

图 2—1 1986—2002 年小学学龄儿童入学率情况

资料来源：根据中国教育统计年鉴相关年份数据整理。

2002 年以后,城乡学龄儿童入学率的差距缩小,但未能入学的适龄儿童基本都在农村,以 2003 年为例,当年小学学龄儿童 10908.3 万人,适龄儿童入学率为 98.7%,而当年学龄儿童未入学人数为 141.8 万,据官方统计这些儿童主要来自农村。

2. 小学五年保留率和初中三年保留率

自 2000 年以来,城市小学五年保留率基本达到或超过 100%,全部高于农村,2001—2006 年,小学五年保留率的城市和农村均差为 12.8 个百分点。2004 年农村小学五年保留率达到 101.8%,2007—2010 年保持在 85% 左右,2011 年、2012 年两年,陡然下降,分别是 63.5% 和 57.92%,达到近 10 年的最低点,2012 年城市小学五年保留率达到 146.11%,这可能是有相当数量的小学生由农村小学转移到城市小学就读的原因。2000—2012 年全国城乡小学五年保留率的差异如图 2—2 所示。

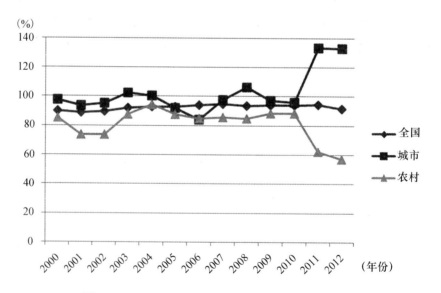

图 2—2　2000—2012 年全国城乡小学五年保留率情况

资料来源:根据中国教育统计年鉴相关年份数据整理。

初中三年保留率,只有 2005 年农村高于城市 0.59 个百分点,其余年份城市初中三年保留率均大大高于农村,2012 年城乡初中三年保留率的极差竟达到 75.86，这与小学五年保留率的情况相同。2000—2012 年全国城乡小学五年保留率的差异如图 2—3 所示。

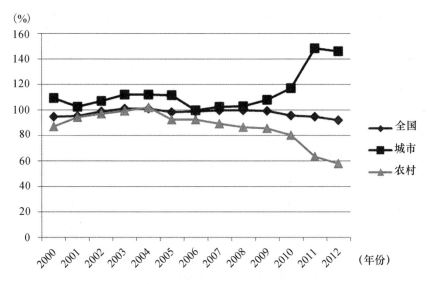

图 2—3　2000—2012 年全国城乡初中三年保留率

3. 升学率

多年来，农村小学、初中毕业生的升学率远远低于城市这一指标。1985 年，城市小学毕业升学率已经达到 101％，而农村小学毕业升学率只有 64％，其中贵州、广西和西藏的农村小学毕业升学率不足 50％；同年，初中毕业升学率城市为 40％，农村则为 22.3％；1999 年，虽然农村小学升学率上升到 91％，但仍有 15 个省区低于 90％，贵州和内蒙古分别为 72.4％和 75.7％，西藏只有 38.1％，如果按照这一比例，全国每年至少有 130 万农村小学毕业生或成为"劳动力"，或在社会闲散；同期，城市初中毕业升学率上升为 55.45％，而农村初中毕业升学率下降到 18.65％，绝对差高达 36.8 个百分点。[①] 从 1986 年到 2012 年间，部分时段城乡小学毕业升学率详细情况如表 2—12 所示。

_____

① 中华人民共和国教育部：《中国教育统计年鉴 1999》，人民教育出版社 2000 年版，第 189、256 页。

表 2—12　　　　　　　1986—2012 部分年小学毕业生升学率　　　（单位：%）

年份	小学毕业生升学率		
	全国	城市	农村
1986	69.54	101.83	60.40
1989	71.54	101.92	62.08
1992	79.67	104.41	68.99
1995	90.80	105.03	78.34
1998	94.28	104.99	82.86
2001	95.45	110.98	70.09
2004	98.10	114.89	71.15
2007	99.91	116.20	64.53
2010	98.67	114.36	60.65
2011	98.31	111.21	54.54
2012	95.69	109.46	51.01

注：以当年初中阶段学校招生数除以小学毕业生数得出小学毕业生升学率。

资料来源：根据《中国教育统计年鉴》相关年份数据计算得出。

4. 辍学率

辍学率也是衡量义务教育就学机会的一个必要指标。多年来，城乡义务教育在辍学率上差距较大，农村小学、初中学生辍学率均高于城市。

在国家发布的各种教育统计资料中，没有找到与辍学率相关的数据，笔者只能从有关研究中获得相关数据。1989 年，国家教育发展研究中心对河北、辽宁、浙江、福建、山东、广东、广西、四川和甘肃 9 省区 60 个县（市、区）的近 1 万所中小学的 345 万名学生的辍学、留级情况进行了调查，结果显示，农村小学、初中的辍学率均高于城镇，小学辍学率比城镇高 1.2 个百分点，初中辍学率高于城镇 5.1 个百分点。[1] 1998 年全国初中在校生辍学率平均为 3.23%，达 167 万人，而农村辍学率为 4.2%，高于全国平均水平 0.97 个百分点，有的地方农村辍学率高达 10% 以上。[2]

---

① 国家教育发展研究中心：《义务教育效益研究》，人民教育出版社 1992 年版，第 11 页。

② 杨东平：《对我国教育公平问题的认识和思考》，《教育发展研究》2000 年第 8 期。

5. 义务教育完成率

在教育机会上，城乡义务教育完成率的差异最为突出。2006—2012年间，城市义务教育完成率均超过100%，说明城市已经普及了九年义务教育；而农村义务教育完成率最高达到55.49%，最低的2012年仅有30.52%，极差竟然达到125.2，可能与农村学生向城市学校流动有关，但城乡义务教育完成率差距之大是不争的事实。可见，义务教育完成率的城乡差异远远大于区域差异和省际差异，这也充分证明了农村义务教育才是我国义务教育的难点和重点。2006—2012年城乡九年义务教育完成率的差异如图2—4所示。

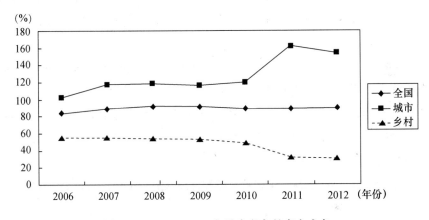

图2—4　2006—2012年城乡义务教育完成率

资料来源：根据中国教育统计年鉴相关年份数据计算得出。

（二）城乡义务教育经费的差异

长期以来，我国的教育政策以城市为中心，在经费投入上多数时间是向城市倾斜的，因此，义务教育投入的城乡分配极不平衡。1998年，全国小学年生均预算内经费，城镇为520元，农村为311元，初中年生均预算内经费城镇为813元，农村只有486元。贫困地区农村学生人均经费更少，1998年，贵州省初中年生均预算内经费，城镇为560元，农村只有301元；小学城镇为375元，农村为208元。① 城乡中小学的公用经费

---

① 王善迈、袁连生：《2001年中国教育发展报告》，北京师范大学出版社2002年版，第21页。

的差距也较大，1994 年农村中、小学公用经费占财政预算内教育事业费分别为 8.08%、5.53%；而城市中、小学分别为 12.41% 和 7.51%[①]，相差 4.33% 和 1.98%；1997 年，全国 2000 多个县中，农村小学生均公共经费支出低于 2 元的县有 207 个，2—10 元的县有 504 个，最低的县只有 2 分钱。[②] 2001 年，我国普通中学教育经费总支出为 1008 亿元，其中农村中学教育经费支出为 302 亿元，占 30.01%，而农村学生的比例却达到 48.52%[③]，占总量近 50% 的学生却只得到 30.01% 的经费。2002 年，农村初中、小学在校生分别占全国的 47.33%、66.97%，分别为城市学生的 2.82 倍和 4.73 倍，但农村中小学的投入只分别占到总投入的 34.82%、61.48%。全国初中、小学生均预算内教育经费支出分别为 998.42 元、834.26 元，而农村却分别只有 815.95 元、723.36 元，远远低于全国平均水平。

2002 年，农村初中、小学在校生分别占全国的 47.33%、66.97%，分别为城市学生的 2.82 倍和 4.73 倍，但农村中小学的投入只分别占到总投入的 34.82%、61.48%。全国初中、小学生均预算内教育经费支出分别为 998.42 元、834.26 元，而农村却分别只有 815.95 元、723.36 元，远远低于全国平均水平。

笔者对 2000 年和 2004 年城乡义务教育投入进行比较，如表 2—13 所示。

表 2—13　　　　2000 年、2004 年全国城乡义务教育投入比较　（单位：元、%）

项目	年份	普通小学			普通中学		
		农村	城镇	农村与城镇之比	农村	城镇	农村与城镇之比
生均教育经费	2000	798	1484	53.77	1014	1955	51.87
	2004	1326	1980	66.97	1487	2288	64.99
生均预算内事业费	2000	558	953	58.55	667	1120	59.55
	2004	1035	1379	75.05	1101	1457	75.57

---

① 中华人民共和国教育部：《中国教育统计年鉴1994》，人民教育出版社1995年版，第21页。
② 王善迈：《2000 年中国教育发展报告》，北京师范大学出版社2000年版，第36页。
③ 中华人民共和国教育部：《中国教育年鉴2001》，人民教育出版社2002年版，第110页。

项目	年份	普通小学			普通中学		
		农村	城镇	农村与城镇之比	农村	城镇	农村与城镇之比
生均预算内公用经费	2000	28	95	29.47	126	164	76.83
	2004	95	154	61.69	45	146	30.82

资料来源：根据2000年、2004年《中国教育统计年鉴》相关数据整理。

　　无论是经济发达的直辖市，还是经济欠发达的中部省份，其城乡义务教育经费都有较大差距。如2003年，北京全市初中生均教育经费为6519.63元，而农村生均为4319.54元，只达到全市平均水平的66%；天津市农村初中生均经费只相当于全市平均水平的57.4%；河南省农村小学生均教育经费为597.21元，城镇生均为979.73元，农村学生的生均经费只相当于城镇学生的61%，河南省农村初中学生均教育经费为759.97元，城镇生均为1184.24元，农村初中学生的生均经费只相当于城镇学生的64%。[①]

　　2000年至2012年全国城乡义务教育经费比较如表2—14所示。

表2—14　　　　2000—2012年全国小学、初中生均教育事业费、
　　　　　　　公用经费支出情况表　　　　　　　（单位：元）

年份	区域	生均预算内教育事业费支出		生均预算内公用经费支出	
		普通小学支出	普通初中支出	普通小学支出	普通初中支出
2000	城镇	639.82	862.89	61.83	118.4
	农村	412.97	533.54	24.11	38.67
2001	城镇	851.34	968.7	82.45	119.66
	农村	550.96	656.18	28.12	44.95
2002	城镇	1025.52	1106.98	95.66	137.68
	农村	708.39	795.84	42.73	66.58

[①]　中华人民共和国教育部：《中国教育统计年鉴2003》，人民教育出版社2004年版。

续表

年份	区域	生均预算内教育事业费支出		生均预算内公用经费支出	
		普通小学支出	普通初中支出	普通小学支出	普通初中支出
2003	城镇	1165.01	1216.7	126.89	165.97
	农村	810.07	871.79	60.91	85.01
2004	城镇	1349.1	1411.24	157.3	201.95
	农村	1013.8	1073.68	95.13	125.52
2005	城镇	1544.32	1649.2	209.58	265.87
	农村	1204.88	1314.64	142.25	192.75
2006	城镇	1845.27	2032.84	308.02	403.03
	农村	1505.51	1717.22	248.53	346.04
2007	城镇	2384.94	2838.2	455.78	640.94
	农村	2084.28	2433.28	403.76	573.44
2008	城镇	2945.68	3684.45	662.53	962.43
	农村	2617.59	3303.16	581.88	892.09
2009	城镇	3588.24	4478.67	811.76	1184.57
	农村	3178.08	4065.63	690.56	1121.12
2010	城镇	4256.8	5376.2	1008.92	1448.01
	农村	3802.91	4896.38	862.08	1348.43
2011	城镇	5105.72	6641.59	1424.32	2071.23
	农村	4764.65	6207.1	1282.91	1956.66
2012	城镇	6196.32	8196.23	1880.95	2714.8
	农村	6017.58	7906.61	1743.41	2602.13

资料来源：根据教育部、国家统计局、财政部相关年份全国教育经费执行情况统计公告相关数据计算得出，教育部门户网站（http://www.moe.gov.cn/publicfiles/business/htmlfiles/moe/moe_83/index.html）。

2002 年 4 月，国务院办公厅印发《关于完善农村义务教育管理体制的通知》，提出新增教育经费用于农村，实施农村义务教育经费保障机制。2006 年，政府将农村义务教育全面纳入公共财政保障范围，建立了中央和地方分项目、按比例分担的经费长效保障新机制，加大了对农村义务教育的投入，且增幅较大。2003 年，农村义务教育投入总额是 1365 亿元，2007 年，增加到 2992 亿元，增长了 119%，年均增长 21.7%。同

期，全国教育经费总投入的年均增长率为 18.3%，农村义务教育投入的
年均增长速度比全国教育经费总投入的年均增长速度高 3.4 个百分点。其
中，预算内拨款增幅较大，2007 年，农村义务教育财政性经费投入总额
2839 亿元，比 2003 年 1143 亿元增加 1696 亿元，增长 148%，年均增长
25.5%，高于农村义务教育总投入的年均增长比例 3.8 个百分点。2003
年到 2009 年农村义务教育经费增长情况如图 2—5 所示。

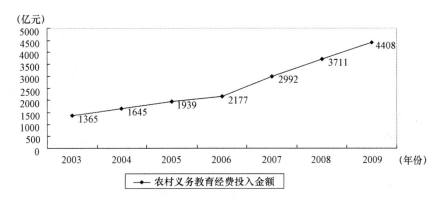

图 2—5　2003—2009 年农村义务教育经费投入情况

资料来源：根据历年《中国教育经费统计年鉴》统计得出。

　　从 2004 年起，农村义务教育经费在义务教育总投入中所占比例首次
超过城镇，而且比例逐年上升，如表 2—15 所示。

表 2—15　　2003—2007 年义务教育总投入中农村和城镇投入对比

（单位：亿元、%）

年份	总投入	农村		城镇	
		金额	所占比例	金额	所占比例
2003	2743	1365	49.8	1378	50.2
2004	3139	1645	52.4	1494	47.6
2005	3557	1939	54.5	1618	45.5
2006	4000	2177	54.4	1823	45.6
2007	5046	2992	59.3	2054	40.7

资料来源：根据《中国教育经费统计年鉴》相关年份数据整理。

（三）城乡义务教育办学条件的差异

多年来，城乡学校办学条件差异显著，有些甚至可以说是天壤之别，主要体现在普通小学、初中校舍危房率、生均图书拥有量、实验仪器达标校的比率等几方面。首先，校舍危房主要集中在农村学校，"黑屋子、土台子、泥孩子"就是对20世纪七八十年代农村小学的真实写照。1998年，全国小学校舍共有危房620万平方米，其中农村占82.13%，全国中学危房面积为3860万平方米，其中农村占54.12%，占全国总面积的70.19%。① 2001年，全国农村中小学共有危房约4153万平方米，② 中、西部农村学校危房的比例更高，有的达10%—15%，每年还约有3%的危房自然增长率。③ 2002年，全国普通中小学校舍危房面积中，农村校舍危房面积就占到总面积的49.86%、82.73%，而城市仅占到总面积的10.09%和4.58%。其次，小学、初中实验仪器达标校的比率，2003年，城市为69.4%、74.04%，农村为46.48%、66.19%，分别相差22.92和7.85个百分点；2012年，城乡这一比率的差距没有缩小反而进一步扩大，达到31.47和15.69个百分点。再次，农村生均图书拥有量低于城市学生，2003年，小学生均图书城市为15.59册，农村为10.9册，相差4.69册；初中生均图书城市为12.22册，农村为12.84册，还比城市略多。从2003年至2012年，农村初中生均图书一直高于城市，大概受这样几个因素影响，一是加大对农村义务教育的投入，办学条件得到改善；二是农村初中生数量逐年减少，城市初中生数量逐年增加；三是阅读方式发生变化，电子图书和网络阅读正在兴起，2012年初中计算机拥有量，城市为179.38万台，农村为105.57万台。2003—2012年城乡义务教育办学条件的对比情况如表2—16所示。

---

① 中华人民共和国教育部：《中国教育统计年鉴1998》，人民教育出版社1999年版，第66、87页。

② 中华人民共和国教育部：《中国教育年鉴2001》，人民教育出版社2002年版，第71、101页。

③ 全国人大常委会执法检查组：《关于检查〈义务教育法〉实施情况的报告》，《中国教育报》2000年1月6日第3版。

表 2—16 　　　　　　2003—2012 年城乡义务教育办学条件情况表

年份	区域	小学			初中		
		生均图书（册）	校舍危房率（%）	实验仪器达标校比率（%）	生均图书（册）	校舍危房率（%）	实验仪器达标校比率（%）
2003	城市	15.59	1.86	69.40	12.22	1.69	74.04
	农村	10.90	8.54	46.48	12.84	6.40	66.19
2004	城市	15.67	1.25	70.25	12.96	1.09	74.48
	农村	11.64	7.23	47.94	13.61	5.14	66.96
2005	城市	16.21	0.98	72.81	13.99	0.88	75.50
	农村	12.81	5.79	49.23	15.01	4.01	68.16
2006	城市	16.82	0.76	73.00	14.31	0.75	76.57
	农村	13.13	6.47	49.61	16.71	4.31	68.52
2007	城市	16.65	0.57	73.80	14.56	0.59	77.93
	农村	13.38	4.83	50.89	18.05	3.65	69.71
2008	城市	16.45	1.19	74.49	15.26	1.29	78.54
	农村	13.74	5.70	51.25	19.57	4.56	69.52
2009	城市	17.20	5.32	76.87	15.84	4.78	79.49
	农村	13.81	20.85	49.43	20.59	16.14	68.82
2010	城市	17.46	4.04	78.6	16.60	3.52	81.53
	农村	14.47	18.73	50.43	22.21	14.09	69.89
2011	城市	17.11	3.74	70.38	19.40	2.98	79.40
	农村	14.61	14.38	41.87	25.52	11.42	63.54
2012	城市	18.65	2.54	75.40	22.49	1.89	83.11
	农村	18.72	10.31	43.93	30.34	8.15	67.42

注：初中包括初级中学、九年一贯制学校和职业初中；实验仪器达标校是指普通初中的理科实验仪器达标校和职业初中的教学实验仪器达标校。

资料来源：根据中国教育统计年鉴相关年份数据整理得出。

（四）城乡义务教育师资的差异

城乡义务教育在师资方面的差距也十分显著。

首先，从数量上看，农村小学、初中教师数量都低于城镇。在 20 世纪八九十年代，农村小学师资缺乏的情况比较突出，由于农村小学设置分散、学校规模及班额相对较小，尤其是在山区和地广人稀的边远地区，设有很多教学点,教师需求数量更大。但实际情况却相反,1986 年,小学生师比,城市为 19.62,农村为 25.23,相差 5.61。1990 年,初中生师比,城市为 12.68,农村为 16.56,相差 3.88,无论是小学还是初中的生师比,城市均低于农村,这说明在义务教育师资配置上城市优于农村。90 年代末期以后,农村学龄人口数降低,我国对农村小学布局进行了大规模调整,合并了许多基层的农村小学,使生师比大大降低,2010 年,城市小学生师比为 19.22,农村为 16.77,比城市还低了 2.45;初中的生师比城市为 15,农村为 14.04。农村初中生师比降低与近年来学生数量大幅减少有关。如表 2—17 所示。

表 2—17 部分年份城乡普通小学、初中生师比

年份	小学			初中		
	全国	城市	农村	全国	城市	农村
1986	24.35	19.62	25.23	21.84	20.56	20.72
1990	21.94	19.56	22.51	15.66	12.68	16.56
1995	23.30	20.15	24.32	16.73	14.15	17.75
2000	22.21	19.59	23.12	19.03	15.98	20.45
2003		19.31	20.09		16.90	19.92
2005	19.43	19.26	19.47	17.80	15.74	18.19
2010	17.70	19.22	16.77	14.98	15.00	14.04
2011	17.71			14.38	14.48	13.58
2012	17.36			13.59	14.11	12.46

资料来源:根据中国教育统计年鉴相关年份数据整理得出。

其次,城乡小学和初中专任教师学历合格率存在差异。由于历史的原因,20 世纪七八十年代,我国的民办教师大多数集中在农村学校,后来又有不少代课教师,2002 年农村中小学代课教师分别占到全国中小学代课教师总数的 46.23% 和 87.03%。随着教师专业化步伐的加快,农村中小学专业教师学历合格率不断提高。城乡小学教师学历合格率的差距不大,2003—2012 年城乡小学专任教师学历合格率对比情况如图 2—6 所示。

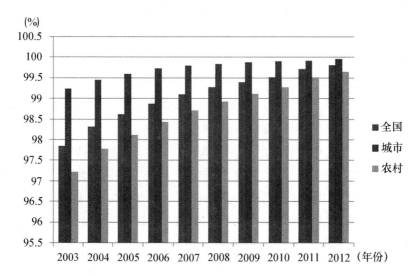

图 2—6 2003—2012 年城乡小学专任教师学历合格率对比

注：小学学历合格教师为具有高中以上学历的专任教师；学历合格教师比例 = 学历合格专任教师数/本地区专任教师数。

资料来源：根据中国教育统计年鉴相关年份数据整理得出。

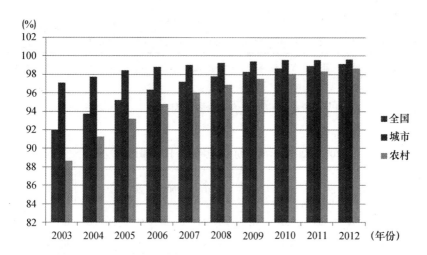

图 2—7 2003—2012 年城乡初中专任教师学历合格率对比

注：初中阶段具有专科及以上学历的专任教师为学历合格者。初中包括初级中学，九年一贯制学校和职业初中。

资料来源：根据中国教育统计年鉴相关年份数据整理得出。

　　与小学专任教师合格率相比，初中专任教师学历合格率的城乡差异较大，2003 年，城市初中专任教师学历合格率为 97.08%，农村为88.65%，相差 8.43 百分点，到 2012 年，这一差距缩小到近 1 个百分点。近 10 年，城乡初中专任教师学历合格率的差距如图 2—7 所示。

　　再次，从义务教育师资的质量来看，城市大大优于农村，主要表现在城市小学、初中高学历师资的比例远远高于农村。农村小学、初中教师学历层次较低，势必影响教育质量。2003 年，小学高学历教师的比例，城市为 64.4%，农村为 31.77%，相差 32.63；同期初中高学历教师的比例，城市为 48.64%，农村为 14.28%，相差 34.36。到 2012 年，城乡小学、初中高学历教师的比例差距缩小到 17.15 和 21.57，但差距仍然很大。2003—2012年城乡小学、初中高学历教师比例的对比情况如表 2—18、2—19 所示。

表 2—18　　　　2003—2012 年城乡小学高学历专任教师比例差异　　　（单位：%）

年份\项目	2003	2004	2005	2006	2007	2008	2009	2010	2011	2012
全国	40.52	48.76	56.35	62.07	66.88	70.88	74.83	78.29	82.05	84.91
城市	64.40	71.34	78.01	82.54	85.30	87.96	90.59	92.44	92.80	94.28
农村	31.77	40.14	47.49	53.61	58.53	62.82	67.25	71.15	73.78	77.13

　　注：小学高学历教师为具有专科及以上学历的教师高学历专任教师比例 = 高学历专任教师数/本地区专任教师数。

　　资料来源：根据中国教育统计年鉴相关年份数据整理得出。

表 2—19　　　　2003—2012 年城乡初中高学历专任教师比例差异　　　（单位：%）

年份\项目	2003	2004	2005	2006	2007	2008	2009	2010	2011	2012
全国	23.77	29.09	35.26	41.08	47.24	53.21	59.42	64.04	68.22	71.63
城市	48.64	55.01	62.42	68.46	71.96	75.92	79.77	82.67	81.98	84.16
农村	14.28	19.01	24.33	29.97	35.97	42.33	49.37	54.81	58.72	62.59

　　注：初中阶段具有本科及以上学历的专任教师为学历合格者。初中包括初级中学，九年一贯制学校和职业初中。

　　资料来源：根据中国教育统计年鉴相关年份整理。

最后，农村义务教育学校的英语、信息技术、音乐、体育、美术教师普遍短缺，难以满足教学需要。由于农村教师的待遇和工作、生活条件与城市教师相比差距很大，导致很多农村优秀教师流失现象十分严重，这些问题严重制约农村教育的发展。从某种意义上说，教育的差距就是教师的差距。农村学校缺乏优秀师资是制约教育水平的重要因素。这一切使农村孩子在普及和完成九年义务教育上仍然存在不公平。

通过对城乡义务教育差异的比较，可以得出以下结论：

第一，城乡义务教育不均衡由来已久，20 世纪 80 年代后期至 90 年代，城乡义务教育的差距加大，进入 21 世纪后，农村义务教育发展较快，城乡义务教育的差距在逐步缩小。

第二，在义务教育就学机会方面，城乡差距较大。目前，我国已经普及了九年义务教育，因此，在小学、初中入学率上城乡差距不明显，但在小学五年保留率、初中三年保留率、义务教育完成率等方面的差距非常显著。

第三，城乡义务教育经费的差距显著缩小。在中央政府制定的一系列向农村义务教育倾斜的重大政策推动下，对农村义务教育经费投入快速增长，农村义务教育经费在义务教育经费总投入中所占比例超过城市且逐年增加，城乡义务教育经费差距显著缩小。

第四，农村义务教育办学条件大为改善，城乡差距仍比较大。与以往相比，农村小学、初中办学条件有较大提高，但危房率和实验仪器达标校的比例都低于城市；城乡小学办学条件的差距大于初中。

第五，城乡义务教育学校专任教师合格率差距明显缩小，高学历师资比例的差距较大。

第 三 章

义务教育均衡发展的国际比较

第一节　发达国家义务教育发展历程

各发达国家义务教育的发展历程不同，因此义务教育中存在的问题也各不相同，尽管在义务教育均衡方面都存在这样那样的问题，但是由于其发展特点，造成义务教育存在各种不同的不均衡现状，了解各国的义务教育发展脉络，可以使我们对义务教育均衡发展有更深入的理解。

一　美国义务教育发展历程

美国是世界上义务教育最发达的国家之一，尽管如此，作为一个分权制国家，义务教育在发展过程中也遇到了各种问题，其中，教育发展不均衡的问题也比较突出。美国义务教育发展可以分为三个阶段：探索阶段（殖民地时期）、确立和实施阶段（建国后—19 世纪末）、实现阶段（20 世纪）。

在探索阶段，美国的教育水平很低，并没有形成学校教育制度，也没有完善的课程体系，更没有对教师进行培训的师范学校。可以说在这一时期，13 个殖民地的义务教育并没有普及。并且民众和政府并不关心普及教育。独立战争之后，美国的办学重点在于中学与大学，他们认为这是培养统治人才的教育，必须重视，因此忽视了面向广大民众的义务教育。其实，早在 17 世纪，一些北部地区就已经提出普及义务教育的想法，但是由于社会生产力的条件限制，人们对教育需求不是特别迫切，人们只需要掌握简单的读、写、算就可以正常办理日常事务，因此普及教育这一理想无法真正实现。这一阶段只能称为义务教育的探索阶段。

在确立和实施阶段，由于建国后的移民数量增多，政府为了让移民融入美国社会，同时需要巩固新生政权，一些政治领导人提出建立不属于任何教派、免费的公立学校，希望通过公立学校达到普及义务教育的目的。虽然战后的义务教育并没有真正发展起来，但是普及教育的思想已经被大众接受，到了 19 世纪，贺拉斯·曼为代表的教育家积极推动普及义务教育运动，为美国义务教育的普及做出了巨大贡献。19 世纪 30—60 年代，美国最终建立起了公立学校教育制度，其特点是非教派控制的、公立的、免费的、普及的，该学制是包括小学、中学、大学的一个单轨学制。可以看出该学制从设计上是完善的，在此基础上，普及义务教育慢慢被民众接受，并逐步推广。

20 世纪可以说是美国义务教育普及的实现阶段。虽然两次世界大战美国都参与其中，但主要战争并没有发生在美国本土，美国在此期间大发军火财，这给美国的发展提供了经济基础，同时也为教育的发展奠定了经济基础。在这一时期，社会生产力由于第三次科技革命而发生巨大发展，在一定程度上促进了美国教育的发展。美国为了成为世界强国，尤其要与苏联在科技竞争方面保持优势，普及教育是最根本的做法。在当时的社会环境下，义务教育普及最终得以实现。在"二战"后，美国为了巩固自己的世界地位，不断提高自身的经济和军事实力，在教育方面也采取了一定措施。例如，"二战"后，改进印第安人、黑人教育，发展特殊儿童教育，保障贫困儿童教育等。根据调查统计，1912 年公立中学在校人数为 110.5 万，这一数据是 1870 年的 12.5 倍，在"二战"结束后，美国中学教育得以普及。随后美国义务教育不断发展，到 1995 年，美国公立中小学达 88223 所，学生入学数达 4570.1 万人。[①] 公立中小学迅速发展，为美国义务教育普及做出巨大贡献。在前两个阶段的积淀下，普及义务教育在 20 世纪最终得以全面实现。

二　英国义务教育发展历程

英国义务教育有其自身的特殊性，英国长期以来受封建势力统治，阶级和等级观念被民众普遍接受，因此，英国的教育长期以来为精英教

---

① 杨慧敏：《美国基础教育》，广东教育出版社 2004 年版，第 4—5 页。

育。产业革命之后，由于工业的发展，需要有受过教育并且有一定技术的工人，因此教育逐渐向中下阶层发展。但中下阶层的教育与贵族教育完全不同，中下阶层只学习简单的文化知识。同时，英国政府对教育持不干预的政策，教育的发展可以说处于无政府管理的状态，发展十分缓慢。

英国议会于1833年通过了一个总额为2万英镑的拨款项目，以此来促进教育发展，通过全国贫民教育促进会、不列颠及外国学校协会来分配给各自所属的学校。① 这是英国政府首次对教育正式干预。但这时英国的公共教育制度尚未建立。直到1870年，《初等教育法案》，即《福斯特法案》颁布，才正式初步确立了英国公共教育体系。该法案的主要内容是："在教会学校不足的地区，设立民选的学校委员会，用地方税开办公立初等学校；教会学校的地位保持不变，但不能从地方税收中得到补助；公立学校可以进行超越教派性质的宗教教学，但教师有权不参与宗教教学，家长也可以要求其子女不参加学校的宗教仪式和宗教教学。"② 该法案改变了英国政府不干预教育的情况，可以说是英国政府第一次对普及义务教育承担了应有的责任。但是真正的普及义务教育还远远没有做到。1880年《芒德拉法案》规定实行强制入学的政策，1891年英国开始实行免费初等教育。到1899年，义务教育的上限已经提高至12岁。随着义务教育的逐步发展和年限的延长，1902年，英国政府颁布了《巴尔福尔教育法案》。该法案把英国义务教育上延至中等教育，突破了之前义务教育仅限初等教育的界限。该法案的主要内容涉及：在教育领导体制上，废除以往由各学区的学校董事会管理初等学校的办法，责成郡议会和郡独立市设地方教育局来管理学校教育，从此，地方行政机构的领导成为英国教育行政的主体；同时，该法案还授予地方教育当局开办"不属于初等教育的教育"，这可以说某种程度上，满足了人们接受中等教育的迫切愿望。由于该法案的颁布，中等学校的数量大幅上升，并且教育行政机构对中等教育的控制力有所加强，但是，当时的中等教育并不免费，大多数普通民众的子女还是无力负担中等教育。到1918年，英国政府又颁

---

① 吴文侃、杨汉清：《比较教育学》，人民教育出版社1999年版，第295页。
② 同上。

布了《费舍教育法案》，将义务教育年限发展为 5—15 岁。义务教育年限在这一时期有所延长。

英国政府于 1944 年颁布了《巴特勒法案》，该法案在英国教育史上有着重要地位。该法案主要涉及公共教育体系、教育管理、民办学校以及地方教育局的职责等。该法案规定，公共教育体系包括初等、中等和继续教育；具体负责以上教育的主管部门为郡及郡自治市议会；对民办学校进行改组；对于超过了义务教育年限的公民，地方教育当局为他们提供正规教育，并在空闲时间，为他们提供各方面的娱乐设施；对于未满 18 岁，又没有接受全日制教育或接受部分时间制教育的公民，地方教育当局为他们提供教育。[①] 该法案的颁布和实施对英国教育产生了深远影响。该法案把初等、中等和继续教育相衔接，至此英国形成了现代公共教育体系，但是双轨制并没有发生根本改变。由于该法案追求初中等教育的相互衔接，在一定意义上推动了教育机会均等，这也可以看出，英国政府逐渐关注教育质量的提高。1972 年，英国政府将义务教育年限进一步扩展为 5—16 岁。学生在 16 岁时结束义务教育，进入继续教育阶段。之后英国义务教育年限一直限定为 5—16 岁。在此之后，英国颁布了《1988 年教育改革法案》，该法案是《巴特勒法案》后，对英国义务教育影响最深远的法案，它改变了英国以往教育地方自治和各自为政的状态，英国第一次开始推行国家统一的课程。

英国公共教育通过 100 多年的发展，已经形成了较为完整的体系，即初等教育、中等教育、继续教育和高等教育。5—16 岁属于义务教育阶段，这其中有 5 年初等教育和 6 年的中等教育，在这之后，进入继续教育、高等教育。英国的义务教育可以说已经达到了成熟阶段，但是英国国家干预教育明显滞后，起步稍晚，所以英国的义务教育在其漫长的发展过程中，出现了一定的问题，义务教育发展不均衡是众多问题之一。

三　德国义务教育发展历程

德国是世界建立义务教育制度最早的国家，从 16 世纪到 21 世纪，德国有 500 多年的义务教育历史。德国在长期的历史发展进程中，一般都处

---

① 吴文侃、杨汉清：《比较教育学》，人民教育出版社 1999 年版，第 296—297 页。

于先进国家的行列，德国经济增长一般依赖于精良的工艺和质量。更进一步地说，德国经济发展可以归功于发达的义务教育和职业技术教育。德国不仅仅是一个经济强国，同时也是一个思想文化和艺术都非常发达的国家。这与德国一直都很重视教育密不可分。

德国是传统的以《圣经》为信仰依据的宗教国家。在德国，最早产生的学校形态也是宗教性质的学校，《圣经》及理解教义的拉丁文和希腊文是主要学习内容，学习的方式主要是读、写和背诵教义。当中世纪的黑暗如乌云笼罩的时候，14世纪下半叶以思想解放为主题的文艺复兴运动便应运而生，并且很快席卷到德国，在1517年，德国爆发了宗教改革运动。改革的主要目的是为了把民众从教皇的宗教权威和教会的经济剥削中解放出来，主张每个人可以独立、自由地敬拜上帝。路德派也对当时的教育制度提出了批评，出于把教育作为改造当时教会和社会的工具性目的，在教育方面最主要的贡献是提出义务教育的主张，并把这个主张转化为教育现实，同时也提出教育和宗教相分离的世俗性教育建议。

随着宗教改革运动的深入，旧式教会开始解体，它们所设立的学校也纷纷关闭。对于当时的人们来说，面临这样一个问题："既然在学校学习的目的不是为了当神父，那么为什么还要上学呢？"但是路德认为，为了培养新教的传教人员，为了新兴的资产阶级培养一批合格的管理人才，为了把下层民众从缺乏知识而不能顺利阅读《圣经》的困难当中解放出来，为了很好地推进宗教改革运动，有必要为男女儿童提供适当的教育。他从个人幸福、社会秩序稳定和国家安全的角度，强调全国儿童都有责任接受教育，并且国家应该像强迫公民服兵役一样，强迫人们把子女送到学校接受教育，政府也要发挥对教育的监督功能，保证义务教育的进行。

新教的胜利，义务教育思想深入人心，教育权力从教会手中转入到国家手中，促使德国各个公国利用学校章程和学习计划的形式来建立新兴国家办教育的各种规章制度。1619年，魏玛公国公布的学校规章，规定8—12岁的儿童都要到学校读书。1642年，哥达公国发布的学校章程，明确规定儿童从5周岁起，必须入学，直到学完应该掌握的知识，经过教育当局的审查以后，才可以离开学校。这是利用学校规章制度的形式，正式规定义务教育的开始。同一时期的符腾堡公国还开始实行免费的义务教育入学形式。德国的其他州纷纷仿效，相应地建立起类似的学校制度，使义务教育在国家制度的规范下，向前发展。

17世纪，在每个儿童都应当接受教育的思想指导下，开始大量建立实施义务教育的主要机构——国民学校，后发展成为德国义务教育的主体。当时无论是在农村，还是在条件较为良好的城镇，都建立起了这种世俗化的教育机构，使义务教育从一种教育思想转化成为一种教育现实，让义务教育又向前迈进了一大步。

在18世纪，德国的义务教育不断得到扩展，大部分公国颁布了实施强迫义务教育的法令，其中以当时最大的邦国普鲁士为代表。1717—1763年，普鲁士先后两次颁布实施强迫义务教育的法令。后者规定，5—12岁的儿童必须到学校接受教育，否则要对家长施行罚款。1794年，普鲁士颁布了《民法》，它虽然不是一部专门针对教育的法规，但是其中的精神体现了把教育权力收归国家所有，因此被作为普鲁士世俗教育的总宪章。至此，德国的各个邦国几乎都在法律上规定了实施强迫的义务教育。

德国义务教育到此时为止，已经有很长一段时间了，国家也从法律法令的角度对义务教育的发展进行了规定。但是，由于各种不利因素的影响，义务教育还没有从根本上得以实现，需要借助新一轮的教育改革为义务教育的发展创造各种需要的条件。加上1806年的普法战争以普鲁士失败而告终，普鲁士向拿破仑割地求和，在民族发展危难关头，促使德国在教育方面进行改革，寻求新的出路来扭转国家命运。

1809年，洪堡出任普鲁士教育厅长，他针对当时德国教育的等级性和双轨制，提出了一系列的教育思想和改革措施。对于义务教育发展最大的贡献就是提高师范教育的地位，为义务教育发展提供了大量的合格师资。

德国当时所盛行的是封建等级制的学校和低层劳动人民子女进入的职业学校，教学方式也是死记硬背，不能够合理地考虑学生的个性发展。针对这种情况，洪堡提出了培养个性自由发展的"完全人"的教育理想，他进一步阐释"完全人"就是有教养的人，即个性和谐发展的人。那么，通过什么方式实现这种教育目标呢？洪堡主张这种教育适用于任何一个人，无论其等级和家庭背景，他认为人人都应该接受教育，而且应该受到同样的教育。考察义务教育思想的发展，可以知道，这种思想后来演化成为义务教育所包含的一个重要属性，即平等性。洪堡试图在德国双轨制的教育基础上，建立一种从初等教育经中等教育到大学教育的统一的单一学校系统。后来由于考虑到职业教育对德国发展的作用和影响，他放弃建立单一学制的想法，但是通过教育改革，废除了封建等级制的教育，建立起资产阶级性质的学校教育系统。而义务教育又是伴随着资本主义教育制度的建立而逐步得到发展的，因此，洪堡的平等教育思想为德国义务教育的发展做了理论上的进一步论证和思想上的保证。

洪堡改革对义务教育发展的另一个贡献就是大力发展师范教育，为义务教育培养高质量的师资。在改革之前，师范学校都依附于普通中小学，没有独立的办学机构，地位也很低。改革后的师范学校与中小学的地位发生了转变，中小学成为师范学校的附属机构，成为师范教育的实习学校和示范学校。不仅如此，洪堡还通过对教师进行严格的资格考核制度，为义务教育输送高素质的教师，提高了教师的专业化水平。1810年，洪堡颁布了普鲁士教师资格考试敕令，规定只有通过统一的国家考试，才有资格成为教师，取得教师资格以后才有可能被录用。并且在当时普鲁士战后财政非常紧张的情况下，决心提高教师的工资待遇。经过改革，提高了教师质量，稳定了教师群体，促进了义务教育教学质量的提高。当初所采取的师范教育改革措施，一直沿用到现在，不仅影响了德国的教育，也成为世界范围内的教育财富。

1820年洪堡的教育改革获得了成功，同时期的其他教育家也提出了和他类似的主张。如第斯多惠也强调人应该受到普通教育，并且认为教育要为一切人提供平等的机会，指出人民是受教育的主体。教育家的理论呼吁和教育改革家的不懈努力，使德国的教育获得了发展，义务教育也受惠多多。不仅如此，工农商业和科技的发展带来了德国的繁荣和强大。1871年，普鲁士顺利统一德国，这都为义务教育的发展提供了一个广阔的背景，新一轮的义务教育改革也势在必行。

1872年，德国颁布了新的教育法令——《普鲁士国民学校和中间学校的一般规定》，考虑到教育服务于政治、经济发展的必要，提出在已有的教育规模上，建设新的学校，在乡镇也要尽可能地新建各种学校。为了经济发展和向外扩张的需要，也为了培养合格的管理人员和具备一定知识技能的劳动者，帝国再一次强调了实施强迫性的义务教育。政府规定，6—14 岁的公民，接受 8 年强迫义务教育，同时要求，已就业但是 18 岁以下的公民，政府为他们提供免费的职业教育。在这段时期内，义务教育学校的数量和学生人数都有了很大提高，义务教育得到了贯彻实施，初等教育获得普及，中等教育的规模也得到扩展。这一时期义务教育的课程中，自然科学的含量大大增加。德国双轨制的教育系统获得了进一步的巩固。

在"一战"前，德国国内就掀起了对长期以来教育改革的反思和讨论，讨论的焦点是关于统一学校制度的必要性和可行性，其中也涉及义务教育的年限问题。1919 年，建立了资产阶级民主性质的魏玛共和国，魏玛宪法中对德国教育的发展做出了规定。宪法吸取了"战前"教育改革的讨论意见，把教育权力统一收归国家所有，规定义务教育的年限为 6—14 岁，一共 8 年，并且对 18 岁以前没有完成义务教育的青少年实行免费的职业教育。这实际上再一次肯定了德国的双轨制教育系统，并且确定了教育的多样性。其中也强调：德国的每一名青少年，不管其家庭出身、经济情况和宗教信仰如何，都必须按照相应的才能来获得相应的教育。

根据宪法精神规定的义务教育法律和宗旨要求：所有年满 6 岁的德国儿童，都必须进入基础学校学习，毕业后经过考试决定其流向，并且首次规定了在国民学校 8 年级毕业以后，可以进入进修学校接受免费的职业教育，把职业教育也纳入到义务教育的范畴中来。这种多样性的学校制度设置，为义务教育通过多种途径来实施提供了条件和保障。

"一战"的惨败，并没有让德国走向和平之路，相反法西斯却在欧洲大陆疯狂肆虐，德国义务教育也深受影响。纳粹时期的教育完全是为军事和政治服务的，教育完全被希特勒法西斯统治集团当成了一项工具，教育从性质上受到了严重破坏。反动统治政权把教育的培养目标确定为培养"政治人"，在学校中大力推行政治驯化课程和军事训练课程，进行强烈的思想控制。纳粹对教育采取集权管理的方法，在 1938 年颁布了《帝国义务教育法》，规定普通义务教育年限为 8 年，所有儿童必须进入到统一的国民学校学习，为全盘培养纳粹的接班人服务。希特勒非常重视国民学校，要求每一个德国人必须完成初等国民教育，并且把这作为每一个国民应尽的义务来强迫执行。

这一阶段的义务教育，继承了传统，并且做法与之前基本一致，但是在培养目标、课程设置和学习形式等方面都发生了变化。纳粹集团采用政治和军事的思想和方法来管理教育，使义务教育在实质上变为法西斯集团的政治陪葬品和牺牲品。

"二战"结束，德国被分裂成为社会制度性质截然不同的两个国家，1949 年，最终形成了英法美占领区的西德即联邦德国和苏联占领区的东德，即民主德国，这两股冷战的强大对峙势力，也在德国推行了本国的政治模式和教育模式。因此，这一时期德国的义务教育也呈现出两种不同的性质和特点。

联邦德国受益于美国全球战略的经济扶植政策，加上国内推行自由的市场化经济政策，以及战前雄厚的经济基础和教育培养出来的一大批科学家和工程师，在战争的废墟上很快获得了经济的重建。由于战争给教育带来的破坏实在太大了，因此也要面对教育重建的艰难工作。义务教育面临校舍奇缺、师资奇缺、纸张奇缺和食物奇缺的巨大困难。

英、法、美三国在其所属的占领区内推行的义务教育政策也不一样。

美国主要针对德国的双轨制度，希望按照美国的教育价值观进行民主改造，主张建立为所有儿童提供同等的教育机会和平等教育的综合教育体系，义务教育阶段包括初等教育和中等教育，把职业教育纳入到中等教育当中，义务教育都实行免费。

英国把占领区的教育主权归还给当地州政府，支持推行德国的三轨学制，建议推行 5—15 岁儿童的强迫义务教育，建议中等教育阶段实行免费教育。法国也企图在占领区实行统一学校制度。后来经过磋商，盟国形成了一个比较统一的德国教育改革政策，发布了《德国教育民主化的基本方针》，关于义务教育的内容包括以下几个方面：

（1）为每人提供平等的教育机会。

（2）所有实行义务教育的公立学校必须免费为学生提供教育、教科书和其他教育必需品，对于需要提供补助的学生，要提供补助金。

（3）对所有 6—15 岁儿童实行完全时间制义务教育，并对 18 岁以下不再接受其他教育的青少年提供部分时间制的职业教育。

（4）实行义务教育的学校应该组成一个互相联结的统一学校体系。

德国人对盟国所制定的义务教育政策未置可否，依然强烈地按照德国的教育传统和教育需要来重建教育。在 1964 年通过了《联邦共和国关于实行教育统一的协定》，简称《汉堡协定》，此协定奠定了"战后"联邦德国统一的学校教育制度，并且一直被沿用至今。其中规定：义务教育的年限为 9 年，第一阶段为基础学校，年限为 4 年，然后经过 2 年的"观察期"，即中等教育的第一阶段，再进入到中等教育的第二阶段，第二阶段的教育由三种类型的学校来承担，即完全中学、实科中学和高等国民学校，这三种类型的学校在招生条件、招生对象和教学内容、毕业去向等方面都存在着很大的差异，这实际上已经进入双轨制教育的分流阶段。

民主德国在"战后"也经历了艰难的经济恢复运动，恢复的速度和效果也同样惊人。苏联也是按照统一教育体系的意愿对民主德国的教育进行了改造。1946 年，民主德国中央教育管理机构公布了《关于学校民主化法律》，规定实行民主的统一学制，按照苏联模式，成功地把原来双轨制的学校教育体系改造为单轨的单一性学校系统。把德国教育进行彻底的世俗化改革，废除了教育特权，把 8 年的基础学校教育当作实施免费的义务教育阶段，在此以后，还可以通过 2—3 年的职业教育来接受训练。

1990 年，东西德结束了长期的分裂局面，组建成为一个新的国家，随后对教育进行了全面的改革，各州都颁布了新的教育法规，对义务教育及其他方面都做了较为一致性的规定。各州统一规定：义务教育从 6 岁开始，大部分州的年限都是 9 年，规定职业教育的年限为 3 年。至此，德国仍然实行双轨制的学校教育制度，各州在一些具体规定方面存在一些差异，但是都没有把幼儿教育纳入到义务教育体系当中。

法律规定每一个儿童，在每年 6 月 30 日之前满 6 周岁，都有义务进入统一的初等学校，接受 4 年的基础教育，也有少数州的初等学校期限为 6 年。虽然也有人建议把义务教育的年龄提前到 5 岁，但是并没有得到贯彻和实施，因为研究证明过早或者过晚接受基础教育都没有益处。

由于德国有悠久的义务教育传统，虽然主要由战争带来的不利因素常常给义务教育造成一定的负面影响。但是总体上说，德国的义务教育是获得了连续发展的，随着时间的推进，加上德国不断通过改革来努力完善义务教育，德国义务教育具有特定的传统、特色。例如，儿童在入学前，对儿童身心素质的检查和测试，各州的教育法规都对此进行了规定。这种义务教育第一阶段入学资格的确定进行得非常细致和严格，先由医院对符合年龄要求的入学儿童做全面的身心状况检查，符合入学要求的儿童进入基础学校，有明显不足者进入特殊学校接受教育。测试内容包括意志力、注意力、语言能力和交往能力等，在合格者进入基础学校之后，也要进一步地观察，但是观察并不是针对教学要求的标准进行的，而是针对每一名学生心理品质发展的差异进行。如果发现有学习困难者，将会被安排到学校幼儿园或者是预备班接受专门教育。

义务教育的初等教育阶段是德国教育体系中比较成熟的阶段，基础学校从魏玛改革以来，所遭受到的冲击和异议都比较少。在以后进行的改革中，主要都是针对教学方面的，使教学能够跟得上时代发展的步伐。改革的主要目的是增加教学内容中科学知识的含量，并且使教学思想和教学方式都更加民主化，围绕这两个中心目标，对基础学校的管理、教学、课程、评价等方面都进行了改革。

基础学校的课程改革使得新兴的学科知识在学校课程中得到了及时的反映。除此以外，在课程中还体现了生产实践和社会生活的新内容。课堂教学方式也更加灵活多样，主要是为了满足儿童天性的发展需要，在课堂纪律方面和学习成绩方面都不做统一的规定和要求，强调教学本身的吸引力，为学生提供发展多样兴趣的可选择性课程，通过丰富多彩的教学来促进学生的身心健康发展。

德国重视职业教育，并且把职业教育纳入到中等教育阶段当中，但从学校体系上来说，并不属于义务教育阶段，只是规定职业教育也可以由国家来免费提供，但这只是职业教育的一种发展方式。由于传统的双轨制依然适用于德国教育和经济的发展，影响义务教育的第二阶段呈现出来丰富多样的特点。分流从第5、6学年的定向阶段开始，通过这个阶段的学习，学生、学校和家长都了解到学生的学习需要和能力、兴趣等方面的状况，并且对学生以后进入的学校有一个初步的打算。完成定向阶段的学业以后，学生进入适合自己意愿和要求的中学，继续接受义务教育阶段的学习。

四　法国义务教育发展历程

法国是欧洲西部的一个现代化强国，是老牌的资本主义国家，其历史悠久，文化辉煌。相应地，在这样的国家中，其教育的发展也是漫长而有特色的。法国的初等教育与中等教育具有三个明显的特征，也可以说是三个原则，即世俗性、义务性与免费性。世俗性即国家对教育绝对管理，排除宗教在教育中的涉入；义务性，即强迫性。可以说，法国义务教育的发展进程就是三大原则的酝酿、提出、确立、深化的过程。

同其他欧洲国家一样，文艺复兴时期以前，法国的教育权与受教育权被教会与处于统治地位的贵族阶级所垄断，平民并没有接受正规教育的机会。而且，此时的教育实质上，或者是一种神学的灌输，其目的在于培养人们对宗教的虔诚与对上帝的敬畏，或者是封建意识的驯化，培养人们对统治者的服从与容忍。

文艺复兴中的人文主义运动强烈反对封建统治与教会专权，弘扬人性，推崇人的理性与尊严，赞美世俗生活，概而言之，重"人"抑"神"。在人文主义运动的冲击下，教育的世俗性大大增强了，教育由面向"神"转而开始关注人。教育目的的厘定与内容的选择更多地指向世俗生活。教会对教育的控制受到严厉的批判。虽然此时的大多数人文主义者并不是要真正抛弃宗教、背离宗教，而只是反感于基督教过于僵化的教条与令人窒息的专制。但是，他们在客观上推进了教育的世俗化发展。

如果说人文主义运动埋下了教育世俗化的种子，那么17世纪法国的宗教改革运动又蕴含着法国教育的另两个原则的雏形——义务与免费。

宗教改革运动初始于德国的马丁·路德，继而波及法国。在法国，宗教改革运动的发起者与领导者是加尔文。在改革过程中，新教势力一直把教育作为实现宗教改革目标的一个重要工具。加尔文提出，国家有责任对全体国民实施强制性教育，国家广泛开办公立学校，要求全部儿童入学接受免费教育，从而达到教育的普及。

当然，在提倡强制性的、免费的与普及的教育时，加尔文派领袖所考虑的并不是人们的世俗生活，而是宗教的利益。他们认为，人对上帝的信仰并非与生俱来，信仰需要培养，培养的方式就是教育；人人最终都要皈依上帝，因而人人都应该接受教育；要使国民能直接地阅读《圣经》，就应该使所有的国民都学习基本的读写知识与技能。同时，普及教育也是抑制人性中的恶，发展善性的好方式。

很明显，无论加尔文派在提倡强制性的免费教育思想时的初衷如何，新教改革运动都在客观上扩大了受教育对象，把受教育权从少数人垄断的状态中解放出来。尽管教育普及的实际效果有限，但其意义是重大的。

文艺复兴时期的人本主义运动与宗教改革运动所体现出来的教育世俗性、强制与普及的思想只是粗具形态，其内涵与后来的发展也不尽相同，尽管如此，它们仍包含了现代义务教育的基因。因而，人们一般把文艺复兴时期的教育制度看作现代教育制度的源头，当然，这也是法国义务教育的最初源头。

如果说文艺复兴运动是资产阶级意识的初步觉醒，其对封建统治与基督教会专权的反抗是有限度的、不彻底的，那么，18世纪欧洲爆发的第二次思想解放运动——资产阶级启蒙运动，则是对封建制度与教会在清醒状态下的公开宣战，其影响的范围与深度都超过了文艺复兴运动。封建专制、教会专权，以及与此相关的一切旧的思想与意识都被带进人的理性法庭，接受理性的审判。此时的理性被赋予了无上的权威，人们认为理性是荡涤一切社会污垢、医治一切社会弊病的妙药良方，凭借理性，人类可以击破一切专制、愚昧与宗教迷信之桎梏。

法国是这场伟大思想运动的核心，涌现了伏尔泰、孟德斯鸠、卢梭、狄德罗、爱尔维修、孔狄亚克及孔多塞等一批思想界的巨匠，从而使法国的启蒙运动在18世纪中期就达到了顶峰。同文艺复兴一样，启蒙运动从未放弃过对教育的关注，与文艺复兴时期相比，此时人们对教育的认识与重视程度只能有过之而无不及。为应社会变革之所需，此时的思想家都为建立新的教育制度大声疾呼。

爱尔维修主张：人的智力天生平等，在某种程度上，教育是造成人与人之间不平等的根源，因而，教育应该民主化，人人都应该接受教育，并且接受尽可能同样的教育。在教育的所有权方面，爱尔维修强烈反对教会对教育的干涉，认为教会垄断学校是"民族的灾害"，主张教育应由国家主办，教育要面向世俗世界。

与爱尔维修相比，狄德罗对教育的认识更接近于现实，他承认教育在个人与社会发展中的巨大作用，但并没有推之至极而达到"教育万能论"的程度。他号召教育应该面向所有人，通过教育来发展人们自身有利的自然因素，启发其理性，从而使其认识社会的罪恶现象，进而唤起人们对正义与新社会秩序的渴求。同时，狄德罗也对当时社会的教育状况痛心疾首：封建专制的制度剥夺了大众的受教育机会，或者把教育作为愚弄民众的手段。他主张实施义务教育，剥夺教会的一切教育权，将其收归国家政府。"初等学习一般是人民大众的，因为从首相直至最下层的农民，应该让人人都识字、会写、会算……强迫学习、识字、写字和计算，可以使人民的思想得到初步的塑造，其结果，对于治安和政府的稳定来说，也许是不可估量的。"①

拉夏洛泰于 1763 年出版了《论国民教育》，其中明确提出了"国民教育"这一概念。这里的"国民"即指国家公民，与教会教徒有着本质的区别，"国民教育"亦与教会教育相对立，反映了拉夏洛泰的国家办学的思想，对当时法国世俗性公共教育制度的建立产生了重大影响。

拉夏洛泰对于耶稣会的教育全无好感，曾发表过《关于"耶稣会章程"的报告》，在书中，他严厉地批判耶稣会教育的内容陈旧过时，纪律严刻无情，这样的教育非但不能增加学生的学识，还会使他们产生对教育的憎恶与怨恨。由于教会垄断教育，只给学生灌输忠于教皇思想，而置国家于不顾，因而，要培养遵纪守法的国家公民，就必须从根本上重建国家教育制度。他认为，由于教育在个人与国家发展中的特殊作用，政府必须重视教育，为教育提供法律保障，并任命开明有能力的人员管理教育。国家放弃教育的权力，将其交付于教会手中，那无异于一件荒唐事。在拉夏洛泰看来，教育应该而且必须由国家主办。

总体说来，虽然这一时期各个思想家的具体思想各异，但是他们基本的教育思想是一致的，归纳起来无非是三点，即世俗化、免费和义务。世俗化，在这里指批判教会教育，要求国家收回教育权，国家办教育、管理教育，使学生成为由国家人员教育的"国家的儿童"。而免费和义务则指在初等教育阶段，全体国民都有接受教育的权利，教育要以免费的形式普及。此时的义务，更多的是强调国家在教育方面的义务，而不是

---

① ［法］安德烈·比利：《狄德罗传》，张本译，商务印书馆 1995 年版，第 365—366 页。

学生与家长的义务。这一点并不难理解，义务教育是由国家保证的，如果国家没有从教会手中夺回教育权，无法履行其义务，那么家长与学生的义务则无从谈起。这也说明，世俗性是免费与义务的基础。从另一个角度来说，从文艺复兴时期到启蒙运动这几百年间，虽然一代代有识之士竭力而呼，要求教育权的国家掌控，要求教育的普及与免费，虽然思想界一派沸腾之象，实践中却并没有实质性的进步，也没有相应的法律出台，所取得的成就一旦用这几百年的时间跨度来衡量，义务教育的进步就显得步履迟缓了。可以说，从文艺复兴到启蒙运动是法国义务教育思想的酝酿、萌芽时期。正是由于思想上的逐渐成熟，才有了此后一系列有关义务教育的计划、法案的提出与实践的尝试，从而最终促成了义务教育制度的确立。

1789 年，经历了思想上的启蒙与实践上的发展、积累，法国爆发了资产阶级大革命，推翻了封建专制制度，法国社会开始迅速地向资本主义过渡。新政权初步建立后即颁布法律，剥夺教会的权利，没收教会财产，并宣布"公共教育和政治与道德教育的监督权交给世俗政权"，从教人员在执教前必须经由政府审查。这样，法国第一次明确地以法律形式保证了教育权的国家掌握，教育开始真正的世俗化。新政权为了培养所需的人才，建立与资产阶级利益一致的教育制度，曾制订、出台了一系列教育计划与法案。

1792 年，孔多塞向法国政府提交一份教育报告，表达了他对国民教育的看法。他认为，教育应该建立在公民平等的基础之上，并提出，法国公共教育制度的建立要遵循三个原则，即平等、世俗化、自由。在此基础上，他将学校教育划分为五级，即初级小学、高级小学、中等学校、专门学校和科学艺术研究院，前三者的学制分别是 3 年、4 年、5 年。前四级教育全部免费。国家要支持那些有天赋但家境贫困的学生。但是，孔多塞的计划并没有完全落实。

与以往的教育计划相比，勒佩勒提埃的"国民教育之家"计划的民主性更强。"国民教育之家"是指一种面向全体民众的、真正的共和国的教育，所有的 5—12 岁男童与 5—11 岁女童都要入学，共和国负责教育与培养他们，包括吃饭穿衣，教育经费由全体公民的税收负担。"儿童穿着一样，膳食相同，享受同样的教养，得到同样的关怀与爱护。"①"国民教育之家计划"于 1793 年 8 月开始实施，但不久就夭折了。

1793 年 12 月，法国政府通过了布吉埃的教育法令，该法在教育的强制性方面做出了更明确的规定，初等教育实行免费，所有 6—8 岁的儿童必须上学，家长不送子女上学属于违法行为，要依法追究责任。从此，法国义务教育中的义务开始具备了"家长的义务"这一内涵。后来所颁布的法令，如拉卡那尔教育法令和多努教育法却出现了明显的倒退倾向。多努教育法取消了初等教育的免费义务教育制度：国家不负责教师的工资，教师每年向学生收取一次学费；国家只为 1/4 的贫困学生减免教育费用。

有人统计，在法国大革命时期所制订、颁布的教育计划与教育法令"不少于 25 个"，它们继承了文艺复兴，尤其是启蒙运动中教育世俗、强制、普及的思想，并在不同方面有所发展。但是，这些教育法案和教育计划没有一个得以切实地实施，往往被中途废弃。这一方面是由于当时法国的政局更迭频繁，加之外国势力干涉，政局不稳，经济低迷等，因而不具备实施义务教育的外部条件；另一方面也说明这些法律本身只是对于建立新教育制度的探索，自身也有诸多不完善之处。正是由于内、外两方面的原因，这一时期的法国义务教育进步、混乱、倒退并存。尽管如此，义务教育毕竟开始从思想与理论上的准备转向实际性的尝试，这是一个不小的进步。

1799 年，拿破仑通过雾月政变成为法国的最高统治者，开始了为期 16 年的中央集权的独裁统治。在这一历史时期内，法国确立了中央集权式的教育管理体制。帝国大学成为全国最高的教育权力机构，负责全国的教育事务。自此，教育权力完全收归于中央政府，学校的设立、教师与教育官员的任免都在中央的直接控制之下。拿破仑从其统治利益出发，允许宗教的存在，以利用宗教来帮助、巩固其政权。而且，为缓解国家在教育上投入有限的状况，允许教会开设学校，但宗教学校要接受政府的统辖。在这一时期，教育的世俗性与宗教性并存。尽管如此，国家对

---

① 顾明远、梁忠义：《世界教育大系：法国教育》，吉林教育出版社 2000 年版，第 54—55 页。

教育权的集中与掌握超过了以往历史上的任何时期。拿破仑对初等教育并不重视，1802 年由拿破仑审批的教育法中涉及的初等教育的内容不多，既没有规定义务教育，也没有关于免费的内容。但是，中央集权式的教育管理体制为以后的法国教育管理奠定了基础。

1814 年，波旁王朝复辟，但已无法恢复大革命以前的封建专制制度，因而采取君主立宪制。在教育方面，当权者一方面保持着国家的教育控制权力，另一方面恢复教会的教育权。教会借此机会疯狂扩张，大革命中建立的世俗教育重新被教会夺占。教会教育的全面回潮使世俗教育遭受巨大挫折。这在法国的义务教育发展历史上是一个倒退时期。

这种状态一直延续到 1830 年波旁王朝灭亡才得到改善。1833 年，法国颁布了《基佐法案》，开始了对教育的全面整顿。首先，限制教会在教育中的权力，将原来的"宗教事务与公共教育部"更名为"公共教育与宗教事务部"，虽然只是前后顺序的置换，却反映了其职责已经开始发生根本性的转变，强调教育优先，但并没有完全取消教会在教育中的权力。基佐认为，"对教育而言，国家和教会是唯一有效的力量"。其次，《基佐法案》重视国家广设学校，促进教育的普及，正如基佐所说："对儿童实施最低程度的教育是国家严格的义务。在法兰西的土地上，只要是有人的地方，无论是偏远的乡镇，还是大都市，都应设置这一级教育。"

《基佐法案》对法国初等教育产生的影响是积极而显著的。法案颁布后，学校数量迅速增加，到 1847 年，已设立各类初等学校 63000 所。小学生入学人数由 1831 年的 193.5 万增加到 1846 年的 324 万，男生和女生分别增加了 44 倍和 92 倍；同时，法国的文盲人数比例由 1834 年的 47% 下降到 1848 年的 33%。[①]

1848 年，法国爆发了"二月革命"，推翻了君主制，建立了法兰西第二共和国，但革命成果被保守派窃取，假共和国之名义行君主制之实。1850 年，法国议会通过了《法鲁法》。在新组建的公共教育最高委员会中，宗教人员占绝对优势，并赋予了主教和教会许多特权，从而剥夺了世俗教育的权力。实际上，政府放弃了教育权力。一切教育权尽为教会掌握，国家教育管理部门形同虚设。该法规定："家庭能够缴纳费用的所

---

① 顾明远、梁忠义：《世界教育大系：法国教育》，吉林教育出版社 2000 年版，第 82 页。

有儿童都可以接受初等教育。"回避了初等教育的义务与免费问题。因贫困而无法进入公立学校的儿童可以进入教会开办的私立学校,接受宗教教育。在这一时期内,世俗化、免费、义务三个原则遭到无情践踏。《法鲁法》不仅反映了法国教育的退步,也反映了这一时期法国政治上的反动。

法国第二帝国时期,统治者为了达到"不仅要控制人,还要控制思想"的目的,对教会在教育中的地位先是容忍与利用,但当教会的发展对世俗权力构成威胁时,统治当局便开始采取措施收回教育权。

1863 年,维克多·迪律依被任命为第二帝国教育部长,在他的设计下,法国教育进行了一系列改革。通过对社会的深入调查,迪律依确定了改革的宏观方向:促进教育的世俗化,实施免费的义务教育,初等教育优先发展。1867 年重新颁布教育法,该法案规定,各市镇根据其财政状况开办免费学校,为贫困儿童提供初等教育。通过初等教育,使所有入学者都能达到"初级学习证书水平",同时对教会学校的发展加以限制,使教会学校的数量不超过学校总数的 5%。此外,该法也提出了一些关于义务教育的保障措施,如建立"捐赠助学金管理处",面向社会筹集资金用于贫困儿童教育的补贴等。

但是,由于教会势力的反对和缺少帝国当局的支持,许多改革方案并没有得到切实的落实。尽管如此,这些改革所取得的成果仍不可忽视,尤为重要的是,从此以后,人们更深刻地认识到教育的功能,人们的观念开始转变。

在法国历史上,巴黎公社在教育上的尝试虽然只是昙花一现,但在法国义务教育发展历程中却有着永恒的意义。巴黎公社是无产阶级的政权,其教育的出发点与归宿都是为了无产阶级与人民大众的利益。鉴于以往历代王朝中的专制政权与教会都合而为一,共同压迫劳动者,巴黎公社毅然决然地将教会势力彻底地驱逐出教育领域,并竭力消除教会所带来的一切消极影响,真正做到教育的世俗化。普及初等义务教育是巴黎公社的另一个重要任务。"一切学校对人民免费开放,不受教会和国家的干涉。"① 可以说,巴黎公社真正做到了教育的义务、免费与世俗化。

---

① 罗新璋:《巴黎公社公告集》,上海人民出版社 1978 年版,第 305 页。

巴黎公社是短暂的，巴黎公社全新的教育形式是短暂的，其影响却有着不朽的性质。

法国统治者认识到普及义务教育意义的直接原因是普法战争中法国战败，而把义务教育确立为一项重要政策的标志则是在 1881 年和 1882 年两次《费里教育法》的颁布。

普法战争中法国战败，许多人将战败的原因归结为"法国落后了"，"落后"的一个最主要方面就是法国在教育上远远地落后于作为战胜国的德国。法国人尝到了不重视教育所带来的苦果，从而整个民族掀起了一场切切实实的教育改革。

1879 年费里就任法国教育部长，首次明确地提出了法国义务教育的三项原则，即免费、义务、世俗。他说："一旦所有的法国青年都在免费、义务、世俗三项原则下成长起来时，我们便不必再担心旧日复辟，因为我们有了自己的武装。"[①] 以这种思想为指导，1881 年 6 月，法国的《初等教育法》出台，即第一个《费里教育法》。该法案规定："公立学校不再收取学费"，"在市镇收入不足的情况下，其办学费用由国家补贴"，并且提议将国家预算的 1/7 作为教育经费。同时，费里清晰地认识到："要把共和国确定为协调一致的制度，民族统一的制度，就必须消灭作为旧制度最牢固支柱的势力，即天主教会势力。"[②]

法国的义务教育从最初思想上的酝酿到初步建立起义务教育制度经历了一个漫长的历史时期。虽然这个过程中充斥着对旧制度、旧思想的讨伐、批判与对新制度的探索、尝试，经历了后退、进步、中断，可谓一波三折。但是，从根本上说贯穿其中的有两对矛盾：其一，世俗教育与宗教教育之争，或国家办学与教会办学之争；其二，受教育权的少数人垄断与所有国民共享之争。随着民族国家的兴起，随着社会、经济的发展，客观上要求教育必须由国家负责，教育必须要面向大众，这个曾是争论不休、反复无止的问题，如今变成不争的事实，两对矛盾得以解决。随着社会的进一步发展，义务教育内部与外部又产生了新矛盾，新

① 张艺联：《法国通史》，北京大学出版社 1988 年版，第 416 页。

② ［法］让－皮埃尔·阿泽马、米歇尔·维诺克：《法兰西第三共和国》，沈炼之等译，商务印书馆 1994 年版，第 108 页。

矛盾带来新动力，从此，义务教育的发展进入深化与拓展阶段。

义务教育制度虽然建立了，但只是初步形态，进入 20 世纪，法国在一段时期的主要任务就是巩固、完善义务教育制度。

20 世纪初，法国共和党人的激进派取得了执政地位，并于 1901 年 7 月颁布法律，对宗教团体及宗教团体在教育中的作用提出了更严格的限制。根据新法规：未经法律许可不得组建任何宗教团体，任何宗教团体未经法律允许不得开办学校或在学校中授课。1904 年，法国政府再次颁布法律，除了重申禁止宗教组织介入任何层次的教育外，还要求在 10 年内完全取消曾经授权的宗教学校。自此，教育权完全收归法国政府，教育的世俗性真正确立，这样做，有利于政府对全国教育的统一管理、改革与调整。

在教育的免费方面，20 世纪的前 30 年，法国实现了中学的免费。中学的免费是一个渐进的过程，从 19 世纪末开始，在统一学校运动的推动下，到 1927 年，附设有高级小学和技术教育的中学的初中部分实现免费，继而扩大到这些学校的高中班与小学班。1930 年，全法国的初中第一年免费，三年后，所有的国立与市立中学的班级实行免费教育，与此相应，入学人数随之激增。同时，法国义务教育的年限也从原来的 6—13 岁延长了一年，法定为 6—14 岁。

从义务教育制度的建立到"二战"前，人们将主要精力投入到教育的入学率与普及率上，即有无受教育权的问题；"二战"后，国际社会民主化的呼声一浪高过一浪，此时，人们开始把目光转移到义务教育的过程中来，强调所受教育的平等。提高教育质量，推进教育平等，这是"二战"后直到今日法国义务教育发展的两个方向。

1947 年，法国"统一学校委员会"向政府提交一份报告，即"郎之万—瓦隆计划"。计划指出法国教育的三个缺点：与社会发展脱节，不公平，与世界科技发展脱节。在此基础上，以平等、尊重学生个性为中心重建法国教育。根据计划，义务教育年限为 13 年，从 6 岁持续到 18 岁，并具体化为三个阶段：6—11 岁为第一阶段，所有学生接受相同的教育，11—15 岁为方向指导阶段，根据具体学生的情况开设不同课程；15—18 岁是个别教育阶段，即定向阶段，学生分流进入理论、技术、职业中的一类进行学习。虽然由于种种原因，"郎之万—瓦隆计划"并未落实，但它成为法国以后教育计划制订的蓝图，成为"从未实施却无处不在的计划"。

"二战"后初期，法国的义务教育阶段存在着明显的等级性，其小学教育存在三轨：一是小学和相当于初中的小学补充班，二是市立中学与其附设的小学班，三是国立中学与其附设的小学班。这三轨泾渭分明，互不相通。第一轨没有继续升学的机会，基本成为劳动人民子女的唯一出路。为了消除这种等级性，法国政府取消了国立与市立中学附设的小学班，实现了小学升初中的机会平等，这一举措动摇了法国沿袭多年的双轨制，对于义务教育阶段的平等有着重大意义。

1958年，法国再一次进行教育调整，此次改革的重点在于初中。改革的主要方面包括：（1）将义务教育年限延长两年，义务教育阶段为6—16岁，持续10年；（2）取消小学升初中的入学考试，以此来增加下层子弟的就学机会；（3）在初中设立一个二年的"观察阶段"，这一阶段，所有学生接受相同的教育，根据个人的能力、兴趣来选择继续接受教育的方向，为未来的发展做准备。这样，从小学到初中的前两年，法国实现了单轨制；所有学生都受到相同的教育，义务教育便趋向于平等。但是，由于传统势力与偏见的影响，虽然在"观察阶段"设有公共基础，但各学校处于隔绝状态。原来属于某个学校的学生，在经过了两年的"观察阶段"后，绝大多数仍继续就读于原来的学校，学校、学生间的交流稀少，"观察阶段"流于形式。

到20世纪50年代末60年代初，在"二战"后人口出生高峰期出生的孩子已经到了就学年龄，这就导致了法国初等与中等教育阶段的学生人数剧增，现有的学校不足以满足学生入学的需求，义务教育面临挑战。为了保证6—16岁儿童义务教育的正常实施，整顿学生入学择校的混乱局面，法国政府于1963年5月制定了"学校布局图制度"，即通过对各地区学生人数进行调查并对其增长做出相应的预测，在此基础上，将全国划分为若干个招生片，每个招生片内设立一所学校，学生就近入学。"学校布局图制度"有利于法国中央政府根据学生人数的增减变化及时、灵活地调整学校的设置与数量，这是积极的方面，但是由于就近入学规定过于死板，从而限制了学生选择学校的灵活性。

由于1958年在初中前两年设立的"观察阶段"并没有取得预期的效

果，为了促进义务教育阶段的机会均等，使学生能在自己的才能与兴趣的基础上选择不同的教育，为了实现各类型教育间的交流，1963 年，法国政府效仿英国的综合中学，也建立了一种新型的中等教育机构，即"市立中等教育学校"。以往，每个学校只设置一种课程，学校与学校间存在着类上的区别；而在"市立中等教育学校"中同时并存三种课程，由三类老师授课，为学生提供三条不同的出路。"长期班"完全施行普通教育，为高等教育做预备；"短期班"主要进行职业教育，为学生就业做准备；"过渡班"主要培养学习困难学生的谋生技能。从教育公平的角度而言，这种综合性的中学与分科性学校相比无疑是一个进步，但是，在"市立中等教育学校"建立之初，虽然三类课程班级同处一校，但其交流并不理想，甚至处于隔绝状态。尽管如此，这类综合性学校的建立使法国义务教育阶段的单轨制又向前迈进了一步。

1977 年颁布的《法国学校体制现代化的建议》，又称为《哈比法案》，对于法国义务教育的发展有着非同寻常的意义。

这次改革的目的在于进一步实现义务教育的平等性，改革的关注点却超越了义务教育，而扩展到义务教育的预备阶段——学前教育。学前教育阶段是人生的启蒙时期，对今后的发展至关重要，人与人之间的差异几乎都可以从幼儿期找到根源。为了使所有儿童在入小学时处在一个平等的起点上，哈比改革要求全面发展城市与农村的学前教育，并免费普及，使所有的 5 岁儿童均进入幼儿学校或小学附设的幼儿教育机构，以此把由于家庭环境不同而带来的等级差异降到最低程度。

小学教育阶段实行全国统一的教育，将小学的五个年级划分为三个阶段。一年级为预备阶段，二、三年级为基础阶段，四、五年级为中级阶段。小学教学要尊重儿童个性与发展的节奏，培养学生的基本能力，并加强学校与家庭间的联系。

在初中教育阶段，法国在这次改革中取消了以往的各类别的初中，取消了市立中等教育学校中的三类教学班，而以完全统一的、一致的初等教育机构代之，这种新型初中向所有适龄儿童开放。初中的四个年级分为两个阶段，前两年为观察阶段，学生受到完全相同的基础教育；后两年为方向指导阶段，在相同的课程之外，为学生设置多种选修课供其选择，以决定学生在义务教育结束后的发展方向。

"二战"后，法国历届政府都致力于教育的民主化与机会均等，经过40年的努力，到20世纪80年代，法国的义务教育已经完全普及，并且义务教育的结构也日趋合理化。从量的方面来讲，法国的义务教育可谓成果丰硕。但是，由于20世纪60年代以来世界的政治、经济等方面的急剧变化，法国教育与社会之间新的不协调也随之而至。再者，法国教育的许多痼疾由于没有彻底医除，在新的社会条件下日渐显露。旧病新疮，迫使法国的教育又开始了新的调整，调整的重点由量的普及转向质的提高与结构的进一步优化。

五　日本义务教育发展历程

日本明治维新是在政治、经济、军事、文化、教育各领域开展的一场全面革新，其总目标是为解除外患而实现"富国强兵"。为了实现"富国强兵"，日本对教育改革的重视不仅史无前例，而且国内外鲜见。美国学者霍尔曾指出："在任何方面的改革，日本人都没有像在教育方面发展一个新教育制度那样行动迅速而且目的明确。"[1]

日本最初的义务教育制度是由《学制令》规定的。1872年的《学制令》规定，实施义务教育的机构为小学，小学的种类有"寻常小学""女儿小学""村落小学""贫人小学"和"小学私塾"等，其中寻常小学为正规小学，其余的均为非正规小学。

《学制》虽然没有明确规定义务教育的年限，但从要求全体国民一定要就读于小学的规定看，义务教育年限可以认为是8年，因为下等小学和上等小学的学制各为4年，一共8年。实践证明，这一规划超出国力未能实施。之后，1886年的《小学令》规定初等教育年限为八年，分两个阶段实施，前4年为寻常小学阶段，实施义务教育；后4年为高等小学阶段，实施收费教育。

在日本义务教育发展史上，1907年是非常重要的一年。就在这一年的3月21日，日本通过部分修改《小学校令》，将免费的义务教育年限由四年延长到了六年，义务教育在寻常小学实施（通过修改《小学校令》，寻常小学的修业年限由四年改为了六年）。六年制义务教育制度是

---

[1] ［美］约翰·惠特尼·霍尔：《日本——从史前到现代》，商务印书馆1997年版，第224页。

从 1908 年 4 月正式实施的。

1941 年 3 月 1 日，日本通过废除《小学令》，颁布《国民学校令》，将小学改为国民学校，国民学校包括六年制的初等科和两年制的高等科，学制为八年。这次改革的一个最大特点是将义务教育年限由六年延长到了八年，由国民学校实施，6—14 岁为义务教育年龄。按照规定，八年制义务教育从 1944 年 4 月开始实施。但是，由于当时在战争状态下实行战时非常措施，这一制度被延期实行，实际上，"二战"以前根本未能实行。

《教育敕语》是"二战"以前日本教育的最高纲领，包含着浓厚的国家主义（军国主义）思想，这与"战后"所标榜的"民主主义"教育理念不一致，在一些有识之士和已经觉醒的广大国民的要求下，1948 年 6 月 19 日，日本的众议院和参议院分别通过"关于废除《教育敕语》等的决议"和"关于确认《教育敕语》等失效的决议"，而将《教育敕语》废除了。

第二次世界大战以后，根据《学校教育法》的规定，日本从 1947 年开始实行新的小学、中学和大学制度。对于义务教育而言，实行新制，即小学六年制和初中三年制的九年制义务教育。义务教育的就学年龄为 6—15 岁。与"二战"以前实行的六年制义务教育相比，战后的义务教育延长三年。而且，按照《日本国宪法》第二十六条的规定，"义务教育实行免费"。

按照有关规定，小学和初中一年级的义务教育从 1947 年 4 月开始实施，初中二年级的义务教育从 1948 年 4 月开始实施，初中三年级的义务教育从 1949 年 4 月开始实施。日本基本实现了九年义务教育。义务教育阶段的小学校和初级中学是由市、町、村作为自己的义务而设立的。

从残疾或弱智儿童的义务教育来讲，根据《学校教育法》规定，设立盲人学校、聋哑学校和养护学校等特殊教育学校，其中设置幼儿部、小学部、初中部和高中部。小学部、初中部实行义务教育。由于盲人学校和聋哑学校在"二战"以前就已存在，并且已经提倡义务化，所以这两类学校的义务制早在 1948 年就开始实行了。而养护学校是"二战"后新设的，所以其义务制迟至 1979 年才开始实施。按照有关规定，实施特殊义务教育的盲人学校、聋哑学校、养护学校的小学部和初中部是由比市、町、村高一级的都、道、府、县作为自己的义务来设立的。

20 世纪 50 年代中期以后，伴随着日本经济得到恢复并开始高速增长，技术革新有了较大的发展，国民收入水平开始上升，再加上出现儿童生育高峰，日本对义务教育采取了一系列措施，这些措施将在下一节中详细论述。

第二节　发达国家义务教育均衡发展的措施

一　美国义务教育均衡发展的主要措施

目前全球义务教育最发达的国家之一就是美国，也是积极倡导义务教育均衡发展的国家之一。这主要是因为美国经济实力相当雄厚，并且教育体系非常完善。但由于历史、制度、政策、经济等原因，其义务教育的非均衡发展状况也是普遍存在的。所以，美国从联邦到各州、各地方政府为解决义务教育出现的各种不均衡问题，采取了相应措施，这些措施都是为了让义务教育不断均衡。

（一）义务教育非均衡发展的现象

美国在 20 世纪初期工业发展快速，新兴的中产阶级兴起。同时，拓荒运动带来的是移民的不断增加。上述种种变化，对公立学校，特别是公立中学提出了新的要求，这就要求公立中小学必须与当时的实际社会生活保持一致，同时刚刚兴起的中产阶级以及大量的移民，都要求普及公立教育。但是，当时的公立中学，并没有注意这些问题，他们还是把升学作为学校的唯一存在的理由，然而只有少数人能继续学业，这就把大部分人的利益忽视了，因此造成了不平等。针对此种义务教育在学校层面的非均衡发展的现状，这一时期美国出台了一系列报告。所有的报告都是针对教育理论和教育实践之间的不均衡发展而提出的，为了实现美国教育机会均等的教育理念提出来的。1918 年美国出台了《中等教育基本原则》，这在一定程度上解决了上述问题。教育均衡发展在当时就是要求所有的青年适应社会的发展，而不只是注重培养少数的精英人才，所有的教育教学改革要围绕"青年的教育需要"。所以在这一时期进行的基础教育改革内容涉及方方面面，无论是中小学教育的培养目标、学制、课程、教法、教学组织形式等各个环节都围绕着教育机会均等、教育理论和实践均衡发展的原则而逐渐发展。

"二战"之后的最初几年，美国教育依然奉行杜威教育学说中的儿童中心、"教育即生活"，学校对学术教育没有过多重视，只重视学生如何处理人际关系以及怎样进行日常生活。后来，美国和苏联之间的冷战越发严重，不但美国政府，而且美国公民自己，也对两国的教育进行对比，1957 年苏联卫星上天对美国来说是个巨大的刺激，这时，美国人开始反思自己的教育，并把这一切都归咎于学校没有提供学术教育，特别是没有照顾到有天赋儿童的需要。这体现了义务教育在学生发展层面上的非均衡现象。20 世纪中叶种族隔离制在美国依旧存在，因此不同种族的人在受教育机会上依旧不平等。20 世纪 60 年代初期，公立学校中种族隔离在城镇和农村基本已经解决。这一时期，学区承担公立中小学教育经费，而房地产税是经费来源的重要渠道，所以这一时期，各学区的经费差异同学区的房地产价值有密不可分的关系。学区的贫富差距对教育资源均衡配置造成了影响，进而影响到各学区的教育质量。富裕的家庭购买学区资金充裕地段的房产，他们的子女就可以拥有好的教育。所以，这造成了义务教育财政方面的不平等，这主要表现在两个方面：其一，如果学区的房产价值高，那么学区的教育经费就充裕；其二，一些房产价值低的学区，为了保障办学，会抽取更多的房地产税用于教育，美国公立学校学生的入学原则也是"就近入学"，经济条件好的人，由于环境原因，选择在郊区居住，经济条件不好的人，只能居住在市中心，市中心的居住条件往往没有郊区好，这就使得郊区和城市的学校产生了差距，不仅是在财政方面，在生源上也有差距，教学质量的差距也由此产生。

（二）解决义务教育非均衡发展的措施

这一时期为了实现义务教育均衡发展，实现教育机会均等和种族融合，美国采取了特别扶持制度。特别扶持制度是一个总称，其中又包括很多具体的措施。20 世纪 60 年代开始实施"先行教育"，此措施旨在为低收入家庭儿童提供教育和社会化的机会，打破贫困圈。该计划从 1965 年正式实施，当时约有 55 万儿童接受了这一计划。这一计划是有充分的理论支撑的，即低收入家庭的儿童在认知、社会性以及其他方面缺乏相应的体验，但是这些体验又是儿童进入正式学校学习之前必须获得的经验。进行这样的教育可使由于贫困造成的许多问题得到缓解或补偿，经过这样的教育可以使儿童在义务教育进程中更全面均衡地发展，也为均衡发展扫清了一些障碍。20 世纪 60 年代中期以来，由美国的经济机会署为代表倡导的"补偿教育"和"头脑启迪"计划，亦是美国特别扶持的一项重要的教育措施。该计划的目的是为美国处境不利的贫困家庭子女提供必要的学前教育，使其能在义务教育阶段适应学校的要求，在智能、情感和各方面的发展达到与其他儿童相等的水平。其实，在美国，社会贫富差距是非常悬殊的。美国国民一向认为只有接受同质量的优等教育才能达到社会的公正、公平，才能使他们享受均等的教育机会，使美国教育朝着均衡化的方向迈进。此外，从 20 世纪 60 年代开始，美国为在社会和学校中消除贫困和差别，开展了所谓的社区控制运动。这一运动力争改进社会服务，改善教育状况，使贫困者的生活充满希望，使他们及其子女与其他社会成员能均等地享受教育机会。

这一时期在措施上都比较重视义务教育的效益。通过对不同文化和社会背景的儿童群体实施教育机会的均等或者说重点发展，进而提高儿童教育结果的均等，甚至可以说提高教育质量，这些都是义务教育在该时段发展的方向。

20 世纪 80 年代以后，随着美国国力的增强和其教育改革的深入，扶持处境不利人群的子女受教育，为所有的儿童提供高质量的教育逐渐成为美国社会的共识。"文化脱盲""科技脱盲"、制定全国科学教育标准、普及计算机教育、扶助薄弱中小学等都是这一时期采取的主要措施。尤为值得一提的是克林顿政府在《初等与中等教育法》的基础上，推出了《中小学改进法》，在这个法案里，政府对弱校、差生给予了特殊的关注。同时该法案还保证一定的财政投入，例如全国最贫困的地区获得 50% 的资助。为了落实这一法案，1995 财年联邦增加拨款 5000 万美元。此外，政府还通过特殊拨款、专项资助、设立课程标准、加强各州统考、制定明确的学业奖励措施、提高师资质量等多种方式来促进学校的均衡发展。

美国联邦政府和普通公民对义务教育的均衡发展都非常重视，人们主要关注以下几个方面：

1. 财政转移支付

美国解决教育均衡问题的主要措施是财政转移支付制度，这也是解决教育经费不足以及地区之间不均等的一项措施。通常的做法是一般性转移支付、专项转移支付。一般性转移支付比较灵活，按照公式拨款，对于资金的使用不做限制，不附加任何条件，这项措施主要为了缩小政府间的财力差距。专项转移支付主要通过项目拨款，同时资金都有特定的用途，并且有附加条件。美国政府通过这些措施，一定程度上促进了义务教育的均衡发展。

2. 鼓励择校

美国教育改革浪潮是从要求改变公立学校的缺陷开始的。但20世纪90年代之前只是对其"修修补补"，兴盛于80年代末90年代初的择校制度则把市场价值取向引入中小学校教育之中。"择校"这一概念最早是20世纪70年代卡特政府时期提出的，之后经布什总统、克林顿总统而不断改进和完善。

义务教育的择校政策在一定程度上提高了学校质量，这也表明，让公立学校面向市场会有效提高其效率，并且可以减少政府以及纳税人的成本，最重要的是把教育质量提高了，实施该政策的方式主要有磁石学校、教育券、公办民营学校、减免教育税等。

（三）关于义务教育过程公平问题的探索与实践

1. 教育过程公平的概念

教育过程公平问题是近几年教育界关注、探讨的热点问题，许多学者和专家通过不同的途径和形式发表了不少富有见地的看法，可谓仁者见仁，智者见智。有学者认为，"教育过程的公平，就是让受教育者都有机会获得适合个人特点的教育。它既是教育机会公平的延续，又是教育结果公平的前提"[1]。华东师范大学教育学系吕星宇认为："教育公平由最初的入学机会均等，到资源分配的公平，近年来再延伸到学生受教育过程的公平，这是教育发展的需要。"[2] 田果萍、张玉生、康淑瑰提出："教育过程公平是受教育者在接受教育的过程中得到与自身现有发展状况与发展潜力相适切的帮助，以促进其最大程度地全面、健康地发展。"[3] 尽管对于教育过程公平问题的理解和关注的层面不同，但人们普遍认为：

① 杨能生：《教育过程公平是最大的公平》，《教育科学论坛》2007年第6期。

② 吕星宇：《论教育过程公平》，《教学与管理》2009年第3期。

③ 田果萍、张玉生、康淑瑰：《教育过程公平的重新审视》，《教育科学论坛》2010年第9期。

教育过程公平是对所有社会成员接受教育的权利、机会、质量的一种选择和度量，因此仅仅在教育系统外部的公平层次徘徊是远远不够的，每个学生在受教育过程中都需要被关注，并得到适合自己的教育。教育的终极关怀就是以人为本。传统教育忽视了人的个性差异，忽视了人的多样化发展的需要和可能，过分强调模式化，违背了人即目的的教育原则。真正以人为本的教育理念，主张挖掘人类无限潜能的方法，而不是去制造一个人。教育过程公平的实质就是关注学生的差异，针对学生的差异对学生进行差异对待，让学生都有机会获得适合个人特点的教育，使学生得到最大限度的发展。在这种观念的指导下，教育过程公平应该通过何种形式得以实现，还需要我们根据近年来的教育发展现实情况去归纳总结。

2. 对教育过程公平的探索

对于教育过程公平的探索可以追溯到300多年前。美国作为崇尚自由与民主的国家，由于外来人种过于繁杂，人们在承认差异普遍存在的同时，被迫在不同中寻找相同，那便是每一个独立的个体在获得各自所需之后产生的相同的满足感。早在17世纪初，饱受英国殖民主义统治的美国就萌生了教育形式多元化的思想。当时殖民区主流的教育理念便是带有浓厚宗教色彩的英国国教教育和备受上流社会推崇的洛克绅士教育思想。特别是传授英国国教思想的拉丁文法学校和阅读学校几乎成为当时基础教育的代名词。而接纳中产阶级以上家庭子女的慈善学校更是因为受到上流社会的资助，为学生提供了普通人享受不起的一对一教学。不信奉英国国教的一般家庭的适龄儿童要么背离自己的信仰，要么就无学可上。在教育机会公平和教育过程公平都无法实现的情况下，首先产生的是对于教育形式多样化的诉求。尽管在东海岸，如马里兰、弗吉尼亚和乔治亚地区的教育模式近乎是英国本土的翻版，但是在受殖民影响不深的南部地区，一些以更具实用性的技能为内容的教育形式应运而生。航海、勘探、农业、清教教义等知识都出现在学校教育中，女子学校、旧农场学校和家庭学校也成为南部地区特有的教育形式。

在结束了英国长达200年的统治之后，美国迎来了基础教育的重生，并于1821年在波士顿创办了美国第一所高级中学，并在随后的一百年中逐步建立起州立公共教育系统，完善了联邦政府的教育投入体系。东部地区城市和工厂的发展也推动了学校教育的进步，并降低了入学的门槛，为更多的人提供了上学的机会。到 1930 年，美国终于完成了全国各州的义务教育普及工作。随着社会的发展和人民生活水平的不断提高，美国在 20 世纪 60 年代开始重新审视教育公平的问题。1961 年，约翰·加德纳出版了 *Can We Be Equal and Excellent Too*，再次引发了对于公平本质的探讨，而当时联邦政府的教育投入体系也开始被人们质疑，伊万·伊利奇在 1971 年出版了 *Deschooling Society*，并以犀利的言语指出美国公立教育的教学内容脱离现实，并且不顾贫困阶层的需求，使"某一"社会群体成为最终受益者，带来了教育过程的不公平。类似的探索和讨论直到今天也没有停止。

从美国教育的历史中我们可以发现：

（1）美国教育界对于教育过程公平的探索比对于教育机会公平的探索要早了将近 200 年。当然美国当时的具体国情没能为建立免费的教育体系提供条件，但这也就更反衬出人们对于教育形式多样化的探索和实践在当时来看是多么地难能可贵。

（2）在建立起比较完善的义务教育，实现了教育机会公平后，教育过程公平的状况并没有得到改善，因此在几十年后教育过程公平又重新被人们列入热议的话题。

3. 实现教育过程公平的途径

如何构建教育过程公平？多年来不少学者都提出了独到的见解，美国教育界也有不少人对此发表了自己的看法，其中有不乏新意的观念值得我们借鉴。

（1）延长教育年限，推行终身教育。打破现有的义务教育年龄限制，为全体社会成员提供所有年龄段均可以享受的教育机会，并不断完善大众传媒、网络和家庭计算机终端体系，以保障成年人在完成学校教育后的终身教育能够得以实现。改变现有的"先上学，再工作"的固定模式，替换为"学习—工作—学习—工作……"的更替循环模式。

（2）增加课程内容，拓宽学习视野。不断发掘新的知识领域，为现有的教学课程增加更多新颖、实用的知识和技能，例如：职业技能、旅游、人类价值观、医疗手段、感性训练和心理指导等。就像夸美纽斯曾经说过的，"我们在教育中所学到的知识应该囊括人生中的一切，所有学生感兴趣的知识都应该成为正式学习的内容,并且这种理念终有一天会实现"。

(3)减少相互竞争,规划个性人生。其实竞争本身就是不公平的,尽管今天我们正在努力,尽量做到让各种竞争公平、公正、公开,但其存在的意义就是优胜劣汰,造就教育结果的不公平,它在本质上是背离教育公平这一宗旨的。因此,在市场经济快速发展,各种残酷竞争充斥着我们生活的今天,减少教育领域的各种竞争,弱化等级评价,为受教育者和教育工作者减轻负担,转而集中精力培养受教育者的团队合作能力、交流能力、问题解决能力,并为每一个社会成员制定有利于个性发展的人生目标,对于满足个体需要,实现教育过程公平来讲是十分必要的。

(4)走出学校教育,营造多元氛围。有时间限制,有年龄限制,有地域限制,进行义务教育的学校不再是标准的教育机构,取而代之的应该是多元的学习氛围。对于有能力的学生可以选择更早地接触高深的知识领域,而成人也可以同青少年在同一个环境下学习自己感兴趣的知识。让受教育者走出学校,把学习当作生活的重要组成部分,并影响其他社会人,共同营造一个真正意义上的学习型社会。

关于实现教育过程公平的途径还有很多,涉及教育领域的方方面面,有待我们教育工作者去不断探索。

二 英国义务教育均衡发展的主要措施

英国义务教育不均衡主要体现在:中央与地方权力不均衡,地方教育行政机关权力过大;城乡间的义务教育不均衡和大城市内城区的不均衡;公立与私立学校间的差异;普通教育与职业教育发展的不均衡;弱势群体的受教育问题。譬如,少数民族以及特殊儿童与主流民族和普通儿童之间的教育不均衡十分明显。

英国是由保守党和工党轮流执政的、一个既保守又激进的国家。由于两党派之间不同的执政理念,在教育理念和政策方面也存在很大差异,所以在教育改革方面会体现出融合和冲突并存的局面,英国义务教育均衡发展的措施体现在以下几个方面:

（一）综合中学运动

《1944 年教育法》把义务教育延伸到中等教育，文法中学、现代中学以及技术中学是实施中等教育的主要机构。学生根据自己的能力、性向以及 11 岁考试的成绩，选择适合自己的学校，接受适当的教育。随着社会和科技的发展，这样的三轨制教育机构逐渐流露出明显的阶级性，随着教育民主化浪潮的冲击，人们不再只追求教育机会的均等，而更加关注教育过程和质量的均等，而三轨制教育则是这种不均等的重要原因，同时三轨制教育导致了普通教育与职业教育的分离。从 20 世纪 50 年代开始，英国掀起了综合中学运动。综合中学将文法中学、技术中学和现代中学三类学校融为一体，把普通教育与职业技术教育结合起来，为学生的升学和就业做准备。综合中学运动使更多学生可以接受适当的中等教育，推动教育民主程度进一步提高。但原来的文法学校在综合中学中依然是学术性教育的核心，综合中学实际上是将原来校际之间的不均衡转变为校内的不均衡。因此，综合中学运动只是在形式上解决了校际之间的分化。

（二）教育行动区计划

教育行动区计划的实施始于 1998 年。英国首相布莱尔指出，教育行动区需要家长、学校、商业、团体同地方当局合作。通过这种合作，寻找解决问题的根本方法。他们的目标在于改善和提高教育质量。教育行动区主要有两种形式：法定教育行动区和"城市中的卓越"教育行动区。

1. 法定教育行动区

法定教育行动区是在《1998 年学校标准和框架法案》中确立的，其目标是提高行动区中学校的标准。现在，共有 73 个法定教育行动区，其中 25 个建立于 1998 年 9 月至 1999 年 1 月，另外 48 个建立于 1999 年 9 月至 2000 年 4 月，按规定，到 2005 年，所有法定教育行动区都将转为"卓越群体"或"城市中的卓越"教育行动区。目前，47 个法定教育行动区正在运作。每个法定教育行动区都有一个教育行动论坛，作为其管理机构，对本行动区具有法定责任。论坛由行动区的主要合作者组成，包括地方教育当局、家长、地方团体、自愿性组织、商业组织以及其他组织和学校的代表。论坛的责任是制订行动区提高教育标准的行动计划，这个计划要得到政府秘书处批准，主要包括每个参与计划的学校和整个行动区进一步的发展目标。这一政策旨在为那些处于过渡期的学生提供机会，以最大限度地发展他们的潜能。教育行动区通过提高预备教育的标准来帮助那些可能在考试中失败的学生，这可以增加贫困地区的入学人数，尤其是 16 岁之后的教育以及高等教育，也可以有效地使学校、高等教育和继续教育衔接。

2. "城市中的卓越" 教育行动区

"城市中的卓越" 教育行动区是 "城市中的卓越" 计划六个主要分支之一。主要强调的是教育标准长期以来比较低下的主要城市的教育问题。该行动区通过地方合作者的集中行动，来寻求解决问题的根本方法，提高本行动区中学校的教育标准。它主要强调通过与家长、地方当局、商业组织和其他学校的合作，处理当地深层的教育问题，教育行动区的特色在于：首先，教育行动区以包容为核心，以提高教育标准为目的。教育行动区对打破教育政策不民主、不包容的现象作用明显，在这一政策中，各个层次的家长都可以参与到管理中，弱势群体的家长就有机会参与管理。这样，教育决策更加民主，并且这种决策模式是自下而上的，这也可以有效提高教育标准。教育行动区计划是工党提高教育质量的重要政策。

（三）关注特殊儿童

英国比较关注特殊儿童的受教育问题，20 世纪 70 年代以来积极地开展 "一体化" 教育和全纳教育。

1. 开展一体化教育

许多人认为，特殊儿童由于其生理和心理上的缺陷，不应该与正常儿童接受同样的教育，应在特殊学校中接受特殊教育。因此，对于特殊儿童，各国较普遍的做法是将特殊儿童从一般学校中甄别出来，将其送到特殊学校中接受教育。但是一股社会思潮认为，这种普通教育与特殊教育相隔离的状况不利于特殊儿童充分发展，特殊儿童缺乏与普通人的正常交往很可能使他们无法适应正常社会生活。于是，一体化教育便应运而生，强调将特殊儿童融入一般学校之中，在一般儿童群体之中接受教育。教育法明确指出："必须考虑家长的意见和普通学校在满足特殊儿童需要方面的能力，普通学校必须保证向学生提供足够的教育，充分地利用教育资源。"这种一体化教育的主要形式是：在普通学校里开设特殊班；插到正常班里；一部分时间在特殊班里，一部分时间在正常班里。根据儿童具体情况，采取相应的形式。经过几年的实施，一体化教育推行状况是比较好的。

可以说，一体化教育在一定程度上打破了隔离式教育的樊篱。但是，一体化教育也存在一些不足，例如，一体化教育质量问题，一些在普通班接受教育的特殊儿童并不能与正常儿童很好相处，仍被其他同学孤立，这反而不利于儿童的发展。

2. 开展全纳教育

1994 年，联合国教科文组织首次提出全纳教育的理念，得到了各国政府的积极回应。英国政府也采取各种措施，开展全纳教育。全纳教育主张人人都有平等的受教育的权利，学校要平等地接纳所有学生的参与，不排斥任何人，积极地促进所有学生的参与。与一体化教育相比，全纳教育更强调学生能积极地参与到主流学校的生活中去，成为学校有价值的成员，与学校融为一体，它是一体化教育的升华和超越。英国政府已将"全纳"作为一种改变社会排斥现象的政策，成立了"社会排斥联合会"①。

英国政府十分重视全纳教育，并对其进行财政支持。在 1999—2000 年间，英国政府实施的全纳教育项目经费达到 5 万—25 万英镑。2000 年 1 月一个月的时间中，英格兰教育与就业部在英格兰资助的学校达到 100 所。另外，英国对从事特殊教育的教师培训特别重视。目前，英国特殊学校大规模减少，这与全纳教育的推广是分不开的。

总之，一体化教育和全纳教育有效地改善了英国特殊儿童的教育状况。同时，特殊儿童与一般儿童在同样环境下接受教育，有利于形成良好的社会风气，减少对特殊儿童的歧视，促进特殊儿童的正常发展。

（四）关注少数民族受教育问题

英国是一个多元文化国家，"总人口约为 5486 万人，非白种人总数约为 300.65 万人，仅占英国人口总数的 5.5%，在英格兰，非白种人占人口总数的 6.3%（约 290.65 万人），威尔士为 4%，苏格兰为 3%"。少数民族主要集中在大城市，城区学校的教育质量直接关系到学生接受教

_____

① 胡先云：《英国义务教育法规的演进及启示》，《教学与管理》2009 年第 28 期。

育的质量。而由于种族主义等原因的影响，这些学校的教育质量和办学条件很差。所以，英国政府通过教育改革改变上述情况。1990 年以来，英国政府开展了范围广泛的少数民族教育运动。主要措施有以下几个方面：提高学校自主办学的权利；改革拨款方式，把学生数量作为拨款依据；学校经费支出中地方学区经费支出减少；父母有了更多教育选择权利；把更多的信息呈现在学生家长和社会面前。通过这些措施来改变问题学校的表现，以提高学生的学习成绩。

城区学校往往是移民子女比较集中的地方，通过改善问题学校运动，其中主要是城区学校，提高了少数民族学生受教育的质量。然而，有学者指出，虽然英国政府关注到了少数民族受教育问题，但国家课程的实施可能在教育过程中照顾不到少数民族的特殊性，这就进一步扩大了种族之间的不平等。因此，英国首相发起了一场"战役"，目的在于消除儿童贫困，妥善解决城市中的少数民族子女的教育和社会问题。

综上所述，针对义务教育不均衡发展的问题，英国政府采取了很多措施予以解决。在这些改革和政策中可以看到，英国政府始终围绕着平等和质量这两个核心价值观来进行。可以说，英国一直在寻求平等和质量之间最佳的结合点。并且，实现平等和质量真正有效的结合，仍需长途跋涉。

三　德国义务教育均衡发展的主要措施

德国义务教育均衡方面的问题主要有：三轨制直接导致教育失衡；弱势群体的基础教育失衡问题；社会阶层严重导致教育失衡。针对这些问题，德国为促进义务教育均衡制定了政策和措施。

（一）改革学校体制

为了消除"三轨制"给学生带来的不平等，德国于 20 世纪 60 年代将小学五、六年级改为"定向阶段"，但这并没有改变什么。随着 60 年代末 70 年代初教育民主化浪潮的兴起，西德中等教育体制受到广泛的批评，因此德国进行了学校体制的改革。

1. 文科中学的变化

长期以来，统治阶级或富有家庭是文科中学的生源来源。文科中学在 1965 年工人阶级家庭的学生只占 10%，高级职业家庭的学生占了

25%。以前，进入高校的任何专业都只需有完全中学的毕业证，但是随着时代的发展，希望继续求学的人越来越多，当时许多高校不得不实行"名额分配"的办法，因此，文科中学在这一时期也要与时俱进，其性质发生了一定的变化，以前文科中学是精英教育机构，后来慢慢变成对大众开放的教育机构。

2. 建立综合中学

联邦德国的教育改革主要成就是建立了综合中学。综合中学是把文科中学、中学一级实科中学的各类职能合在一起，使其具有所有中学具有的职能。其目的是通过各阶层儿童就读同样的学校来实现教育机会均等的民主主张，通过年青一代在共同的学校受教育来消除各阶层之间的社会隔阂。综合中学主要限于中等教育第一阶段，只有少数综合中学也包括完全中学高级阶段。综合中学的实验分为：合作式综合中学和一体化综合中学。合作式综合中学的特点是三类中等教育的中学都被保留，只是把三类中学联合在一个学校中心。一体化综合中学则是取消了三类中学，直接设置一个把三类中学综合在一起的中学。

（二）关注弱势群体教育

1. 特殊教育

从19世纪开始，德国为残疾学生建立了一种辅助学校。1960年开始把辅助学校改为特殊学校。1972年3月，各州文化部长会议通过了一项《关于特殊教育规定的建议》，从幼儿园开始建立特殊幼儿园，在初等和中等教育的第一阶段建立特殊学校，主要有盲人学校、弱视学校、聋哑学校、重听学校、精神残疾学校、身体残疾学校、弱智学校、语言障碍学校以及行为失常学校9个类型。[①]

德国特殊教育的目标是，尽量使更多的儿童成长为对社会有用的生产者，而不增加社会的负担。德国特殊教育有三点值得我们借鉴：（1）特殊教育实实在在受到重视。特殊教育从婴幼儿抓起，经过家长发现—学校咨询—观察诊断—行为矫正四个阶段对特殊儿童进行早期教育和早期矫正。（2）强调特殊教育和普通教育的相互协调。德国教育界倾

---

① "Education in India-Fundamental Rights for 6 – 14 Year Old", May 5, 2008, http：//www. newsviews. info/education01. html.

向于把"特殊学校"改为促进学校，使校正后的学生插入普通学校相应年级学习。（3）重视特殊儿童的职业教育，使他们能够从容就业。对轻度弱智的学生，教他们学习从事以体力劳动为主的简单手工劳动的本领。并且德国设有专门的残疾人工厂。因此，经过系列化的培养和矫治以后，有30%的学生可回归到社会，参加相应的工作。

2. "十二条教改建议"

德国教育与科学部部长布尔曼女士对德国教育的不均衡有着清醒的认识，2000年，布尔曼组织了教育论坛，参加人员有经济领域、教育领域、联邦和州等代表，论坛的中心问题是学生的社会出身影响学生学业成就和教育，到了2002年论坛提出了"十二条教改建议"，这时论坛才算圆满结束。

"十二条教改建议"的重要理念是"给予每个人以个性化的促进"，这需要学前阶段的教育、中学阶段的教育和继续教育都有所作为，为学生提供个性化促进，以保障德国居民都能够接受平等的教育，同时亦让自己的才能和兴趣得到发展，并取得一定的成果。①

四　法国义务教育均衡发展的主要措施

为了促进义务教育的均衡化发展，法国政府也采取了以下几方面的措施。

（一）实施课程改革

1990年，法国总理若斯潘领导的教育改革措施中最重要的一条是让每位学生都成功，加强个性化教学。为了实现这个目标，1995—1996学年法国在初二设置"多样化途径"课程，进行课程实验。这项实验不强迫学校参与，学校领导可以决定要不要参与，在参与的学校中，学校教师也有选择是否参与的权利。至1997—1998学年，全国范围内开设了"多样化途径"课程，巴黎学区有33所中学参与实验（学区共109所初中）。法国认为，学生获得概念以及将学科之间建立联系，将学科与周围环境建立联系的一个重要障碍，就是学科教学的分割。对于如何让学生有效地掌握知识，法国认为根据学生的兴趣将学生分成小组，让学生自

---

① Title Ⅰ Section 201，"Elementary and Secondary Education Act"，1965.

主学习，是有效的方式。实施多样化途径课程，其目的在于将各学科知识综合，进而让学生将知识运用到实践，这样才能真正掌握知识。这项改革是带有实践性质的，并且是面向所有学生的，不是专为成绩好的学生或是成绩差的学生设立的。[①]

（二）缩小区域教育的差距

义务教育在法国有悠久历史，在长期探索中，法国按照本国的实际以及国情，形成了扶持制度，这一制度主要在条件不好的区域实施，以此促进区域教育的均衡发展。措施包括开设单班小学，这主要针对山区以及农村较偏远地区；还建立教育优先区，这主要针对的是城市中的贫困社区。[②]

1. 设立农村单班小学

法国在难以开办常规小学的农村地区普遍开设单班小学。单班小学是指规模较小的小学，通常只有一个班级，学生少至几个，最多十几个，不同年级混合编班。这增大了教育成本，不利于形成规模效益，但适宜于法国当时超小规模市镇人口稀少的实际需要，因而有效地推动了义务教育的实施。目前，农村偏远地区，人口少的地方，主要设立三种类型的小学：相邻市镇一起开办的分散型跨市镇小学，这种小学不同年级可能会分散在不同市镇；相邻市镇开办的集中型市镇小学，这种学校所有年级都在一个市镇；单班小学。

2. 城市的优先教育区

为了缩小不同社区间、同一地区的不同学校间存在的教育发展不均衡现象，法国政府于1981年制定了"优先教育区"政策。其主要数据和指标，一方面是学校的地理位置、社会环境、学生家庭的社会职业状况等一般情况，另一方面是学前和小学入学率、班级人数、小学留级率、初中辍学率等具体数据。国家对优先教育区提供政策保障，为其提供设备、经费和师资等。优先教育区不是固定不变的，3年评审一次，如果通过这些资助政策，学校有所改进，达到了规定标准，其就不再是优先教

---

① 王晓辉：《教育优先区："给匮者更多"——法国探求教育平等的不平之路》，《全球教育展望》2005年第1期。

② 孙启林、周世厚：《大均衡观下的"略"与"策"》，《现代教育管理》2009年第1期。

育区，政府就会把经费、设备和师资投入到其他的薄弱地区。[①]

（三）弱势群体的教育

密特朗政府在 1981 年推行教育改革，这次改革突破了以前的传统，要改变过去保守的改革措施，促进教育与社会的联系。密特朗政府提出，应当向社会中的工人、移民、农民等弱势群体的子女提供帮助，这就使得教育不再仅仅是固定阶层享有的特权。具体的做法是：对于残疾儿童，尤其是不能进入学校学习的儿童，心理学援助小组要对他们进行帮助，帮助他们克服学习和生活上的困难，让他们读书；针对 20 世纪 60 年代从其殖民地移民过来的劳动力，要把他们的子女送进学校，使他们与法国学校生活融合起来。另外，国家还设有专门的助学金制度、开学补助制度、上学交通补助制度、教科书免费提供制度、午餐补助制度等，这些都体现了法国政府对弱势群体的关怀。这与英国的一体化教育和全纳教育有很大相似之处，不同的是法国的弱势群体主要针对社会底层人民子女的受教育问题。

1. 国家助学金制度

法国最早对贫困学生实行经费资助的措施开始于大革命时期，1948 年后逐步形成健全的助学金制度。根据学生家庭经济状况，法国提供给学生国家助学金。能享受该政策的学生，占有很大比例。有数据表明，1996—1997 学年，有 102.8 万名初中生享受助学金，这一数量占到初中生的 33%；高中生享受助学金的有 58.4 万人，占高中学生的 25%。能享受到助学金的学生来自农业工人、外籍移民、工人、失业者以及服务人员家庭。

2. 开学补助制度

学生家长负担最重的时候就是每年秋季，这是开学季，家庭会增加许多开支，这对于贫困家庭来说是一项负担。法国设置了开学补助制度，为贫困家庭提供帮助，国家对家庭收入较低的学生进行补助。这种补助涉及整个教育阶段，即 6—18 岁的学生可以享受该补助，1997 年这项补助为 1600 法郎/生。

---

① 赵鑫：《促进我国义务教育均衡发展的财政政策研究》，硕士学位论文，财政部财政科学研究所，2011 年，第 23 页。

3. 上学交通补助制度

有些接受义务教育的学生家庭离学校较远，为了解决他们的交通问题，法国为这部分学生提供交通补助，交通补助由地方政府和中央政府共同提供，为学生提供部分或全部的费用。从历年情况看，中央财政负担学生交通补助费的 60% 左右。享受这一补助的学生约占中小学学生总数的 20%。

4. 教科书免费提供制度

贫困家庭儿童上学已是负担，而购买教科书是其中的一项重要开支，对贫困家庭来说，这一负担也是很重的。法国为了解决这一问题，为所有的接受义务教育的学生提供免费教科书。小学阶段，市镇政府购买教科书，小学生可以免费使用这些书籍，在学生升学之后，课本需要交还学校，学校再把课本发给新生使用。1978 年这种补贴已经扩大到了初中的所有四个年级。

五 日本义务教育均衡发展的主要措施

日本义务教育均衡所面临的问题主要是：偏僻落后地区与经济发达地区之间的差异；男女性别差异导致的不均等；后进部落问题造成的教育不均衡；师资水平差异导致的校际教学质量不同；经济差异造成的义务教育经费失衡；贫富差距带来的社会阶层间教育差别。[1] 针对这些问题，日本政府采取积极措施，促进义务教育均衡发展。

(一) 师资流动

日本的教育均衡主要靠师资和学校管理方面实现。日本为使义务教育的师资和管理相对均衡，在其《教育法》中做了明确规定：一个教师在同一所学校不得连续工作超过 5 年。除此之外，日本特别看重校长的作用，因此对校长的经历十分看重，对校长的年龄有明确规定，50 岁左右才有出任校长的资格。校长的任期是两年，如果校长连任，必须进行校际轮换。政府通过这样的措施，保证了教师和校长在学校之间的流动，这就保证了学校之间教学水平、师资水平以及管理水平达到一个相对均

---

[1] 李文英、史景轩：《日本义务教育均衡发展的实现途径》，《比较教育研究》2010 年第 9 期。

衡的状态，这样也可以促进办学经验在校际之间的交流。

（二）加大教育经费投入

义务教育能否实现均衡化发展，主要体现在政府对义务教育的法律政策以及经费投入上。日本政府历来重视教育投资，以 1997 年为例，学校经费支出在中央和地方政府财政支出中所占的比例为 10%，1998 年日本教育经费占 GDP 的 3.55%。这个数值与欧洲发达国家的水准大致持平。从教育投资的比例来看，日本政府的教育投资明显地偏重于基础教育阶段。并且基础教育经费的 91.2% 来源于国家和地方支出的财政经费。这就在一定程度上保证了义务教育的质量。[①]

（三）建立地方交付税制度

日本政府通过立法规定中央财政对市町村给予义务教育经费补助，这主要要解决地方财政的困难，以及各地方的财政不均衡。关于教育经费的法律有《市町村立小学教育经费国库补助法》和《小学教师工资国库补助法》，这两部法律对地方财政入不敷出的地方予以财政保障，这也保证了在全国、在最基本的财政层面的教育均衡。在农村，主要是对町村里小学的义务教育经费进行补助，经费由中央财政出资。地方交付税制度是日本有效解决国内各地区财政不均衡的问题而设置的，这是一项财政调整与平衡制度。《地方交付税法》规定，中央政府每年要从国税收入中拿出一部分（即所得税、法人税和酒税的 32% 以及消费税的 29.5% 和烟草税的 25%）作为地方交付税转移支付给地方政府。这一制度在一定程度上起到了平衡不同地区之间财政差异的作用，而各地方的义务教育经费作为地方政府财政支出的一部分，也通过地方交付税的实施得到了保证。[②]

（四）缩小校际差距的措施

日本政府不仅从财政体制的角度保障教育资源的合理配置，促进义务教育内部和区域间的均衡发展，还制定了政策和制度，从校际间谋求义务教育的均衡发展。按照《学校教育法》的规定，日本市町村一级的

---

① 蔡红英：《日美中义务教育财政制度百年变迁及启示》，《宏观经济研究》2009 年第 12 期。

② 李协京：《日本教育财政和教育立法的若干考察》，《外国教育研究》2004 年第 3 期。

地方政府，有责任设立中小学以使适龄儿童接受义务教育。而在学校的设置上，从教育经费到学校设施、教学设备、班级编制、师资配备等方面，都制定了相应的法律法规，以统一的规格保障全国各地的中小学均等地达到一定的办学条件。[①]

第三节　发达国家义务教育均衡发展的比较

一　义务教育财政制度的国际比较

教育经费的保障是教育优先发展的基础。世界范围内，义务教育是各国的公共教育制度的根基，其特征为普及性、全民性与平等性，各国的政府对义务教育进行投资、组织以及管理。世界上的人力资源强国，例如法国、英国、美国，它们同时也是教育强国，教育投入非常多，并且远远高于国际水平。根据政府在投资中的作用，世界义务教育财政有三种模式：分散模式、相对集中模式和集中模式。具体来说，法国是义务教育财政集中模式的代表，法国的教育经费主要是政府负责，包括中央财政和地方财政共同承担义务教育经费，中央财政负责的比例较大，这样义务教育的投入就可以依靠财政收入，而财政收入是非常稳定可靠的，这就保障了国家对义务教育掌控权，同时还可以在必要时进行调控。这种模式由于高度集中的权力，也会产生一些问题，例如中央财政控制过多，导致地方的办学积极性不高。[②]

分散模式与集中模式完全相反，以我国为例，在中央政府领导下，实施地方负责、分级管理的教育财政制度，给地方政府一定的权力，这让地方政府有发展教育的责任感，也有效解决了教育经费不足与教育事业发展的问题。然而由于中央政府在义务教育投资中不占有举足轻重的地位，也导致了义务教育公共投资的严重不足，义务教育公共资金分布极不平衡等问题。

相对集中模式是处于上述两种模式之间的，美国是这一模式的代表

---

① 叶玉华：《教育均衡化的国际比较与政策研究》，《教育研究》2003 年第 11 期。

② Basmati Parsad Sheila, Heaviside, "Participation of Migrant Student in Title Migrant Education Program-Summer Term Program", 2007 – 12 – 20, http：//nces. ed. gov/pubs2000/2000061. pdf.

性国家。美国实行的是联邦政治体制，地方政治、文化、经济、传统都与义务教育密不可分，这样做可以有效避免集中模式的浪费情况，同时也在一定程度上达到了分散模式起不到的整体协调的作用。这种模式也不是完美的，由于美国各州在文化、经济等各方面也是存在差距的，州际的教育不均衡就出现了，这也导致了州际教育思想等的动荡。①

综上所述，尽管各国具体的投资方式有所差别，各级政府所承担的责任有所轻重，但义务教育属于公共产品这一特殊属性决定了政府为主、相对集中的投资模式乃是大势所趋。

二 义务教育政策法规的国际比较

为了保障义务教育的全民性、平等性和普及性，各国像英国、法国、美国和日本等国家，都通过制定和健全各种相关的法律法规来实现义务教育的普及和效率的提高。我国在这方面也做出了很大努力，并取得了很大的进步和实效。但是在具体实践中，美国颁布了教育选择政策；日本制定了师资流动政策和资助私立学校政策；英国实施了法定行动区计划；法国实行了课程改革，私立教育的发展等一系列具体措施；德国也通过改革学校体制，完善文科中学，建立综合中学。

通过之上的比较和分析，得出发达国家在促进义务教育均衡上主要在三方面做了努力：（1）给学生及家长更多的选择权。一方面不会给学生太多的学业压力，可以选择自己喜欢的学校和能促进自己发展的学校。另一方面也会降低学生学业失败的概率，最终促进均衡发展。（2）实行教育改革，如课程改革，建立综合学校，促进教师流动等。目的在于一方面促使学生个性的发展，并注重实践能力的提高，它既不是优秀学生的专利，也不是为了帮助困难学生，而是必须面向全体学生。另一方面实施综合课程，更注重学生的实际应用能力，更加符合学生们毕业后未来的工作生涯和社会适应能力。（3）设立特别教育区。通过学校、家长、团体、商业和地方当局的合作，寻找解决均衡问题的根本方法。促进自下而上的教育决策，不仅有助于提高教学质量，同时了解学生的具体情

---

① 柳海民、周霖：《义务教育均衡发展的理论与对策研究》，东北师范大学出版社 2007 年版，第 8 页。

况，做人性化关怀，减少学生学业失败的概率，促进义务教育的均衡发展。

综上所述，尽管各国都已颁布了各式各样的教育法规政策，联合各方力量，但学生是受教育的主体，必须尊重学生的发展，依据学生的兴趣开展教育活动。

三　协调普通教育与职业技术教育的国际比较

教育资源完全均等分配是不可能的，这也是不合理同时也更不现实的想法。但是政府的作用不能弱化，尤其在消除市场所产生的负面效果方面应该更有作为。在义务教育阶段，很多国家都强调资源均衡配置，积极推进中小学的标准化建设。

随着社会分工越来越细，对青年毕业生知识的专业化和精细化要求越来越高，这就要求学校只重视普通教育已经远远不够，仅是普通教育也导致很多学生厌学心理加强，再加上其与社会生活相脱离，这就致使很多国家把普通教育与职业技术教育相融合。培养综合人才，一方面减少了辍学的人数，另一方面也培养了学生的动手实践能力，也促进了教育的均衡发展。

随着未来社会需要有越来越多的综合人才，所以普通教育与职业教育的结合应是未来的发展趋势。

四　关注弱势群体方面的国际比较

随着经济的发展，国家要强盛，教育的作用不可忽视。21世纪教育的理念是促进每一个人的全面发展。这就促使世界各国要更关注弱势群体的受教育问题。相比之下，世界上一些发达国家，如美国、英国、法国等，已经做了很多努力，在促进弱势群体受教育方面已有很大成效。例如美国实行财政转移支付制度和特许学校，英国实施一体化教育、全纳教育，并为少数民族地区学校制定各项优惠政策，法国也制定了开学补助制度、上学交通补助制度、教科书免费制度等，德国对弱势群体建立特殊学校，并颁布了"十二条教改建议"。日本采取师资流动政策等来保证弱势群体的受教育。

通过之上的分析得出：（1）从宏观上来说，发达国家都采取政策来促使弱势群体的教育均衡，不管是通过财政转移，大幅度投资，还是设立特许学校，国家做足了政策上的大力支持。（2）从中观上来说，制定各项补助制度、教改建议，加强与学校的联系，从而保证各项政策在学校能得到实实在在的落实和执行。（3）从微观上来说，通过思想上的大力支持，对待特殊儿童方面，鼓励和正常孩子一起学习生活，融入正常社会之中。对于偏远弱势群体，配备优秀的教师资源，保证教育质量。

综上所述，尽管各国将一大半精力投入弱势群体的受教问题，但因为各国情况不同，这些措施不可能一蹴而就。即使已经达到均衡，这些政策还可以继续其作用，继续保证均衡发展。

第四章

义务教育均衡发展现状

第一节　我国东部地区义务教育均衡发展现状

一　背景指标

（一）东部地区义务教育的经济背景

东部地区大部分教育经费均衡发展水平较低，生均教育事业经费差距最大；东部地区内生均公用经费差距最大，并且小学阶段大于初中阶段（见表4—1）。教育经费的投入虽然由中央和地方共同分担，但是不同地区的分担比例应当有所区别。在东部，地区经济上的差距和地方政府对义务教育的重视程度决定了教育经费的差距。

表4—1　　　　　2010年东部地区义务教育经费差异研究　　　（单位：元）

	小学			初中		
	下20%	上20%	倍率	下20%	上20%	倍率
生均教育事业经费	1780	10027	5.63	5286	2998	1.76
生均公用经费	329.67	2051	6.22	1000	736	1.36

（二）东部地区义务教育的教育背景

截至2010年底，全国2856个县（市、区）全部实现"两基"，全国"两基"人口覆盖率达到100%。由于学龄人口的逐年减少，小学校数、在校生数继续减少。全国共有小学25.74万所，比上年减少2.28万所；招生1691.70万人，比上年增加53.90万人；在校生9940.70万人，比上年减少 130.77 万人，小学学龄儿童净入学率达到 99.70%。
由表 4—2 可知，东部地区入学率已经超过全国水平，教育机会呈绝对
均衡状态。海南地区入学率低于全国水平，可考虑到当地处于欠发达地
区，人口素质不及东部发达地区，虽然被划为东部地区，但是教育机会
方面还同全国水平有所差距。同时，上海和浙江入学率已经达到
100%，其他地区需要进一步普及入学率，争取达到教育机会绝对均衡
状态。

表 4—2 　　　　　　　　2010 年东部地区小学净入学率情况 　　　（单位：人、%）

地区	校内外人口总数	在校人口总数	入学率
合计	95014699	94732667	99.70
北京	642060	641811	99.96
天津	475093	474089	99.79
河北	5000944	4990700	99.80
辽宁	2021214	2020006	99.94
吉林	1359982	1357796	99.84
上海	672171	672171	100
江苏	3908492	3906931	99.96
浙江	3216161	3216138	100
福建	2309102	2308644	99.98
山东	6155872	6155281	99.99
广东	8018223	8014534	99.95
海南	725340	716317	98.76

资料来源：中华人民共和国教育部教育统计数据。

二　教育资源指标

（一）物力资源

生均教学及辅助用房面积上，东部地区内部差距较大，小学、初中
最高组县与最低组县的差距分别为 2.25 倍、2.93 倍。东部在生均信息化
投入、生均仪器设备值的不均衡程度最高，小学、初中生均仪器设备值
差距分别为 13.4 倍、14.07 倍，生均信息化经费投入上小学间的差距大
于初中。如表 4—3 所示。

表4—3　　　　　　　　2010年东部地区义务教育资源差异研究

(单位：平方米、元、册)

	小学			初中		
	下20%	上20%	倍率	下20%	上20%	倍率
生均教学及辅助用房面积	3.85	8.65	2.25	3.44	10.07	2.93
生均体育运动场面积	4.47	23.7	5.3	3.94	14.56	3.7
生均仪器设备值	205.2	2750.25	13.4	205.5	2890.86	14.07
生均信息化经费投入	72.13	816.06	11.31	161.84	888.35	5.49
生均图书	12.62	35.3	2.8	12.73	38.31	3.01
教师奖金	247.67	19873.33	80.24	139.67	13810.33	98.88
社会保障	39.67	13232	333.55	17828.33	74790.67	4.2
师生比	11.04	21.04	1.91	7.86	15.15	1.93
高于规定学历教师比例	73.17	97.51	1.33	62.67	95.62	1.53

　　资料来源：中央教育科学研究所教育督导评估研究中心：《义务教育均衡发展报告2010》，教育科学出版社2010年版。

(二)人力资源

　　东部地区教职工平均工资福利支出差距最大，奖金和社会保障的地区内差距巨大。对于东部较发达地区，其基础教育在中国是比较先进的，从而形成的人力资本平均质量比较高。[①] 此外，东部地区更先进的技术水平、完善的基础设施和人力资本可以更容易地与物质资本相结合，更好地发挥作用，以促进经济的发展。因此在东部地区的人力资本的消耗是最多的，在经济发展中的作用是非常重要的。

　　东部师生比显示，小学最高组县比最低组县多教10个学生，初中要多教8个学生；东部地区师资队伍中学历合格比例差距比较大，初中差距明显大于小学。小学最高组县高于最低组县约24%，而初中则高出32%。

---

　　① 张旭昆、韩文婧：《地方财政教育投入正外部性的实证分析——基于东、中、西部的比较》，《江西财经大学学报》2010年第5期。

三　教育成效指标

（一）教育过程

以江苏省为例，小学毕业生升学率要比初中高，并且已经达到100%，高出初中3个百分点，说明初中以上面对着学生流失问题，需要注意。同样，小学毕业班毕业率要高于初中毕业班毕业率近1个百分点。2010年全国小学毕业生升学率为98.7%，初中为87.5%，江苏省两项指标都超过全国，尤其是初中，多出10个百分点，说明江苏省较好地保持了学生的升学情况，有利于义务教育的顺利完成，增加本省以及东部的总体教育年限。2011年在初中毕业生升学率上又提高了0.2%，说明我国东部地区义务教育质量均衡发展。如表4—4所示。

表4—4　　　　　江苏省义务教育升学率（2010—2011）　　　（单位：%）

年份	江苏小学	江苏初中	全国小学	全国初中
2010	100.66	97.5	98.7	87.5
2011	100	97.7	98.3	88.9

资料来源：《江苏统计年鉴2012》。

（二）教育成果

东部地区文盲人口均低于全国文盲人口比例，说明东部地区义务教育普及的情况较好，为今后的义务教育均衡发展铸就了好的起点（见表4—5）。

表4—5　　　　　2011年东部15岁及以上文盲人口比例　　　（单位：%）

全国	北京	天津	江苏	海南
5.21	1.73	2.43	4.86	4.82

资料来源：《中国统计年鉴2012》。

四　微观看东部义务教育发展现状

图4—1显示，北京市郊县普通初中生均公用费的均值均大于上海市

的均值，这说明在经费充足性方面北京市做得比较好。从 1995 年以后始终大于上海市。

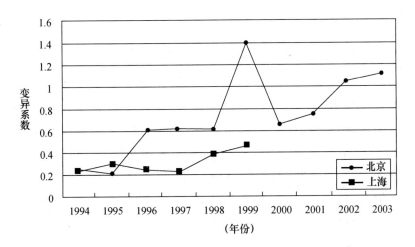

图 4—1　两市郊县初中生均公用费用支出的比较差异

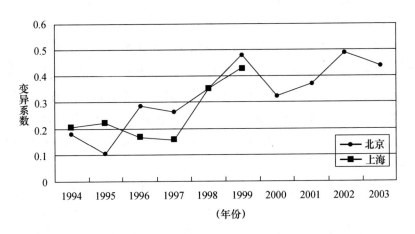

图 4—2　两市郊县初中生均公用经费占生均事业费比重的差异比较

如图 4—2 可知，北京市这一比重的均值均高于上海市，这表明北京市城郊初中的资金结构一般比上海市要更加合理。4 年当中，北京有三次都高于上海市。[①] 这一事实体现在北京普通初中生均公用经费比上海郊区

---

① 郑磊：《义务教育经费分配使用的公平性研究——北京与上海的比较分析》，《教育发展研究》2006 年第 1 期。

的相对差异要大。由此可以看出，中国的各省市相比，经济实力差距较大，中央政府没有协调省级义务教育并做出具体要求，在各省份的规划实践也是不一样的。

下面看一下广东省在统筹义务教育经费上的现状。

首先，广东省内区域间经济发展水平不平衡，除了经济较发达的珠江三角洲，其他经济发展水平较低的区域，义务教育发展相对落后。广东省农村义务教育学生公用经费标准执行的是财政部 2009 年制定的基准定额标准，即小学生 350 元/年，初中生 550 元/年。根据广东省的统计数据，在 2007 年广东省农村义务教育学校生均预算内公用经费是小学 310.08 元/年，初中生 464.48 元/年；2008 年提高到小学生 390.38 元/年，初中生 557.03 元/年。数值虽然高于上一年广东省农村义务教育生均公用经费，但学校公用经费总体水平不高。

其次，县级财政义务教育投入不足。广东省县级财政投入中 2006 年与 2005 年相比，预算内教育经费反而降低了 2.61%，说明县义务教育的投入程度有所下降。

再次，是义务教育资金被挪用的现象。由于严重的义务教育学校债务问题，在广东北部、广东西部等地区，承包商的债务偿还在很多情况下都是使用教育基金；在怀集，连南连山地区，也有挪用教育资金发放地方教师补贴等现象。有限的义务教育经费拨款，使学校公用经费减少，直接影响到农村义务教育质量。像广东这样的地区尚且存在此类问题，更不用说其他欠发达地区了。

另外从山东省胶南市①和寿光市来分析东部地区的办学条件均衡状态。2004 胶南市的青岛义务教育标准化工程全面完成，95% 的城镇成为"青岛市义务教育示范镇"，标准化学校数量列青岛各县（市）第一。寿光市加快标准化建设过程中的农村中小学建设，在 2006 年全市所有初中全部成为市级规范化学校。这表明山东省办学条件得到迅速改善。2009 年，胶南市小学、初中入学率达到 100%，巩固率保持在 99.95%，初中

---

① 胶南市是中国山东省一个已经被撤并的县级市，为青岛市所代管，是青岛市的卫星城市。2012 年 12 月 1 日与黄岛区合并为新的青岛市黄岛区，原胶南市中心城区成为黄岛区政府驻地——隐珠街道深圳路 181 号。

毕业生进入高中的比例达到 95%；寿光市小学入学率，巩固率达到 100%，初中入学率和巩固率分别达到 100%、99.8%，初中毕业生进入高中的比例达到 93.1%。在胶南市和寿光市，全县所有公立学校向农民工子女公平开放，学校不收任何额外费用。[①] 可见，山东省两市对义务教育的重视程度和规范管理，中小学入学率因此也达到较高水平，教育机会公平实现，教育质量也会大大提高。

部分年度我国三级教育生均成本指数如表 4—6 所示：

表 4—6　　　　　　部分年度我国三级教育生均成本指数　　　　（单位：%）

年份	初等教育	中等教育	高等教育
1985	6.70	22.60	199.20
1990	6.50	15.10	188.70
1995	9.40	21.00	164.10
2000	10.10	19.50	203.30
2005	13.00	20.60	107.00
2008	15.00	22.30	76.10
2007 年 OECD 国家平均	20	24	40
2007 年欧盟 19 国平均	19	24	38

资料来源：陈晓宇：《中国教育财政政策研究》，北京大学出版社 2012 年版。

第二节　我国西部地区义务教育均衡发展现状

西部地区的教育问题是我国教育的一大研究领域，如何改善义务教育，使之适合西部地区的地域状况、经济情况以及人们的生活习惯，使得义务教育发挥最大优势，是值得大家思考的。西部包括：广西、内蒙古、重庆、四川、贵州、云南、西藏、陕西、甘肃、宁夏、青海、新疆 12 个省（区、市）。

---

① 陈昉、高宏赋：《东部经济较发达地区县域义务教育均衡发展的现状与对策——以山东省胶南市、寿光市为例》，《当代教育科学》2011 年第 5 期。

一　背景指标

(一) 西部地区义务教育的经济背景

西部地区教育经费使用情况差距不大，由于中央政府加大对西部教育的投入，减轻了西部地方教育的支出，较之东部各地区经济的差距导致教育经费的差距，西部地区的教育经费较为均衡。近年来，教育财政对西部地区的投入一直保持上升趋势，但是教育经费支出比重远低于东部经济发达的地区。如表4—7所示。

表4—7　　　　　　　2010年西部地区教育经费差异研究　　　　　(单位：元)

	小学			初中		
	下20%	上20%	倍率	下20%	上20%	倍率
生均教育事业经费	1949.5	3781.5	1.94	2077	5109	2.46
生均公用经费	331.5	823.5	2.48	487	1178.5	2.42

资料来源：中央教育科学研究所教育督导评估研究中心：《义务教育均衡发展报告·2010》，教育科学出版社2010年版。

(二) 西部地区义务教育的教育背景

西部地区小学净入学率大部分都在99%以上，只有贵州地区低于99%，当地应该予以重视。西部地区入学率情况不如东部地区，东部地区大部分都在全国水平之上，而西部大部分地区低于全国平均水平，只有内蒙古、重庆、云南、宁夏、新疆五地区高于全国水平。

表4—8　　　　　　　2010年西部小学净入学率情况　　　　　(单位：人、%)

地区	校内外人口总数	在校人口总数	入学率
合计	95014699	94732667	99.7
内蒙古	1335838	1335676	99.99
广西	4140041	4113894	99.37
重庆	1817955	1816858	99.94
四川	5510500	5475512	99.37
贵州	4043551	3958121	97.89

续表

地区	校内外人口总数	在校人口总数	入学率
云南	4020090	4008248	99.71
西藏	281122	278793	99.17
陕西	2519194	2510301	99.65
甘肃	2230272	2218173	99.46
青海	470289	468202	99.56
宁夏	585023	584225	99.86
新疆	1801899	1797853	99.78

资料来源：中华人民共和国教育部教育统计数据。

二　教育资源指标

（一）物力资源

表4—9 显示，西部地区内部在生均教学及辅助用房面积、生均体育运动场面积、生均仪器设备值几方面均衡程度较高，并且均衡程度都高于东部和中部地区。但是生均信息化经费投入方面差距很大，小学和初中倍率相差都在 10 倍以上。生均图书方面，小学比初中差距大，总体比东部和中部的生均图书册数都少，需要扩展学生图书量，增加信息化经费投入，使得西部学生获得知识途径多样化、个性化。

表4—9　　　　　2010 年西部地区教育资源差异研究　　（单位：平方米、元、册）

	小学			初中		
	下 20%	上 20%	倍率	下 20%	上 20%	倍率
生均教学及辅助用房面积	2.92	5.37	1.84	3.19	5.99	1.88
生均体育运动场面积	3.21	9.15	2.85	3.36	9.09	2.71
生均仪器设备值	116.75	576.12	4.93	253.81	1248.7	4.92
生均信息化经费投入	26.2	307.77	11.75	29.42	331.6	11.27
生均图书	8.27	21.5	2.6	10.6	22.15	2.09
教师奖金	415.5	3043	7.32	1018	3826.5	3.76
社会保障	436.5	3203	7.34	47	3156	67.15
师生比	13.48	23.86	1.77	12.44	21.74	1.75
学历合格比例	54.31	90.22	1.66	37.41	81.44	2.18

资料来源：《义务教育均衡发展报告 2010》。

（二）人力资源

虽然西部地区在师生比上最为均衡，小学和初中都大大低于东部和中部每个老师的学生量，但是教师合格比例方面差距较大，就小学而言，西部地区内差距最大，初中的差距明显高于小学。西部地区在人力资源发展水平方面极不均衡，教师的合格率远不及东部，缺乏高质量的人力资本，并伴随着优质教师的流失，西部地区的教学质量值得一究。

三　教育成效指标

（一）教育过程

表4—10显示，截至2011年重庆小学和初中毕业生升学率均高于全国平均水平，而西藏地区无论小学还是初中都低于全国平均水平，尤其是初中，与全国差距巨大，说明西藏地区学生流失大，辍学人数多，达不到国家要求的基本受教育年限，教育均衡程度低。

表4—10　　　　　西部地区毕业生升学率（2010—2011）　　　（单位：%）

年份	重庆小学	重庆初中	西藏小学	西藏初中	全国小学	全国初中
2010	102.6	90.3	93.5	46.3	98.7	87.5
2011	102.48	92.25	92.2	48.6	98.3	88.9

资料来源：《重庆统计年鉴2012》《西藏统计年鉴2012》。

（二）教育成果

由表4—11可知，西部地区文盲比重各地区之间差距明显，新疆和广西均低于全国近1%，说明这两个地区义务教育扫盲情况做得较好，但是云南则高出全国3%，尤其是西藏地区差距巨大。由于我国西部地区条件艰苦，人力和物力资源欠缺，特别是高原地区，教育的普及情况堪忧。

表4—11　　　　　2011年西部15岁及以上文盲人口比重　　　（单位：%）

全国	西藏	新疆	广西	云南
5.21	29.54	3.58	4.07	8.71

资料来源：《中国统计年鉴2012》。

第三节 我国区域义务教育均衡发展现状

义务教育发展在各地区间的失衡仍很严重。由于社会政治、经济发展、文化基础和人口素质在各地区有明显的区域性差异，中国不同地区的教育均衡发展水平也不同。近年来，中国东部的北京、天津、上海等大城市和经济发达地区已基本接近普及高中阶段教育，在中部和西部欠发达的省份和地区，尤其是偏远农村地区、贫困地区和少数民族聚居地区，"普九"任务基本完成。经济发达地区中小学教师基本具备研究生学历和本科学历，学校占地面积、多媒体教学、教学仪器和图书均已达标；而在欠发达地区，中小学专任教师质量低下，教学条件也令人不满意。在西部的一些地区，一些学校的基础设施建设甚至存在不安全的隐患，或建在大山深处，或建在石头山上和沙漠地区。而且这样的学校里仍有一定数量的"一校一师"的现象，教学设备、图书馆资源不足，生均教育经费远远低于东部地区。在教育投入、办学条件、教师水平和教育观念上的差距，使得各地区学校教学水平普遍存在差距，必然带来不同地区学校管理质量、教育质量和人才质量之间的差距。

一 教育经费投入

（一）小学阶段

表4—12列出了2010年我国三大区域各省（区、市）普通小学的生均教育经费。

表4—12　　　　东中西部地区各省普通小学生均教育经费　　（单位：千元）

东部地区	普通小学生均经费	中部地区	普通小学生均经费	西部地区	普通小学生均经费
北京	19.161	山西	4.597	内蒙古	8.976
天津	12.820	吉林	6.700	广西	3.926
河北	4.402	黑龙江	5.972	重庆	5.500

东部地区	普通小学生均经费	中部地区	普通小学生均经费	西部地区	普通小学生均经费
辽宁	6.733	安徽	4.138	四川	4.794
上海	15.850	江西	3.012	贵州	3.056
江苏	8.393	河南	2.482	云南	4.325
浙江	8.443	湖北	3.719	西藏	9.088
福建	6.420	湖南	3.850	陕西	5.226
山东	4.277			甘肃	4.213
广东	4.729			青海	7.303
海南	6.139			宁夏	4.795
				新疆	6.897
地区均值	6.277	地区均值	3.643	地区均值	4.810
总均值	4.916				

从教育经费投入来看，2010 年，我国东部地区普通小学生均教育经费最高，中部地区最低，西部地区居中。其中，中部的河南省普通小学生均经费只有 2482 元，是全国最低的，而东部的北京市有 19161 元，为全国最高，并且两地相差 16679 元，北京是河南的 7.7 倍，由此可以看出，全国各地教育经费投入两极分化较为明显。

（二）初中阶段

表 4—13 列出了 2010 年我国三大区域各省（区、市）普通初中的生均教育经费。

表 4—13　　　　东中西部地区各省普通初中生均教育经费　　（单位：千元）

东部地区	普通初中生均经费	中部地区	普通小学生均经费	西部地区	普通初中生均经费
北京	30.484	山西	5.136	内蒙古	9.732
天津	18.247	吉林	7.600	广西	4.995
河北	6.406	黑龙江	6.466	重庆	6.328

续表

东部地区	普通初中生均经费	中部地区	普通小学生均经费	西部地区	普通初中生均经费
辽宁	9.308	安徽	4.898	四川	5.721
上海	21.488	江西	3.893	贵州	3.359
江苏	9.972	河南	3.899	云南	5.355
浙江	11.778	湖北	5.607	西藏	8.539
福建	8.060	湖南	6.246	陕西	6.227
山东	6.641			甘肃	5.210
广东	5.434			青海	10.251
海南	6.713			宁夏	7.837
				新疆	9.290
地区均值	8.349	地区均值	5.033	地区均值	5.875
总均值	6.469				

2010 年，在教育经费投入方面，我国东部地区普通初中生均教育经费比中部地区和西部地区高出许多，西部地区略高于中部地区，但差距不大。其中，中部的江西省普通初中生均经费只有 3893 元，为全国最低，全国最高的是东部的北京市，生均经费高达 30484 元，两地相差 26591元，北京是江西的 7.8 倍，由此可以看出，和小学阶段一样，全国各初中阶段教育经费投入的两极分化较为明显。

二 学校办学条件

（一）小学阶段

生均教学及辅助用房面积、生均体育运动场馆面积、生均教学仪器设备值、生均计算机台数、生均图书册数等指标反映出学校的办学水平。表4—14 列出了反映我国三大区域各省（区、市）普通小学的办学条件的数据。

表4—14   东中西部地区各省普通小学办学条件

		生均教学及辅助用房面积（平方米）	生均体育运动场馆面积（平方米）	生均教学仪器设备值（万元）	生均计算机台数（台）	生均图书册数（册）
东部地区	北京	3.957	8.453	0.199	0.177	36.729
	天津	3.993	9.360	0.091	0.089	21.022
	河北	3.565	9.554	0.036	0.054	21.125
	辽宁	3.145	13.007	0.047	0.079	17.884
	上海	3.324	4.224	0.245	0.143	24.885
	江苏	4.096	7.415	0.084	0.091	21.494
	浙江	3.507	6.120	0.070	0.083	22.584
	福建	4.643	8.022	0.043	0.069	20.829
	山东	3.053	8.700	0.037	0.057	14.453
	广东	3.767	5.916	0.070	0.051	19.106
	海南	3.434	9.829	0.062	0.027	12.709
	东部均值	3.631	7.907	0.063	0.068	19.546
中部地区	山西	3.241	6.894	0.030	0.041	14.867
	吉林	3.711	19.596	0.041	0.052	16.801
	黑龙江	3.771	21.227	0.038	0.052	11.959
	安徽	3.342	6.445	0.017	0.026	11.851
	江西	3.245	5.720	0.015	0.020	10.958
	河南	2.820	4.283	0.016	0.015	12.794
	湖北	3.632	7.170	0.030	0.026	13.167
	湖南	3.576	4.827	0.026	0.027	15.697
	中部均值	3.261	6.934	0.022	0.026	13.184
西部地区	内蒙古	3.349	13.631	0.036	0.039	15.341
	广西	3.871	4.949	0.020	0.015	11.500
	重庆	4.629	5.865	0.049	0.040	12.407
	四川	3.012	3.957	0.034	0.031	11.05
	贵州	2.748	3.680	0.017	0.015	10.108
	云南	3.308	3.221	0.018	0.024	11.300
	西藏	2.695	4.640	0.032	0.038	13.947
	陕西	3.731	7.543	0.042	0.049	20.927

续表

		生均教学及辅助用房面积（平方米）	生均体育运动场馆面积（平方米）	生均教学仪器设备值（万元）	生均计算机台数（台）	生均图书册数（册）
西部地区	甘肃	3.508	8.085	0.024	0.031	12.462
	青海	3.001	5.332	0.023	0.043	12.356
	宁夏	2.930	7.920	0.035	0.058	14.360
	新疆	2.910	10.592	0.040	0.040	12.475
	西部均值	3.346	5.682	0.028	0.029	12.461
总体均值		3.415	6.884	0.038	0.041	15.164

从表4—14中数据可以看出，总体而言，在生均教学及辅助用房面积这一指标上，东中西三区域区别不大；在生均体育运动场馆面积上，东部地区比中西部要大一些；而从生均教学仪器设备值、生均计算机台数和生均图书册数这三个指标来看，东部地区的优势非常明显，中部地区与西部地区相差不多。其中，中部的河南省和西部的贵州省，与其他省（区、市）差距较大。

（二）初中阶段

表4—15列出了2010年反映我国三大区域各省（区、市）普通初中办学条件的数据。

表4—15   东中西部地区各省普通初中办学条件

		生均教学及辅助用房面积（平方米）	生均体育运动场馆面积（平方米）	生均教学仪器设备值（万元）	生均计算机台数（台）	生均图书册数（册）
东部地区	北京	4.211	11.559	0.241	0.152	30.128
	天津	3.966	11.033	0.103	0.076	21.676
	河北	4.177	10.790	0.069	0.076	29.569
	辽宁	4.830	15.255	0.091	0.126	27.545
	上海	6.150	7.999	0.433	0.241	37.008
	江苏	5.261	9.690	0.119	0.113	27.575

续表

		生均教学及辅助用房面积（平方米）	生均体育运动场馆面积（平方米）	生均教学仪器设备值（万元）	生均计算机台数（台）	生均图书册数（册）
东部地区	浙江	5.544	9.458	0.111	0.125	30.612
	福建	3.314	7.153	0.071	0.058	19.299
	山东	4.141	11.009	0.071	0.084	21.117
	广东	3.204	4.779	0.076	0.057	17.564
	海南	2.631	7.007	0.051	0.046	13.531
	东部均值	4.160	8.888	0.094	0.088	23.484
中部地区	山西	3.012	6.657	0.042	0.058	15.819
	吉林	3.868	14.464	0.070	0.077	18.060
	黑龙江	3.867	15.027	0.056	0.068	13.246
	安徽	2.805	5.955	0.030	0.052	13.295
	江西	3.010	5.724	0.029	0.041	15.245
	河南	2.914	5.415	0.032	0.040	18.567
	湖北	3.599	6.886	0.049	0.049	17.052
	湖南	4.613	7.545	0.062	0.063	26.961
	中部均值	3.323	7.221	0.042	0.052	17.512
西部地区	内蒙古	3.747	13.620	0.051	0.051	18.984
	广西	2.877	4.695	0.037	0.044	15.493
	重庆	2.704	3.662	0.042	0.040	8.986
	四川	3.136	4.437	0.047	0.046	12.551
	贵州	2.392	3.674	0.030	0.035	15.661
	云南	2.615	3.649	0.023	0.042	12.375
	西藏	3.727	4.276	0.046	0.037	16.783
	陕西	3.331	6.081	0.061	0.069	22.432
	甘肃	2.656	5.362	0.029	0.053	10.829
	青海	3.469	7.222	0.040	0.072	15.794
	宁夏	3.551	8.469	0.066	0.084	15.803
	新疆	3.263	10.064	0.070	0.063	16.662
	西部均值	2.943	5.361	0.042	0.049	14.565
	总体均值	3.501	7.231	0.060	0.064	18.708

从表4—15中数据可以看出，总体而言，2010年，东、中、西三区域的普通初中办学条件差距较大。在生均教学及辅助用房面积、生均体育运动场馆面积、生均教学仪器设备值、生均计算机台数和生均图书册数这五个指标上，东部地区的优势均比较明显，中部地区略优于西部地区。其中，西部的云南省和甘肃省，与其他省（区、市）差距较大。

三 师资水平

（一）小学阶段

生师比、专任教师合格率体现了师资水平的高低。表4—16列出了2010年反映我国三大区域各省（区、市）普通小学的师资水平的数据。

表4—16　　　　　　　东中西部地区各省普通小学师资水平

		师生比	生均达到规定学历教师数	生均已评职称教师数
东部地区	北京	0.076	0.072	0.071
	天津	0.074	0.063	0.072
	河北	0.062	0.051	0.059
	辽宁	0.067	0.055	0.065
	上海	0.064	0.060	0.057
	江苏	0.063	0.053	0.059
	浙江	0.052	0.045	0.047
	福建	0.066	0.049	0.063
	山东	0.062	0.047	0.058
	广东	0.051	0.042	0.043
	海南	0.067	0.049	0.063
	东部均值	0.059	0.049	0.055
中部地区	山西	0.065	0.053	0.060
	吉林	0.086	0.074	0.084
	黑龙江	0.081	0.066	0.079
	安徽	0.053	0.038	0.050
	江西	0.048	0.031	0.044
	河南	0.046	0.035	0.043
	湖北	0.054	0.039	0.052

		师生比	生均达到规定学历教师数	生均已评职称教师数
中部地区	湖南	0.052	0.039	0.050
	中部均值	0.054	0.041	0.051
西部地区	内蒙古	0.079	0.068	0.074
	广西	0.051	0.038	0.049
	重庆	0.058	0.047	0.055
	四川	0.052	0.040	0.048
	贵州	0.046	0.034	0.042
	云南	0.055	0.042	0.051
	西藏	0.063	0.053	0.052
	陕西	0.067	0.054	0.063
	甘肃	0.059	0.042	0.053
	青海	0.051	0.044	0.049
	宁夏	0.051	0.039	0.047
	新疆	0.069	0.056	0.063
	西部均值	0.056	0.043	0.052
总体均值		0.057	0.044	0.053

总体而言，2010 年东部地区的师生比、生均达到规定学历教师数以及生均已评职称教师数要大于中部地区和西部地区，而中部地区和西部地区相差不大。但是在河南和贵州两省，师生比较低，意味着一位老师要负担的学生比较多，教师工作量较大，而且生均达到规定学历教师数以及生均已评职称教师数也明显低于其他省（区、市）；而北京市、天津市师生比较高，教师队伍水平也较高。两级差距比较明显。

（二）初中阶段

表4—17 列出了反映 2010 年我国三大区域各省（区、市）普通初中师资水平的数据。

表 4—17　　　　　　　东中西部地区各省普通中学师资水平

		师生比	生均达到规定学历教师数	生均已评职称教师数
东部地区	北京	0.098	0.092	0.092
	天津	0.095	0.081	0.093
	河北	0.080	0.053	0.076
	辽宁	0.079	0.055	0.076
	上海	0.080	0.076	0.077
	江苏	0.080	0.061	0.076
	浙江	0.072	0.060	0.068
	福建	0.078	0.058	0.075
	山东	0.075	0.053	0.072
	广东	0.053	0.032	0.046
	海南	0.059	0.035	0.053
	东部均值	0.071	0.051	0.066
中部地区	山西	0.070	0.039	0.063
	吉林	0.082	0.062	0.078
	黑龙江	0.079	0.053	0.077
	安徽	0.058	0.035	0.053
	江西	0.060	0.032	0.056
	河南	0.059	0.030	0.055
	湖北	0.072	0.039	0.070
	湖南	0.080	0.045	0.077
	中部均值	0.067	0.038	0.063
西部地区	内蒙古	0.079	0.055	0.074
	广西	0.059	0.037	0.057
	重庆	0.060	0.044	0.056
	四川	0.060	0.035	0.056
	贵州	0.051	0.027	0.047
	云南	0.058	0.038	0.054
	西藏	0.064	0.048	0.054
	陕西	0.071	0.046	0.066
	甘肃	0.060	0.035	0.054
	青海	0.065	0.042	0.062

		师生比	生均达到规定学历教师数	生均已评职称教师数
西部地区	宁夏	0.061	0.048	0.052
	新疆	0.083	0.048	0.075
	西部均值	0.062	0.039	0.057
总体均值		0.067	0.043	0.062

在 2010 年，我国东部地区、中部地区和西部地区的师生比和生均已评职称教师数依次递减。而在生均达到规定学历教师数这个指标上，中部地区最低。西部贵州省的师生比比较低，教师工作量较大，而且生均达到规定学历教师数以及生均已评职称教师数也明显低于其他省（区、市）；而东部地区的直辖市北京市、天津市师生比较高，教师队伍水平也较高。两级差距比较明显。另外，东部地区的广东省师生比是东部所列省市中最低的，生均达到规定学历教师数和生均已评职称教师数也比较低。

综合以上数据，在 2010 年，义务教育小学阶段区域间差异较明显的是生均教育经费、生均教学仪器设备值、生均计算机台数、生均图书册数、师生比等指标。总的来说，各地区小学教育不均衡发展现象还是较为明显的，并且有些指标有两极分化倾向。而义务教育初中阶段区域间差异在经费投入、学校办学条件和师资队伍这几个方面也都较为明显。其中，生均教育经费、生均教学仪器设备值、生均计算机台数、生均图书册数、师生比等指标上的差异比较突出。总体而言，与小学阶段相同，各地区普通初中的教育不均衡发展现象是较为明显的，并且有些指标也有两极分化的倾向。

四　天津市和贵州省区域义务教育均衡发展之比较

本书中选取天津市作为东部地区的代表，贵州省作为西部地区的代表，通过对比分析两者 2010 年义务教育发展的相关数据，能够从微观角度更加清晰地认识到我国义务教育区域发展不均衡的现实。

（一）小学阶段

表 4—18 至表 4—20 分别列出了反映义务教育小学阶段天津市（代

表东部）和贵州省（代表西部）的义务教育均衡发展在教育经费投入、学校办学条件和师资队伍差异的数据。

表 4—18　　　　天津市和贵州省普通小学生均教育经费　　（单位：千元）

			普通小学生均经费	城乡比值
东部地区	天津	城	19.601	2.195
		乡	8.930	
西部地区	贵州	城	7.120	2.677
		乡	2.660	

表 4—19　　　　　天津市和贵州省普通小学办学条件

			生均教学及辅助用房面积（平方米）	城乡比值	生均体育运动场馆面积（平方米）	城乡比值	生均教学仪器设备值（万元）	城乡比值	生均计算机台数（台）	城乡比值	生均图书册数（册）	城乡比值
东部地区	天津	城	3.654	0.873	4.555	0.376	0.106	1.277	0.089	0.989	20.796	0.983
		乡	4.188		12.116		0.083		0.090		21.152	
西部地区	贵州	城	1.994	0.707	2.246	0.588	0.034	2.267	0.035	2.692	13.430	1.373
		乡	2.821		3.819		0.015		0.013		9.785	

表 4—20　　　　　天津市和贵州省普通小学师资水平

			师生比	城乡比值	生均达到规定学历教师数	城乡比值	生均已评职称教师数	城乡比值
东部地区	天津	城	0.081	1.157	0.073	1.281	0.078	1.147
		乡	0.070		0.057		0.068	
西部地区	贵州	城	0.041	0.891	0.035	1.061	0.034	0.791
		乡	0.046		0.033		0.043	

　　由表4—18至表4—20的数据可以看出，天津市和贵州省小学教育的差距在教育经费投入、学校办学条件和师资水平上都较大。总的来说，天津市的各项数据明显优于贵州省，城市的小学教育资源明显优于农村。

　　其中，教育经费投入的差距最大。无论是城市小学生均教育经费还是乡村小学生均教育经费，天津市比贵州省要高出许多。

　　在办学条件方面，生均教学及辅助用房面积和生均体育运动场馆面积天津市小学远高于贵州省小学，生均教学仪器设备值、生均计算机台数天津市小学也略高于贵州省小学。特别是天津市小学和贵州省小学的生均图书册数差距很明显。另外，在生均教学仪器设备值和生均计算机台数这两个方面，两者之间的差距更具有代表性。

　　在师资水平方面，由于城市学校班额较大，城市小学的师生比要小于乡村小学，且生均达到规定学历教师数与生均已评职称教师数相对也较少，特别是贵州省的乡村小学的情况更为严重。

　　总体而言，在小学阶段，以天津市和贵州省为代表的东西部地区义务教育不均衡发展现象依然比较显著，尤其体现在教育经费投入上。

　　（二）初中阶段

　　表4—21至表4—23分别列出了反映义务教育初中阶段天津市（代表东部）和贵州省（代表西部）的义务教育均衡发展在教育经费投入、学校办学条件和师资队伍上的差异的数据。

表4—21　　　　　　　**天津市和贵州省普通初中生均教育经费**　　　（单位：千元）

普通初中生均经费				城乡比值
东部地区	天津	城	30.930	2.829
		乡	10.93372	
西部地区	贵州	城	9.298167	3.443
		乡	2.700682	

表4—22　　　　　　　　天津市和贵州省普通初中办学条件

			生均教学及辅助用房面积（平方米）		生均体育运动场馆面积（平方米）		生均教学仪器设备值（万元）		生均计算机台数（台）		生均图书册数（册）	
				城乡比值		城乡比值		城乡比值		城乡比值		城乡比值
东部地区	天津	城	2.738	0.586	5.198	0.361	0.092	0.844	0.059	0.686	16.787	0.685
		乡	4.673		14.397		0.109		0.086		24.494	
西部地区	贵州	城	2.286	0.951	2.563	0.675	0.047	1.678	0.044	1.294	15.172	0.965
		乡	2.403		3.797		0.028		0.034		15.715	

表4—23　　　　　　　　天津市和贵州省普通初中师资水平

			师生比		生均达到规定学历教师数		生均已评职称教师数	
				城乡比值		城乡比值		城乡比值
东部地区	天津	城	0.095	1	0.085	1.090	0.093	1
		乡	0.095		0.078		0.093	
西部地区	贵州	城	0.054	1.059	0.040	1.538	0.049	1.043
		乡	0.051		0.026		0.047	

　　由表4—21至表4—23的数据可以看出，天津市和贵州省普通初中教育的区域差距在教育经费投入、学校办学条件和师资水平上都有体现。总的来说，天津市的初中教育资源要优于贵州省。

　　和小学阶段一样，教育经费投入的差距最大。天津市初中的生均教育经费要比贵州省小学生均教育经费高出许多。从而说明了东、西部地区的区域差距较为明显。

　　以上比较分析，是基于具体数据对义务教育均衡发展中的硬性教育资源进行的。硬性资源包括学校经费、校舍建设、教学实验仪器设备、图书资料等。

（三）区域义务教育发展不均衡原因分析

从现状分析中我们可以看出，我国区域间义务教育在"硬件配置"上的不均衡非常明显，其原因主要包括区域经济发展水平和教育制度、政策两个方面。

1. 区域经济发展的不均衡

早在先秦孔子的思想中，就有"既庶富之，既富教之"的说法，意思是说，一个国家的人口多了，就应该让他们富裕起来。当他们都富裕起来之后，就应该予以教化。可见一个地区的教育发展水平是建立在其经济发展水平基础之上的。我国东部地区尤其是东部沿海地区依靠其地理优势，自古以来就是富庶之地。改革开放之后，东部沿海地区更是迎来了经济发展的春天，几十年间，已经获得了巨大的发展，把中部和西部远远地甩在了后面；西部地区因其地处内陆，远离海岸线，又多山丘和沙漠，地理因素的制约使得其经济很难获得快速发展，尽管我国一直致力于支援西部的建设，其经济也获得了一定的发展，但其相比我国东部经济水平尚有不小的差距。基于区域经济发展水平间的差距，区域义务教育发展水平之间的差距也就可想而知了。

上文所述区域之间在教育经费投入、学校办学条件和师资水平上的不均衡，其根源主要在于区域之间经济发展水平的不均衡。因为当前我国义务教育阶段的经费绝大部分来自于县、乡地方政府，中央政府和省政府只提供少量的帮助。所以，一个地区的经济发展水平较高的话，其政府就会不断加大对义务教育的投入，学校硬件设施和师资力量不断提升，教育水平也就水涨船高。相反，倘若一个地区的经济发展水平不高的话，其政府在教育经费上的投入也肯定是捉襟见肘的。经费的投入少，学校自然也就无暇顾及校舍的建设，教学设备的维护与更新，优秀教师的引进等，更谈不到探索教学改革与办出学校特色了。此外，由于地区间经济发展水平的差异，欠发达地区的优秀教师出于自身发展的需要，纷纷涌向经济发达的地区。刚毕业的师范生出于自身的职业发展规划或者迫于生活的压力也都倾向于选择到经济较发达的地区谋职，这就导致了区域间在师资水平上的差距持续拉大。

而且，由于经济发展水平上的差异，不同地区的人们对于教育的重视程度和内在要求也存在差异。经济相对发达地区的居民因为收入较高，以及对子女受教育水平的期望较高，就会在子女的教育上投入更多。而经济相对落后地区的居民有的尚未解决最基本的温饱问题，加之当地干部和群众的教育意识淡薄，对教育的社会效益和经济效益认识不足，因此对教育的需求也不迫切。

2. 教育制度、教育政策与教育投资体制不合理

我国的教育之所以呈现出非均衡发展的态势，除了以上所述经济方面的原因之外，与我国教育制度存在的二元分割性和教育政策倾斜性以及教育投资制度的不合理性也有很大关系。

我国的教育政策倾向于发达地区和城市教育的发展，由于公共教育资源的不足，为了促进义务教育的发展，便选择了"先发达地区，后欠发达地区"的非均衡发展的战略，即先保障发达地区和城市义务教育的发展，对欠发达地区和农村的义务教育缺乏应有的重视，从而加剧了义务教育的不均衡发展。

另外，我国的教育投资体制也不太合理。上文已经提到，目前，我国义务教育管理体制是在国务院领导下地方负责，分级管理，以县为主的模式。据统计，目前我国中央政府承担9%国家教育投资，省财政承担13%，其余公共教育经费来源的70%是由县、乡、镇承担。也就是说，义务教育的责任和负担主要由县、乡、镇承担。而掌握更多的税收，拥有一个更大的融资能力的中央和省级财政承担的义务教育的责任是很小的。这种方式在地方财政发达的地区比较合理，但对于地方财政短缺的欠发达地区，这种分配无异于雪上加霜。所以，这种各级政府财权与事权的不对称也导致了不同区域义务教育的不均衡发展。

第四节　我国城乡义务教育均衡发展现状

我国还是发展中的国家，城乡之间的经济发展呈现两极化的趋势，区域经济发展极不平衡，导致城乡二元经济结构，也影响了义务教育的均衡发展。为大家所熟知的，义务教育在城市享受着舒适的教学环境，有的学校不惜花大价钱去迎合上级的检查；然而在农村，居然还有学生需要背着自家的桌椅走上很远的土路，只为了接受教育，走出山里。因此农村义务教育是当代教育的突出问题，只有农村教育有所提高，才能

真正实现义务教育的普及。

一　物力资源

（一）　生均教室面积的比较

从表4—24中基尼系数可以看出，全国普通中小学生均教室面积县域间及各县镇间呈绝对均衡状态，城市间与农村间呈比较均衡状态，但从平均数可以看出，农村生均教室面积要远高于城市和县镇。

表4—24　　　　全国中小学生均教室面积情况比较　　　（单位：平方米）

	县（市、区）	城市	县镇	农村
最大值	6.16	5.94	4.57	14.14
最小值	1.55	1.38	1.03	1.96
极差	4.61	4.56	3.54	12.18
平均数	2.98	2.53	2.1	4.72
基尼系数	0.14	0.22	0.18	0.23

资料来源：根据《中国教育统计年鉴2011》计算得出。

（二）　计算机生均拥有的比较

从表4—25中基尼系数可以看出，全国中小学生均计算机各县域间、城市间、县镇间农村间呈相对均衡状态。

表4—25　　　　全国中小学生均计算机情况比较　　　（单位：台/人）

	县（市、区）	城市	县镇	农村
最大值	24	27	30	56
最小值	4	5	5	1
极差	20	22	25	55
平均数	10	11	12	8
基尼系数	0.22	0.24	0.25	0.35

资料来源：根据《中国教育统计年鉴2011》计算得出。

（三）生均拥有图书比较

从表4—26中基尼系数可以看出，全国中小学生生均图书各城市间呈现绝对均衡状态，各县域间与农村间呈比较均衡状态，各县镇间呈相对均衡状态。

表4—26　　　　　　　全国中小学生人均图书情况比较　　　　　（单位：册）

	县（市、区）	城市	县镇	农村
最大值	46	23	63	92
最小值	8	7	0	0
极差	38	16	63	92
平均数	21	15	21	32
基尼系数	0.21	0.17	0.33	0.29

资料来源：根据《中国教育统计年鉴2011》计算得出。

二　学生资源

（一）班级人数情况比较

从表4—27中基尼系数可以看出，中国普通小学、初中平均班额各县域间、城市间、县镇间及农村间均呈现绝对均衡状态，从平均数上看，城市与县镇平均班额明显高于农村。

表4—27　　　　　　　　全国中小学班额情况比较　　　　　　（单位：人）

	县（市、区）	城市	县镇	农村
最大值	45	66	66	34
最小值	17	35	24	8
极差	28	31	42	26
平均数	30	46	42	19
基尼系数	0.14	0.08	0.10	0.17

（二）入学率情况比较

从表4—28中的基尼系数可以看出，全国中小学入学率在县域间、城市间、县镇间、农村间呈现绝对均衡状态。

表4—28　　　　　　　　全国中小学入学率情况比较　　　　　（单位：%）

	最大值	最小值	极差	平均数	基尼系数
县（市、区）	100	89.88	10.12	99.76	0.01

三　教师资源

从表4—29中基尼系数可以看出，全国中小学生师比各县域间、城市间呈现绝对均衡状态，县镇间与农村间成绝对均衡状态，但城市的平均数明显高于农村平均数。

表4—29　　　　　　　　全国中小学生师比情况比较

	县（市、区）	城市	县镇	农村
最大值	17	20	18	27
最小值	6	8	5	3
极差	11	12	13	24
平均数	12	15	12	10
基尼系数	0.13	0.1	0.13	0.23

资料来源：根据《中国教育统计年鉴2011》计算得出。

（一）专任教师学历情况比较

从表4—30中基尼系数可以看出，全国中小学专任教师学历各县域间、城市间及县镇间呈现绝对均衡状态，各农村间呈比较均衡状态，从平均数上看，城市明显高于县镇和农村。

表4—30　　　　全国普通小学专任教师本科及以上学历情况比较　　　（单位：%）

	县（市、区）	城市	县镇	农村
最大值	75.56	78.57	82.38	64.10
最小值	15.45	38.16	9.62	11.46
极差	60.11	40.41	72.76	52.64
平均数	40.03	60.54	44.63	30.16
基尼系数	0.19	0.11	0.19	0.24

（二）专任教师职称情况比较

从表4—31中基尼系数可以看出，全国中小学专任教师职称各城市间呈现绝对均衡状态，各县域间、县镇间呈相对均衡状态，各农村间差距较大，从平均数上看，城市明显高于县镇和农村。

表4—31　　　　全国中小学专任教师中学高级职称情况比较

	县（市、区）	城市	县镇	农村
最大值	0.276	0.2814	0.3068	0.2571
最小值	0.0119	0.1067	0.0109	0
极差	0.2641	0.1747	0.2959	0.2571
平均数	0.1239	0.2044	0.113	0.0792
基尼系数	0.33	0.13	0.33	0.42

资料来源：根据《中国教育统计年鉴2011》计算得出。

四　天津市城乡义务教育均衡发展现状

（一）天津市义务教育均衡发展概况

天津有12个市辖区，1个副省级区，3个市辖县，共有乡镇级区划数240个。市辖区分为中心城区、环城区和远郊区。截至2011年底，天津市常住人口总量达到1354.58万人，其中户籍人口为996.44万人，外来常住人口为344.84万人。天津共有中小学1288所，其中小学956所，初中332所。城区小学236所，农村小学720所；城区初中82所，农村初中250所。根据《天津教育年鉴2011》，2010年全市小学共招生8.25万人，初中招生8.39万人。义务教育入学率继续保持100%，初中巩固率稳定在99.5%以上。

为了推进义务教育均衡发展，自1994以来，天津实施了农村中小学布局调整、规范化学校建设、农村小学建设和教学仪器设备升级等项目，中小学办学条件有了明显的提高，整体办学水平也有了很大的提高。在此基础上，2008年又对义务教育学校现代化标准的实施开展了大量工作。总的目标是"办好每一所学校，促进城乡教育一体化，重在城乡统筹，重在补齐短板，重在整体提升，加快实现高水平均衡发展，让每所学校变样,让每个学生合格"。具体的推进措施是落实《天津市义务教育学校现代化建设标准(2008—2012年)》,其中包括办学条件、教师队伍、学校管理和素质教育四个方面,多达100项评估指标;大力实施校舍加固和功能提升工程,为中小学配置现代化的教学仪器,大批购置图书,开展"未来教育家奠基工程"和"农村骨干教师培养工程",努力提升"短板",消除薄弱环节。当然,落实办法更是通过督导组专项评估验收进而推进达标建设,以促进均衡发展。截至2010年,全市城乡共有659所学校通过了验收,成为达标学校,达标率超过一半。按照规划,2012年要全面完成这项工作,实现所有义务教育学校达到天津市人民政府规定的现代化办学标准,在较高水平上实现义务教育均衡发展。天津市城乡义务教育均衡发展走在全国前列,但是城乡差距依然存在,本书旨在进一步了解天津城乡义务教育均衡发展现状,为深入推进天津义务教育均衡发展提供参考意见。

(二)天津市城乡义务教育硬性资源配置现状

以下分小学和初中两个部分,根据近五年(2006—2010年)的统计数据,从教育经费投入、办学条件和师资队伍上的均衡这三个方面入手,比较分析天津城乡义务教育硬性资源均衡配置现状。

1. 义务教育小学阶段硬性资源配置现状

(1)教育经费投入。表4—32列出了2006—2010年天津市城、乡普通小学的生均教育经费。

表4—32 普通小学生均教育经费

年份	总教育经费投入(千元)	总经费年增长率(%)	教育经费投入(千元)		生均教育经费(元)		生均经费年增长率(%)	
			城	乡	城	乡	城	乡
2006	2498429		1471669	1026760	7481.34	3207.51		
2007	3028060	21.20	1666031	1362029	8708.04	4217.29	16.40	31.48
2008	4154799	37.21	2213973	1940826	11572.21	5887.02	32.89	39.59
2009	5274254	26.94	2910923	2363331	15514.74	7390.91	34.07	25.55
2010	6485724	22.97	3614794	2870930	19600.98	8930.46	26.34	20.83
平均增长率		26.43					26.38	28.54

从表4—32中数据可以看出，"十一五"期间，天津市义务教育小学阶段的经费总投入一直在以较快速度增长，平均增长率为26.43%，其中城市小学生均经费投入的平均增长率为26.38%，农村小学生均经费投入的平均增长率为28.54%。虽然农村小学生均经费投入年增长率高于城市小学，但是天津市城、乡小学生均教育经费投入的差距依然较大。城市小学生均教育经费要比农村小学生均教育经费高出许多，2010年，城市小学的生均教育经费是农村小学的2.19倍。

学校办学条件。表4—33列出了反映天津市城、乡普通小学办学条件差异的数据。

表4—33　　　　　　　　　　普通小学办学条件

年份	班额		生均教学及辅助用房面积（平方米）		生均体育运动场（馆）面积(平方米)		生均拥有教学计算机（台）		生均图书册数（册）		生均仪器设备值（万元）	
	城	乡	城	乡	城	乡	城	乡	城	乡	城	乡
2006	35.23	31.52	3.55	4.18	4.61	13.70	0.087	0.087	14.95	17.50	0.067	0.053
2007	34.95	32.94	3.50	4.13	4.14	12.94	0.090	0.090	15.35	18.17	0.068	0.064
2008	34.60	33.88	3.48	4.05	4.13	12.35	0.097	0.090	15.70	18.65	0.080	0.063
2009	34.23	33.68	3.35	4.13	4.19	12.30	0.084	0.086	17.78	19.27	0.090	0.075
2010	33.99	34.69	3.65	4.19	4.56	12.12	0.089	0.090	20.80	21.15	0.106	0.101

从表4—33中数据可以看出，天津市城乡小学班额相差不大；农村小学的生均教学及辅助用房面积、生均体育运动场馆面积要大于城市小学；城乡小学生均计算机台数基本相等，近几年来保持稳定；城乡小学的生均图书册数和生均教学仪器设备值近几年一直在逐渐增长，农村小学的生均图书册数略高于城市，城市小学生均仪器设备值略高于农村。总体而言，近五年来，天津市城乡的普通小学办学条件差距并不明显。

（2）师资水平。表4—34列出了反映天津市城、乡普通小学的师资水平差异的数据。

表 4—34　　　　　　　　　　普通小学师资情况城乡差异

年份	生师比		生均达到规定学历教师数		生均已评职称教师数	
	城	乡	城	乡	城	乡
2006	12.183	13.447	0.064	0.053	0.081	0.073
2007	12.389	13.872	0.065	0.054	0.080	0.071
2008	12.479	14.245	0.067	0.054	0.079	0.069
2009	12.318	14.080	0.070	0.056	0.079	0.069
2010	12.355	14.358	0.073	0.057	0.078	0.068

由表 4—34 中数据可以看出，农村小学生师比较高，意味着一位农村小学老师负担的学生比城市小学的教师要多，教师工作量较大。虽然城市小学的生师比低于农村，但是城市小学生均达到规定学历教师数和生均已评职称教师数却高于农村，说明城市小学教师队伍的整体水平要优于农村小学教师。

综合以上数据，在 2006—2010 年间，天津市城乡义务教育小学阶段硬性资源配置存在较明显差异的是生均教育经费、生师比、生均达到规定学历教师数和生均已评职称教师数等指标。城乡小学的硬件设施设备差距并不明显。总的来说，近五年来，天津市城乡义务教育小学阶段硬性资源配置差距依然存在，但正在逐步缩小，趋于平衡。

2. 义务教育初中阶段硬性资源配置现状

（1）教育经费投入。表 4—35 列出了天津市城、乡普通初中的生均教育经费。

表 4—35　　　　　　　　　　普通初中生均教育经费

年份	总教育经费投入（千元）	总经费年增长率（%）	教育经费投入（千元）		生均教育经费（元）		生均经费年增长率（%）	
			城	乡	城	乡	城	乡
2006	1784070		1225450	558620	9755.84	2657.93		
2007	2263314	26.86	1455876	807438	12692.68	3916.98	30.10	47.37
2008	2841277	25.54	1768237	1073040	16351.82	5492.77	28.83	40.23

续表

年份	总教育经费投入（千元）	总经费年增长率（%）	教育经费投入（千元）		生均教育经费（元）		生均经费年增长率（%）	
			城	乡	城	乡	城	乡
2009	3872759	36.30	308711	1564048	22493.51	8482.19	37.56	54.42
2010	4988784	28.82	3092659	1896125	30930.3	10933.72	37.51	28.90
平均增长率		29.11					33.25	41.61

表4—35数据显示，近五年来，天津市义务教育初中阶段的经费总投入一直在以较快速度增长，年平均增长率为29.11%，其中城市初中生均经费投入的平均增长率为33.25%，农村初中生均经费投入的平均增长率为41.61%。农村初中生均经费增长率明显高于城市，但城、乡初中生均教育经费投入的差距较大，2010年，城市初中的生均教育经费是农村初中的2.83倍。

（2）学校办学条件。表4—36列出了反映天津市城、乡普通初中办学条件的数据。

表4—36　　　　　　　　　普通初中办学条件

年份	班额		生均教学及辅助用房面积（平方米）		生均体育运动场（馆）面积（平方米）		生均拥有教学计算机（台）		生均图书册数（册）		生均仪器设备值（万元）	
	城	乡	城	乡	城	乡	城	乡	城	乡	城	乡
2006	39.45	42.20	2.59	3.48	4.40	11.76	0.060	0.071	11.49	17.53	0.034	0.052
2007	39.32	41.43	2.81	3.68	4.44	12.09	0.072	0.079	13.20	19.26	0.069	0.065
2008	38.39	40.74	2.94	3.90	4.62	12.48	0.075	0.081	14.76	19.53	0.089	0.075
2009	38.10	39.44	2.83	4.38	5.29	13.88	0.062	0.080	16.03	21.36	0.087	0.091
2010	37.31	38.84	2.74	4.67	5.20	14.40	0.059	0.086	16.79	24.49	0.092	0.109

从表4—36中数据可以看出，近五年来，天津市城乡初中班额都有减少的趋势；农村初中的生均教学及辅助用房面积、生均体育运动场馆面积均大于城市初中；城乡初中的生均拥有计算机台数基本保持稳定；生

均图书册数和生均教学仪器设备值近几年均在逐渐增长，农村小学的生均图书册数、生均仪器设备值都高于城市。由此可见，近五年来，天津市推行的一系列扶持农村义务教育发展的措施有一定的成效。天津城乡普通初中办学条件差距正在缩小。

（3）师资水平。表4—37列出了反映天津市城、乡普通初中的师资水平的数据。

表4—37　　　　　　　　　　　普通初中师资

年份	生师比		生均达到规定学历教师数		生均已评职称教师数	
	城	乡	城	乡	城	乡
2006	12.778	12.583	0.057	0.041	0.075	0.077
2007	12.248	12.186	0.064	0.053	0.079	0.080
2008	11.269	11.692	0.073	0.062	0.086	0.084
2009	10.425	11.091	0.082	0.071	0.094	0.089
2010	10.514	10.581	0.085	0.078	0.093	0.093

表4—37数据显示，五年来，天津市城乡初中生师比都在逐渐缩小，城乡之间也没有明显差异。城乡生均达到规定学历教师数和已评职称教师数均在逐年增加，但是，城市初中生均达到规定学历教师数和已评职称教师数都高于农村，说明城市初中教师队伍要优于农村初中教师队伍。

在2006—2010年间，天津市城乡义务教育初中阶段硬性资源配置存在较明显差异的是生均教育经费、生均达到规定学历教师数这两个指标，其他方面差距并不明显。总体而言，天津市城乡义务教育初中阶段硬性资源配置的差距还是存在的，但同小学阶段一样，也正在逐步缩小，趋于平衡。

由普通小学和初中两个学段的数据可以得出，天津市城乡义务教育硬性资源配置差距依然存在，但是正在逐步缩小，说明天津市近几年来推行的一系列促进城乡义务教育均衡发展的措施取得了较为显著的成效。

以上比较分析，是基于具体数据对义务教育均衡发展中的硬性教育资源进行的。但是，在具体的教育教学过程中，除了这些硬性资源会对教育质量产生影响，学校教师队伍的素质以及学校内部管理、学校教育教学理念等软性教育资源也起到重要的作用。所以，研究义务教育的均衡发展，也应该对这些软性资源加以分析。

（三）天津市城乡义务教育软性资源配置现状

义务教育的均衡发展关乎教育公平，关乎教育质量，关乎千家万户的切身利益，是当前及今后一个时期内义务教育发展的根本目标。[①] 经费投入、学校设施、教师数量等硬性教育资源的均衡，是义务教育均衡发展的初级阶段。而实现教师队伍素质、学校内部管理等软性教育资源的均衡，才能使义务教育均衡发展迈上一个新的台阶，实现高位均衡。[②]

在研究软性教育资源配置现状时，使用问卷法。调查对象为天津市城乡小学、初中教师。问卷由四个维度组成，分别是教师教学观、教学能力、情感和学校环境。在设计形式上，各题均采用封闭式并设计成里克特五点量表。在进行问卷试测、修订问卷后开始正式调查。调查采用随机分层抽样的方法，在 2013 年 3—6 月间，共在天津市城乡 12 所学校中发放教师问卷 435 份，在剔除 15 份无效教师问卷后，共获得 420 份有效教师问卷（小学教师问卷 220 份、初中教师问卷 200 份），有效率为 96.55%。将问卷数据通过 SPSS17.0 版本统计软件处理，采用独立样本 t 检验在 0.05 的显著性水平上进行城乡数据差异检验。下面分小学和初中两个部分，根据问卷统计结果对天津市城乡义务教育软性资源差异状况进行分析。

1. 小学

（1）教师教学观。教师教学观，包括教师对教学任务、学生学习能力和方法的培养、学生品德发展等的认识。

结果显示，天津城乡小学教师教学观差异显著（$t = 5.420$，$p = 0.000 < 0.05$），城市教师教学观优于农村教师。城市教师比较关注或很关注学生个性发展的占 63.01%，农村教师 52.06%；比较注重或很注重学生学习的过

① 王定华：《关于我国义务教育均衡发展之审视》，《中国教育学刊》2010 年第 4 期。

② 陈瑞昌、张策华、赵建春：《江苏无锡创建义务教育高位均衡发展示范区纪实》，2009 年 11 月 7 日（http://www.jyb.cn/basc/xw/200911/t20091117_324027.html）。

程和对学生学习方法指导的城市教师占 88.62%，农村教师占 84.53%；比较重视或很重视自身对学生品德影响的城市教师占 94.31%，农村教师占 91.75%。

（2）教师教学能力。教师教学能力，包括教材掌握程度、教学方法的应用、课堂管理和师生交往能力、教学反思能力和教学能力自我评价。

结果显示，城乡小学教师教学能力差异显著（t = 6.749，p = 0.000 < 0.05），城市教师教学能力显著强于农村教师。具体来说，城市教师在教学过程中运用新教学方法的频率比较高或很高的占 91.06%，农村教师 78.35%；城市教师对教材掌握程度比较高或很高的占 88.62%，农村教师占 81.44%；城市教师比较擅长或很擅长课堂管理和师生交往的占 87.13%，农村教师占 80.41%；城市教师对自身教学能力比较满意或很满意的占 81.63%，农村教师占 75.49%。

（3）教师情感。教师情感包括教师满意度、职业自豪感和教师压力，教师满意度具体包括对工资水平、职称评定办法、学校管理、学生素质、与家长交流状况和对教师职业总体六个方面。

结果显示，城乡小学教师满意度差距显著（t = 5.455，p = 0.000 < 0.05），城市教师对从事教师这一职业更加满意。具体而言，城市教师对所在学校的管理工作和与家长的交流状况更加满意，其中，城市教师对其比较满意及以上的占 79.27%，农村教师占 64.43%；城市教师比农村教师更认可目前的职称评定办法，其中，城市教师认为现有教师职称评定比较合理及以上的占 50.41%，农村教师占 22.68%；工资方面，城乡小学教师总体上对其基本满意，其中，城市教师对其比较满意及以上的占 24.39%，农村教师占 36.08%。城乡小学教师职业自豪感差异不显著（t = 1.806，p = 0.072 > 0.05），城乡教师都为从事教师职业感到自豪。这样的职业自豪感使天津市广大教师对投身教育事业保持较高的热情，并且有更持久的内在动力。

小学教师压力数据统计结果如图 4—3 所示。

图 4—3 显示，城乡小学教师都承受较大的压力。农村教师感到压力较大及以上的超过 75%。城市教师感到压力很大的占到了 32.52%，是农村教师的 5 倍。

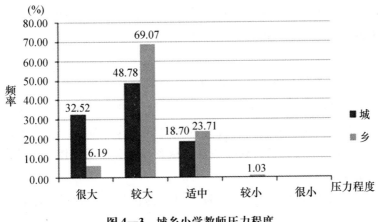

图4—3 城乡小学教师压力程度

通过上述维度的分析，可以得出以下结论：一方面，城市小学教师职业情感体验更为积极；另一方面，对教师情感的具体分析，从侧面反映出农村教师职称评定制度有较大改进的空间，城市教师的工作和生活压力应引起注意，同时城乡小学教师的工资水平有待提高。

（4）学校环境。学校环境包括学校对教师专业发展的支持（学校给教师提供的科研环境、培训机会和职业发展空间等）和教师对自身专业发展及学校支持的认识和态度，后者是为了便于与学校提供的客观环境统一起来进行分析，将其归入到本维度内。

结果显示，城乡小学给教师提供的支持差异显著（t = 4.154，p = 0.000 < 0.05）。

具体来说，对于科研，城市小学教师参与科研的频率比较高或很高的占 87.80%，农村教师占 64.95%，同时，城市教师更赞同参与科研（t = 3.176，p = 0.002 < 0.05），比农村教师更加认同科研对提高教学能力的作用（t = 4.409，p = 0.000 < 0.05）。

对于学历培训，城市小学更加支持教师的学历进修，城市教师认为所在学校提供学历进修的支持程度较高或很高的占 85.37%，农村教师该比例占 75.73%，同时，城市教师对学历培训对提高教学能力的认可程度显著高于农村教师（t = 3.650，p = 0.000 < 0.05），城市教师进修的意向也高于农村教师（t = 2.343，p = 0.020 < 0.05）。

对于非学历培训，城市小学给教师提供更多的培训机会，城市教师参加非学历培训频率较高或很高的占 71.54%，农村教师占 53.61%，并且城市教师对参与培训的赞同程度高于农村教师（t=2.052，p=0.041<0.05）。

对于城乡教师交流，城市教师更认可其对缩小城乡校际间差距的作用（t=2.571，p=0.011<0.05），但是农村教师参加城乡教师交流的频率较高或很高的占 55.67%，并且认为作用一般，而城市教师该比例为33.33%，也就是说，农村教师是参加城乡教师交流的主体，但其对城乡交流作用评价更低。

此外，城市教师认为所在学校给自己提供的职业发展空间较大或很大的占 69.11%，农村教师占 63.92%，城市教师更加经常考虑自己的专业发展（t=2.731，p=0.007<0.05），城市教师考虑自身专业发展的频率较高或很高的占 67.48%，农村教师占 60.82%。上述分析表明，城市小学教师专业发展的意识更强、态度更积极，同时城市小学为教师专业发展提供了更有力的支持，而农村小学与之有一定差距。城乡小学非学历培训、城乡教师交流还需进一步落实。

综上，天津城市小学教师的教学观念和能力要优于农村教师，而且城市小学给教师发展提供的客观环境也更好。此次调查反映的问题主要是，现有的农村小学教师职称评定制度有待改进和落实，城市教师工作和生活压力较大，此外，城乡小学教师工资水平均有待提高，城乡小学的非学历培训效果均有待改善，城乡教师交流制度有待完善落实等。

2. 初中

（1）教师教学观。天津城乡初中教师的教学观差异显著（t=4.011，p=0.000<0.05），城市教师教学观优于农村教师。城市教师比较关注或很关注学生个性发展的占 51.53%，农村教师占 43.63%；比较注重或很注重学生学习的过程和对学生学习方法指导的城市教师占 82.65%，农村教师占 61.76%；比较重视或很重视自身对学生品德影响的城市教师占93.88%，农村教师占 81.37%。

（2）教师教学能力。城乡初中教师教学能力差异显著（t=4.090，p=0.000<0.05），城市教师教学能力强于农村教师。城市教师在教学过程中运用新教学方法的频率比较高或很高的占 88.78%，农村教师占

68.63%；城市教师对教材掌握程度比较高或很高的占87.76%，农村教师占78.43%；城市教师比较擅长或很擅长课堂管理和师生交往的占80.61%，农村教师占69.12%；城市教师对自身教学能力比较满意或很满意的占82.93%，农村教师占75.49%。

（3）教师情感。城乡初中教师职业情感体验差异显著（t=3.575，p=0.000<0.05）。城市教师对所在学校管理工作和与家长的交流状况比较满意及以上的占64.80%，农村教师占52.45%；城市教师认为现有教师职称评定比较合理及以上的占20.41%，农村教师占16.67%；城市教师对其工资水平比较满意及以上的占14.29%，农村教师占22.55%。

城乡初中教师的职业自豪感差异显著（t=2.804，p=0.006<0.05），城市教师的职业自豪感比农村教师更强。

初中教师压力数据统计结果如图4—4所示。

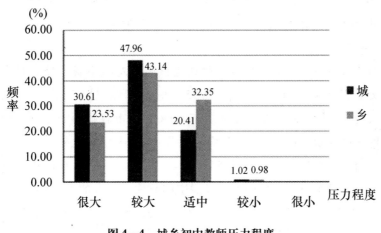

图4—4　城乡初中教师压力程度

图4—4显示，城乡初中教师都承受较大的压力，其中，城市教师感到压力较大及以上的占78.57%，农村教师感到压力较大及很大的占66.67%。

简言之，城市初中教师职业情感体验更为积极。但是，城乡教师的情感体验反映出现有的城乡初中教师职称评定和薪酬管理制度有所欠缺，城乡教师的压力较大。

（4）学校环境。城乡初中给教师发展提供的客观环境差异显著（t=

4. 705，p = 0. 000 < 0. 05）。

具体来说，对于科研，城市初中能给教师提供更多的科研支持，城市初中教师参与科研的频率比较高或很高的占 80.61%，农村教师占53.92%；同时，城市教师更赞同参与科研（t = 2.581，p = 0.011 < 0.05），比农村教师更加认同科研对提高教学能力的作用（t = 2.827，p = 0.005 < 0.05）。

对于学历培训，城市初中更加支持教师的学历进修，城市教师认为所在学校提供学历进修的支持程度较高或很高的占 86.73%，农村教师占61.76%；同时，城市教师对学历培训能提高教学能力的认可程度显著高于农村教师（t = 2.609，p = 0.010 < 0.05），但城乡初中教师学历培训意向无显著差异（t = - 0.091，p = 0.927 > 0.05）。

对于非学历培训，城市初中给教师提供更多的培训机会，城市教师参加非学历培训频率较高或很高的占 65.31%，农村教师占 48.04%；城乡教师对非学历培训效果评价无显著差异（t = 1.932，p = 0.55 > 0.05），但城市教师对培训效果比较满意及以上的占 42.86%，农村教师占 30.39%。

对于城乡教师交流，城乡教师认为该政策对缩小城乡校际间差距的作用无显著差异（t = 2.581，p = 0.75 > 0.05），城市教师认为其作用较大或很大的占 52.04%，农村教师占 37.25%，城市教师参加城乡教师交流的频率较高或很高占 45.92%，农村教师占 27.45%；此外，城市教师更加关注自己的专业发展（t = 3.538，p = 0.001 < 0.05），同时，城市教师认为所在学校给自己提供的职业发展空间较大或很大的占 56.12%，农村教师占 31.37%。上述分析表明，总体上天津城市初中给教师提供的环境要优于农村，而农村初中在这些方面有较大提升空间。此外，城乡初中教师对非学历培训的效果评价均不高；城乡初中教师参与城乡教师交流的次数较少，并且作用认同度不高，这说明城乡初中教师交流制度有待进一步完善。

综上，城市初中教师的观念和能力优于农村教师，而且城市初中给教师提供的客观环境也更好。此次调查反映的城乡初中共同存在的问题主要是，现有的城乡初中教师职称评定制度、薪酬管理制度、城乡交流制度和教师培训工作都有待改进。

第五节　我国义务教育发展不均衡的主要表现

一　区域间发展不平衡

我国国土面积辽阔，人口数量庞大。自古以来，各地区之间就在经济、政治和文化方面发展极为不平衡，特别是改革开放以后，地域性的经济发展差距越来越大，因此也导致了义务教育发展的区域失衡。

（一）区域划分不合理拉大省际差异

从"七五"以来，我国各省份根据经济发展的水平重新进行了区域的划分。大体上分为东部的12省市、中部的9省市和西部的10省（区、市）。2000年西部大开发项目的推进，使得西部地区的省份得以最终确定。我国东西部两大经济地区确定为，东部：北京、天津、河北、辽宁、上海、江苏、浙江、福建、山东、广东、海南11个省市；西部：广西、内蒙古、重庆、四川、贵州、云南、西藏、陕西、甘肃、宁夏、青海、新疆12个省（区、市）。如果不真正地考虑各省（区、市）经济发展的水平，而只根据东、西部地区的划分作为义务教育经费在各级政府间分担的判定标准，就会做出不合实际的教育经费承担的相关决策，可能导致发达省份没有承担地方政府所应承担的教育责任，而欠发达和不发达省份承担了过重的经费负担，加剧义务教育发展的不平衡现象。[①] 那么是否应该按照义务教育发展情况来划分东西部地区，以期省（区、市）间的最优组合。

（二）西部义务教育经费不足，分配不合理

从区域差异的教育经费投入看，东部地区生均教育支出经费比西部地区更加充足，小学平均是西部的2倍多，初中也将近2倍；东部地区生均公用经费支出比西部地区充足，小学和初中是西部地区的近1.5倍。较之以往，学生生均拨款东、西部地区之比均有所扩大。西部地区生均拨款略低于东部地区。西部很多地区都是民族、山区、贫困集于一身的省

---

① 夏雪：《地区经济分类下义务教育经费分析》，《教育发展研究》2012年第13期。

份，地方经济较弱，自然投给义务教育的经费比重也相应减少，出现低于全国平均水平的生均公用经费指标和生均教育事业经费的情况。比如云南省在 2007—2009 年，虽然预算内教育拨款分别比上一年增长了 20.11%、28.77% 和 33.75%，初中生均预算内公用经费达到 995.32 元，小学生均预算内公用经费达到 584.91 元，但仍低于全国大部分省市的平均水平。

从教育经费的分配结构看，东部地区教职工平均工资福利支出与西部差距相对较小，教职工基本工资差距不大，但是奖金和社会保障与西部地区差距最大，东部地区是西部地区的 4 倍左右；生均教学及辅助用房面积无论是小学比还是初中比，都超过了 1.3 倍；生均体育运动场面积东部地区是西部地区的 1.5 倍多；生均仪器设备值东西部之比为 2.22，较之 2006 年 2∶1 有所扩大，但东西部差距进一步扩大；西部信息化经费投入偏低，东部是西部的 3 倍多，差异最大；东部地区生均拥有的计算机台数和图书东部地区最多；东部地区教职工数量比西部更充足，东部地区每个教职工平均比西部少教 5—6 个学生；东部地区教师学历水平明显高于西部，初中表现更为突出。[①]

教育经费对物力资源的分配上，西部物力资源方面达不到全国义务教育均衡发展水平。西部地区经济发展落后，教育资源匮乏，校舍的条件差。如 2010 年云南省存在安全隐患的校舍面积多达 3442.6 万平方米，占全省中小学总校舍面积的 68%，另外，还有 1770 所中小学经常受到地质灾害的影响，校舍安全问题岌岌可危。[②] 与此同时，随着生源的不断增加和普及九年义务教育工作的不断推进，教学仪器、图书、信息技术教育设备等的教育资源匮乏问题凸显。再如，差距最大的是生均信息化经费投入，西部地区最高组县为 331.6 元，然而东部最低组县经费为 161.84 元，差距显而易见，学生获得信息的途径少之又少，并且图书数量有限。

① 中央教育科学研究中心：《义务教育均衡发展报告·2010》，教育科学出版社 2010 年版，第 12 页。
② 李慧勤、刘虹：《县域间义务教育均衡发展的影响因素及对策思考》，《教育研究》2012 年第 6 期。

表4—38　　　　　2010年东西部地区义务教育发展水平差异研究

		小学指标值		小学倍率	初中指标值		初中倍率
		东部	西部	东西比	东部	西部	东西比
教育经费	生均教育事业经费	4955	2469	2.01	5286	2998	1.76
	生均公用经费	872	539	1.62	1000	736	1.36
教育资源	生均教学及辅助用房面积	5.16	3.88	1.33	6.42	4.42	1.45
	生均体育运动场面积	8.14	7.34	1.11	9.32	5.91	1.58
	生均仪器设备值	852.34	383.99	2.22	946.95	531.45	1.78
	生均信息化经费投入	356.02	110.96	3.21	408.99	123.69	3.31
	生均图书	19.45	13.36	1.46	25.58	15.6	1.64
	教师奖金及社会保障	12281	3273	3.75	11566	3372	3.43
	师生比	14.01	20.03	0.7	10.72	56.2	0.19
	学历合格比例	86.2	67.13	1.28	62.26	47.08	1.32

（三）西部教师质量不高，易流失

西部的教育投入培养了大量的人力资本，却无法获得这些人力资本创造的收益，蒙受了巨大的损失。很多人力资源最终都涌进了东部地区，继续深造抑或创造财富。并且西部地区很多省（区、市）都是欠发达地区，它们的基础教育落后，导致人力资本的平均质量不高。人力资源方面欠缺最显著的是教师。西部很多地区都是贫困边疆地区，对人才的吸引力有限，引进人才、留住人才都存在难度，降低了教师的整体素质。例如西部地区最高组县的教师合格比例为81%，低于东部地区15个百分点，直接影响到教学质量。并且西部地区教师的工资福利和社会保障极低，如初中教师社会保障最高组县与最低组县倍率为67.15%，而东部地区仅为4.2%。教师学历需要严把关，需要定期培训增强教师的教学能力，同时教师的工资福利和社会保障需要得到合理保护。

（四）西部地区教育质量低

义务教育均衡发展的很多指标都是数据显示，例如办学条件的硬件设备数量等，均衡发展的表现往往是校舍建设投入了多少万元，多少学校达到了示范性学校的标准，而很少谈及教育质量怎样得到了提升，更不会测量学生义务教育阶段全面发展的水平。经济发达地区会投入大量的资金将县城以下的学校条件改善，但是在注重学生全面发展方面的进展比较缓慢，一味地重视完成当地政府的政绩而追求办学条件并不是最终目的，为的是学生在基础阶段能够全面均衡地发展。

（五）西部地区辍学问题严重

随着普及九年义务教育工作的不断推进和国家财政投入力度不断加大，近年来中小学入学率持续提升，中国基础教育迎来了新的发展阶段。但初中的高辍学率一直困扰着西部地区。2005 年，全国教育科学"十五"规划国家重点课题"转型期中国重大教育政策案例研究"对西部 17 所农村初中展开调查，得出了辍学率多达四成的结论。这说明了义务教育培养的人力资源没能掌握基本的生活和劳动技能，而这也必将成为制约中国经济发展的巨大障碍。[①] 究其原因，一是贫困，小学上完就工作，反映在初中毕业生升学率上的低下。如西藏地区，小学升学率还比较高为93.5%，而初中就降为 46.3%，这么大的降幅，人为原因则是辍学。二是学业成就较低，这与西部地区落后的教育发展水平是无法分开的。并且辍学率上存在性别差异，女孩要明显高于男孩。[②] 毋庸置疑，教育质量的提高能够有效地缓解辍学问题，但是西部欠发达地区本身在教育质量、师资力量和教学设备等方面都比较缺乏，所以有必要提高西部贫困地区义务教育经费投入，从而提高教学质量，降低辍学率。

二 城乡之间发展不平衡

（一）农村办学经费投入不足

办学经费短缺的问题一直困扰着我国农村义务教育的发展。从长远来看，在建立农村义务教育保障机制和农业税取消后，这种情况将从整体上得到提高，但彻底改观无疑需要一个相当长的过程。在新制度下，即使中央政府和省级政府增加财政转移支付的力度，但也很难在短时间内平衡资金的供给与需求之间的巨大差距，因此，资金的供给和需求之间的矛盾仍将长期存在。旧制度的废除以及新制度的建立和完善无一不

---

① 蓝方:《西部贫困学生辍学潮》,《西部时报》2012 年 7 月 3 日第 3 版。

② 高梦滔、和云:《教育质量与西部农村孩子辍学率：云南省的经验证据》,《中国人口科学》2007 年第 4 期。

需要一定的时间和过程，因此在目前的过渡时期，很可能导致农村义务教育滑坡。转型期的农村中小学公用经费短缺仍然是很难改变的，甚至有些地方可能进一步加剧该问题。由此可见，在后农业税时代，资金短缺仍然是突出的问题和矛盾，将会制约中国农村义务教育的发展。

（二）农村教育机会起点低

城乡失衡的教育机会存在于各级各类教育中，农村学前教育入学率和高中教育普及率都明显落后于城市地区，义务教育虽然提倡全民教育，但农村幼儿园和高中的教育质量问题，妨害了教育机会公平，从而影响高等教育入学机会均等。

当前最棘手的教育机会不平等问题是对流动人口的教育权利的保护问题。随着农村剩余劳动力向城市转移，城市化的进程进一步加快，国家颁布的"两为主"政策，即以输入地区政府管理为主，以全日制公办中小学为主。但实施过程中又无法逾越传统的户籍管理制度的鸿沟：教育经费分配与户籍捆绑，使政府投入不足，无法满足流动人口子女教育经费的需求；地方教育以户籍人口水平为标准，政府的投入缺乏动力来解决流动人口子女的教育，输入地区政府缺乏解决问题的物质基础和主观愿望。因此，地方政府很难接受外来务工人员的子女，所以无法真正保障随迁子女的上学机会平等。

反过来，择校问题也影响着城乡义务教育均衡发展。首先，学校之间的差距越来越大。生源的差距会拉大学校间的差距；县城重点中小学校的管理负担越来越重。每个班级都存在着严重超编的情况，造成师资力量的严重不足，教室数量严重不够用，给学校带来了很大的管理困难。其次，对学生产生不良影响。心理上，农村学生来到新的环境多不适应，很容易产生自卑感。这种自卑感和焦虑的情绪使学生很容易孤独和焦虑。身体上，由于送到县城读书，离家比较远的家庭比例高达61.2%，使得相当一部分学生，午饭只能在附近的小餐馆、小饭桌吃饭，食品的安全性很难得到保障。并且睡眠较少，因为择校的学生离家比较远，早晨都是5点多起床。很多择校学生中午又没有睡觉的地方，再加上晚上的作业又是很多，一般要到11点才睡觉，睡眠时间不到6个小时，严重低于国家对中小学生所规定的标准。再次，对于家庭来说，面对高昂的择校费和陪读费，无疑是增加了家庭的经济负担。①

（三）农村办学条件现代化水平低

由于各地的经济差异，对教学设备的投入也是有所差别的，还有各地政府对教育的重视程度，特别是对乡村教育的重视程度也有差别。② 要解决教学设备的问题就要先解决政府对城乡教学设备的投入差异，要均衡对待，不应因城乡而产生差异，不能因为是农村而对此有所偏见，我们反而应该因为是农村而更加重视其发展，农村的经济发展较落后，政府更应该拿出更多的资金来帮助乡村教育。政府对城乡教育差异起着重要的作用，政府是否重视乡村的教育问题成了核心内容。③ 要做到人人平等，不应因其生长在农村而受到人们的不公平待遇，以及歧视。农村更应该培养出有用的人才去建设农村，使其发展，所以教学设备的影响是关键问题，教学设备好了，学生就可以不受因缺这缺那而影响学习的心情，从而能够更加努力地学习。城市学校的教育资源，如学校的操场、图书馆、健身房都是现代化的建筑设施，但农村学校却相去甚远。有的农村学校甚至由于教具不齐全，上课仅限于抽象说教，无法有效开展教学活动。农村学校的操场根本不具备学生锻炼的条件，使得农村学生在身体素质和文化素质水平上都缺乏培育的土壤。现在全国各省市都在开展农村学校改造活动，投入了大量资金为农村学校采购教学仪器设备、建设新操场、改建教学楼等，促进了农村教学水平和教育质量的提高。但城乡的教育差距并不只是靠教学资源的完善就可以缩小的，还有一个很重要的问题——师资。

（四）农村教师量少质低

首先，农村优秀的师资匮乏，教师结构不合理。（1）不同年级教师结构有差异。总的来讲，部分年级教师人数不足。由于引进教师将会耗费大量财力，而为了满足教育的需要，学校常常从其他年级重新调配教师。（2）不同学科教师结构不合理。农村中小学教师专业化程度不高，

① 徐家军：《农村中小学择校问题研究——以山东高唐为例》，硕士学位论文，山东师范大学，2012年，第20—22页。

② 鲍传友：《中国城乡义务教育差距的政策审视》，《北京师范大学学报》（社会科学版）2005年第3期。

③ 罗天颖：《农民工学龄子女义务教育现状及分析》，《社会科学家》2009年第1期。

经常一人教授多门学科，文理兼授，主副兼授，而学校管理者对于师资队伍建设的观念也存在着误区。仅仅针对语文、数学和英语的主科教师队伍做适当的完善，像美术、音乐、体育等科目多采取聘用兼职的方式，不利于学科教育教学工作的开展，从根本上忽视了学生的全面素质发展。（3）不同年龄教师结构不合理。农村教师年龄老化严重，中青年骨干教师资源缺乏，没有师资队伍的阶梯性，不利于学校教育教学工作持续、稳定地开展。

其次，师资培训不足。由于专项资金的缺乏，教师教育和培训机会很少，许多教师的教育教学观念，严重制约着农村学校新一轮教学改革的实施。①

再次，教师的福利待遇无法保障。尤其是民办教师由于编制的限制，他们的工资、住房、福利待遇等常常没能得到按时的发放和保障。又由于农村条件较差，无法吸引教师留在农村，倒使教育资源被浪费，少年儿童接受知识的领域变得越来越狭窄。②

最后，县城学校大班额现象严重。随着人民生活水平的提高，农村对优质教育的追求，学生择校现象增多，造成县城学校办学压力过大，尤其是教师任务量大，严重影响了教育质量的提高。

（五）农村教育质量低，辍学率高

虽然农村的义务教育在国家的倡导下得到大面积普及，但是从前面的分析看，城乡义务教育经费投入、受教育机会以及教育资源配置方面都呈现不均衡发展状态，因此，农村教育质量没有得到普遍提高。尤其是西部农村小学二年级教学质量相对较差，对比教学大纲的基本要求，很多教学任务都没有完成。五年级的教学质量和市、县的学校相比，也有一个很大的差距，农村学生的语言基础知识较差，主要表现在单词的发音、音节、单词的记忆、理解、应用等方面没有达到教学的基本要求；农村学生运用数学知识解决问题普遍存在困难，主要是学生对数学概念的理解不准确；不能运用数学知识解决生活中的实际问题。另外，西部

---

① 谈松华：《农村教育：现状、困难与对策》，《北京大学教育评论》2003 年第 1 期。

② 庞丽娟：《我国农村义务教育教师队伍建设：问题及破解》，《教育研究》2006 年第 9 期。

地区农村中小学的辍学率高，毕业率低。①

（六）城乡教育一体化问题

我国城乡二元分立有着长久的政治和经济背景，但是随着社会的进步，城乡之间的不平衡必然是不适应现代化发展的需要，因此我国正在进入由城乡二元向城乡一体发展的新阶段。城乡教育一体化是既有城市教育又有农村教育，不是取代农村教育，而事实上我们正面临着农村教育的极速衰败以及农村教育的"过度城镇化"②。我国农村教育现状面临着学生生源和优秀教师的流失，并且农村学生考上一流大学的机会减少。③ 这些都表明农村教育正在衰败，城乡义务教育一体化不等于乡村的城镇化，也不是要消灭乡村教育。这一点可从《国家中长期教育改革和发展规划纲要（2010—2020 年)》的表述中看出，即"建立城乡一体化义务教育发展机制，在财政拨款、学校建设、教师配置等方面向农村倾斜"。我国属于后发展国家，正经历着城市化的进程，而发达国家在经历了城市化之后又向郊区扩展，所以我们要吸取经验，平衡城市与农村教育，少走冤枉路，切不可忽视"农村教育"的弱势地位与战略价值，更不能误解城乡一体化这一命题，随意剥夺农村教育的权利。

（七）农民工子女义务教育问题

我国城乡二元结构是别国不曾面临的特殊问题，随着经济的发展，农村务工人员流入城市，其子女上学问题也逐渐浮出水面。城市农民工子女义务教育问题是一个涉及法律、伦理、政策以及教育的综合性问题。④ 城市农民工子女存在种种教育不公平现象，在沿海城市打工人员的子女中，有超过四成的孩子到学龄期没有条件入学，很多孩子到了 10 岁左右才得以入学，而十二三岁又辍学进入社会打工，不能接受完整的基础教育。⑤ 这与城市适龄儿童义务教育情况有着鲜明的对比，教育机会极

---

① 王嘉毅、李颖：《西部地区农村学校义务教育教学质量研究》，《教育研究》2008 年第 2 期。

② 邬志辉：《城乡教育一体化：问题形态与制度突破》，《教育研究》2012 年第 8 期。

③ 邬志辉：《当前我国城乡义务教育一体化发展的核心问题探讨》，《教育发展研究》2012 年第 17 期。

④ 陈小华：《多维视角下的城市农民工子女义务教育问题研究述评》，《教育发展研究》2010 年第 23 期。

⑤ 雄弱愚、董结琴：《中国农民工问题调查报告》，《中国国情国力》2002 年第 12 期。

为不公，受到人们道义上的谴责。国家政策上于 1998 年、2001 年、2003 年出台了《流动儿童就学暂行办法》《国务院关于基础教育改革和发展的决定》《关于进一步做好进城就业务工农民子女义务教育工作的意见》，最终形成了保证农民工子女在流入地公办学校接受义务教育的"两为主"政策。虽然国家政策重视农民工子女的受教育情况，但是实施起来还需要相当长的过程。首先，执行中的阻碍在于利益的权衡，地方政府认为解决城市农民工子女义务教育会对当地财政、教育质量、治安和卫生等带来额外负担。如果城市农民工子女义务教育政策不能很好地适应群体的利益需求，容易造成阻塞，削弱政策实施的力度和效果。其次，对城市农民工子女义务教育问题，地方财政投资政策的实施也是一大障碍。中国学龄儿童接受义务教育按照地方分级负责管理的方式，根据学生分配教育经费。这种方式决定了农民工子女义务教育属于国民教育投资的盲区，由于中央和省级政府义务教育经费预算，只有"户籍人口"这一投入的参照标准，更多外地流入的农民工子女并不能得到政府在义务教育资金上的支持。[①] 资金上投入不足，政府间职能界限模糊、财力事权不匹配，缺乏专门的农民工子女义务教育资金预算科目等都是亟须解决的问题。最后，农村子女教育背景很难融入城市文化环境。由于农村子女学习基础较差，普遍存在对教学环境、教材、课程进度及教学方法的适应性问题[②]，随之产生学生厌学、人际关系差、焦虑等对城市的适应问题，倘若城市农民工子女难以融入城市就会对社会产生不满甚至敌视态度，进而可能导致犯罪率上升等问题，对社会和谐与稳定构成威胁。农民工子女义务教育问题本身的复杂性决定了我国要为之做好长期战斗的准备。

（八）城乡义务教育发展不均衡的原因

以天津市为例进行具体分析。

1. 城乡发展水平不均衡是义务教育不均衡的基础原因

近年来，天津市一直致力于统筹城乡发展和建设社会主义新农村的

---

① 孙玥：《公共财政视角下农民工子女义务教育问题及原因分析》，《职业时空》2008 年第 6 期。

② 赵晔琴：《城市农民工子女就学困难的思考——以上海市为例》，《社会》2002 年第 9 期。

工作，但由于种种原因，城乡发展水平尚存在较大差距。城乡发展水平的不均衡在教育上表现为：城乡居民对于教育的重视程度和内在要求存在差异，在教育消费的理念、水平和层次上都有较大差距。多数城市居民的收入与受教育程度较高、观念更新较快、对教育之于人的发展的意义更加认可有关，因此，对子女受教育水平的期望值高，教育投入多。相对而言，农村居民由于受教育水平和家庭经济条件的限制，对子女的教育投入较少。并且，随着大学生就业难问题的日益突出，不少农村学生的家长对于子女上学的意义和价值感到迷茫。所以，城乡居民教育观念方面的差异，是影响城乡义务教育发展不均衡的一个重要因素。

2. 教师资源配置不均衡是义务教育不均衡的直接原因

（1）城乡教师结构失衡。从城乡教师的教龄结构上看，城市教师队伍整体偏年轻化，新入职教师较多。例如，教龄为8—22年的教师所占比例较高，达60.0%。而农村学校教龄在32年及以上的教师比例占12.6%以上，远高于城市教师（见表4—39）。

表4—39　　　　　　天津市城乡教师教龄分布情况　　　（单位：人、%）

	教龄	1—3年	4—7年	8—22年	23—31年	32年以上	合计
城市	教师数	40	14	132	28	6	220
	百分比	18.2	6.4	60.0	12.7	2.7	100
乡村	教师数	19	22	92	40	25	198
	百分比	9.6	11.1	46.5	20.2	12.6	100

农村学校教龄较长的教师不但人数较多，而且教学观念也比较陈旧，知识更新的速度较慢，加之教师培训没有落到实处，导致其教学观念相对城市教师比较滞后。

从城乡教师学历结构上看，不论是小学阶段还是初中阶段，城市教师队伍学历水平整体较高，尤其是在具有硕士学历教师的数量方面，城市学校显著高于农村学校。学历的高低，从一个侧面反映了教师学习能力、科研能力的高低。城乡教师学历结构的不同，也是导致城乡教师队伍水平失衡的原因之一。

（2）优质教师资源单向流向城市。受城乡经济发展水平不均衡的影响，城乡在居住、社保、教育、医疗、就业等方面都存在很大差距。从教师的角度看，市内居住环境和生活环境要比农村优越；市内学校的薪酬待遇和各种福利条件也比农村学校好；在市内学校任教，会有更多的职业发展机会和更大的职业发展空间，职业培训的种类和形式很多，更容易在教育、教学和科研方面有所建树；市内的环境还能为城市教师的适龄子女提供更优良的受教育条件。因此，广大教师在选择任职学校时会优先考虑市内学校。同时，市内学校的教师招聘标准也呈"水涨船高"之势，这样，城乡之间似乎横着个无形的"筛子"，将有能力、有才华的优秀教师都留在了市内学校；而那些能力相对较弱的教师被挤到了农村学校。当农村教师成长到了一定程度，即达到优秀教师标准的时候，又会想方设法涌进市内。由于这种优质教师单向流动的局面难以扭转，导致城乡师资队伍的质量差距很难缩小。而教师质量又是学校软性资源的重要组成部分，所以，城乡学校在整体办学质量上难以达到均衡。

（3）城乡教师交流和教师培训流于形式。近年来，天津市的城乡学校之间也开展了一些教师交流活动，旨在促进城乡教师在教学观念、教学方法、教学经验等方面的交流和学习。但是通过问卷调查与访谈，我们发现，多数城乡教师交流项目流于形式，没有实现该项制度设计的初衷。其交流形式大多停留在对对方学校参观的阶段，未能就教学观念和教学方法深入交流；教师培训缺乏针对性和实效性，对身处教学一线的教师并无多少实际帮助。因此，既没有相对优质的教师队伍，又不能通过城乡教师交流与教师培训方式切实提高教师整体能力的农村学校，目前尚无法改善教师资源处于劣势的局面。

3. 二元结构的教育制度是义务教育不均衡的根本原因

长期以来，我国实行的是一种城乡二元结构的教育制度。城市中心的教育价值取向使城乡义务教育在教育经费、办学水平、师资水平等方面的差距日益扩大。另外，城乡重点校与普通校之间的资源配置失衡，大量的经费、优质教学设备、优秀教师以及"精英"学生等资源源源不断地流入重点学校，而普通校既得不到政府的重视，也得不到学生、家长和优秀教师的青睐，致使重点校和普通校的教育水平差距越来越大。天津市的义务教育虽然已经处于由基本均衡向高位均衡的过渡阶段，却也未能完全摆脱这种二元结构教育制度的影响。

这种二元结构的教育制度，实质上是将经济建设中"效益优先"的价值取向直接嫁接于义务教育之上，使各级政府将本来就很有限的人力、财力、物力都用在城市学校尤其是城市重点学校上，其结果是城乡间乃至校际间的差距越来越大。

针对"择校"问题，天津市于2012年底颁布了《天津市实施〈中华人民共和国义务教育法〉办法》（以下简称《办法》），明确规定不得设置或变相设置重点学校和非重点学校。尽管如此，由于《办法》实施的时间较短（自2013年1月1日起实施），加之种种历史的、客观的原因，该《办法》还没有真正发挥作用。在学生、家长甚至广大教师眼中，依然存在着重点校和非重点校的区别，学生及新入职教师在选择学校时，依然会优先考虑那些重点学校。

学生和教师都是影响学校办学水平的核心资源，普通学校失去了核心资源上的优势，就算修建再好的校舍、拥有再现代化的教学设备，仍是无济于事。从学校的分布上看，重点校又多集中在市内，从而大量的经费、优质教学设备、优秀教师以及"精英"学生也多集中于市内学校，使得市内学校的教学水平步步攀升；而农村学校一直难以缩小与城市学校的距离。

三 校际发展不平衡

（一）重点与普通学校所获教育经费差距巨大

2005年河北省教育科学研究院对石家庄小学、初中教育经费的调查显示，石家庄生均预算内事业费前五名学校竟是后五名学校的2.53倍，公用经费也高达2.42倍。[①] 这充分说明了，重点学校和普通学校在教育经费上有着巨大差距。越是好学校就越能得到更多的经费支持，而那些真正缺乏资源，发展落后的普通学校，往往得不到更多的教育经费，使培养出来的学生差距日益加大，形成恶性循环的现象。

（二）校际间教育机会不公

教育机会具有数量与质量的双重属性。教育供给的产品是教育机会，教育机会是指接受教育的可能性空间和时间。现在理论界对教育机

---

① 吴春霞：《农村义务教育与财政公平性研究》，中国农业出版社2009年版，第56页。

会概念的界定一般局限于数量上的含义。"教育机会就是指受教育的时机，所以教育机会具体是指学校招生数额。"① 教育机会具体表现在学校供给规模与班级规模上，学校要想超过最大供给规模提供更多的教育机会，或者要重新投入新的教育资源如建造教室等，以形成新的教育机会；或者增加班额，使班级人数超过国家规定标准而形成超大班。但是以超大班的形式过量提供教育机会，往往会以降低教育质量为代价，有一定的局限。② 因此，从泰安区数据调查显示，新生往往趋向上强势学校，学生数量多必然造成班级规模大，班级规模过大，老师一对多的情况下，造成学生受教育机会不公平。而其他弱势学校招收学生达不到国家标准，使得学校教育机会资源浪费。这种供给不均衡状况如不及时改善，必然会影响教育质量，最终导致学生今后发展机会上的不平等。

（三）薄弱学校设备少，不达标

办学条件整体水平得到提高，但是经济落后县或者非重点学校处于弱势地位。"基础教育热点问题研究"课题组针对校际之间的教育差异进行研究，在沿海发达城市中进行了抽样调查，其结果显示：重点小学的固定资产总值要远高于普通小学；重点小学的设施和办学规模也优于普通小学；在相应的建筑面积方面、在专业教室的拥有量上、学校藏书总量、在医疗卫生设施和生活设施上，重点小学也无一例外地优于普通小学。③

近些年随着各地区对学校布局的调整、信息化工程、标准化学校建设的力度加大，整体办学水平有所提升。但是低级别的学校明显低于高级别学校，如广州市不同级别学校教学场室配备均值表显示，省重点学校总是比普通学校高，并且随着经济水平的降低，这种差距也越来越大。④ 比如，部分发达地区的省级学校等已经配备室内体育馆、游泳馆等

① 吴克明：《教育探求新探》，《教育与经济》2001 年第 3 期。

② 汲力健：《泰安市泰山区城市初中教育供给校际均衡问题研究》，硕士学位论文，西南大学，2008 年，第 20—21 页。

③ 曾天山：《中国基础教育热点问题报告》，广西教育出版社 1999 年版，第 46 页。

④ 苏娜、黄崴：《区域义务教育校际均衡发展现状与改进——基于广州市的调研分析》，《教育发展研究》2010 年第 2 期。

场地，日益高标准化。然而部分贫困地区体育场等设备还没有达标，呈现显著差异。

（四）薄弱学校教师质量不高，优秀师资流失快

依然是优势学校拥有优质的人力资源，例如教师数量充沛、专业发展机会多等，如经济较为发达的地区教师合格比例较高，并且有足够的资金供教师培训等，尤其是骨干教师更是在经济发达地区的重点学校。学历较低的老师大多集中在低级别学校、村镇学校和经济欠发达地区，校际间差距明显。同时，学校间教师的工资福利和社会保障也差距显著，经济发达地区的学校、高级别学校中的教师工资福利水平都比较高，而低级别学校老师的工资福利、奖金和社会保障等方面没有得到良好的保障。这些都大大降低了薄弱学校教育工作者的工作积极性，仅有的优秀教师也想方设法进入优质学校。面对人员质量的低下和优秀人力的流失，会给薄弱学校的在校师生和工作人员带来巨大的心理压力，不利于学生的身心发展。优秀的教师和管理团队是学校无形的财产，成为学校招生的有力招牌。而薄弱学校则面临招生困难，影响学校的升学率，在家长们心中的声誉下降，召集不到资金，无法改善学校人力情况，恶性循环。

（五）薄弱学校教学质量低

校际间教育质量的不公平从孩子上学开始，我们可以推断，进入义务教育重点小学的学生，更易进入重点初中、重点高中、重点大学，成为社会上的精英，享受更多更好的资源。由此可见，义务教育阶段校际间的不均衡，最终会导致教育质量上的巨大差异，影响个体一生的发展。

（六）择校是滋生社会问题的温床

薄弱学校普遍缺乏优质教育资源。好学校或重点校通常能够吸引更多优质的教育资源，从而进一步削弱薄弱学校的实力，使得两者的差距进一步拉大。而作为管理者的地方政府也比较偏向重点校，特别是在招生制度上经常给予政策倾斜。长此以往，便使得择校现象愈演愈烈。① 择校不仅加重了家庭的负担，还会加剧校际之间的两极分化，加大学校的

---

① 曲圣坦：《聊城市义务教育均衡发展推进的调查研究》，硕士学位论文，南京师范大学，2011年，第31页。

管理难度，对学生身心发展造成相当大的影响。① 如今的学生面临残酷的升学竞争，背负着巨大的学业压力，弱势学校的学生对这份压力感受更加明显，接受"低人一等"的言论，使他们自卑，学业上缺乏自信心。并且家长们都希望把孩子送入重点学校接受高质量的教育，然而"僧多粥少"，从而产生了就近入学的政策。但即便是就近入学也可以凭借特权和金钱，选择较好的学校。无论哪种择校方式对民众都是不公平的，这种不公平极易引起家长的愤怒，造成社会的不安定。义务教育校际间的不均衡如果不能得到令人满意的改善，"择校"引发的一系列社会问题将无法解决。

---

① 车宗哲：《济南市义务教育择校现状调查研究》，硕士学位论文，山东师范大学，2011年，第15—17页。

第 五 章

义务教育均衡发展的战略构建

第一节　义务教育均衡发展的制度完善

为推动义务教育均衡发展，促进教育公平，我国已经制定了相关法律和政策。2006 年新修订的《中华人民共和国义务教育法》第二十二条规定："县级以上人民政府及其教育行政部门应当促进学校均衡发展，缩小学校之间办学条件的差距，不得将学校分为重点学校和非重点学校。学校不得分设重点班和非重点班。"学校均衡发展从此上升到了法律层面。2010 年印发的《国家中长期教育改革和发展规划纲要（2010—2020年）》也提出："推进义务教育均衡发展。均衡发展是义务教育的战略性任务。推进义务教育学校标准化建设，建立健全义务教育均衡发展保障机制，均衡配置教师、设备、图书、校舍等各项资源。切实缩小校际差距，加快缩小城乡差距，努力缩小区域差距。"2012 年教育部制定《县域义务教育均衡发展督导评估暂行办法》，明确了义务教育均衡发展的评估指标。义务教育均衡发展政策已经在全国普遍推行，取得了一定效果，例如，从区域上说，截至 2007 年，西部攻坚计划如期完成且西部地区"两基"人口覆盖率达到 98%，截至 2011 年底，人口覆盖率达到 100%；从城乡上说，加大了对农村义务教育的投入，相对改善了农村义务教育的办学条件、师资配备等，城乡义务教育差异正在逐步缩小。但是，在实施义务教育均衡发展政策过程中也出现了一些问题，例如，东西部义务教育差距以及城乡义务教育差距虽然有所改变，但依旧不容忽视，这体现在办学条件，师资配备，入学率以及生源等方面，针对这些问题，有必要加以完善。

一　健全校长教师的质量提高和交流轮岗制度

在教育领域，教师是最重要的资源，教育质量直接取决于教师的质量。农村、薄弱学校优质教师严重短缺。校长的管理水平也是影响教育质量的重要因素。提高农村教师的质量和校长的水平，完善校长教师的交流轮岗制度，是提高义务教育均衡发展水平的重要策略。

（一）提高农村薄弱学校中小学教师的质量

1. 充实农村中小学师资

农村中小学教师短缺是教育不均衡的主要表现，也是农村中小学教育质量低的主要原因。农村中小学师资短缺是由多种因素造成的，教师编制城乡倒挂是重要原因，根据国务院办公厅转发的《关于制定中小学教职工编制标准意见》的通知（国办发〔2001〕74号）规定，我国中小学教师编制标准，城市小学、初中师生比为1：19、1：13.5，县镇为1：21、1：16；农村为1：23、1：18；农村编制少于城市。另外，农村艰苦的生活条件、恶劣的工作环境、较低的收入、较少的晋升机会等也导致农村教师大量流失。建议从以下两方面入手，充实中小学师资。

其一，放宽农村中小学教师编制标准。农村城镇化和劳动力的迁移使农村学生数量迅速减少，经过学校布局调整，学校规模扩大，为了方便学生就学，寄宿学校普遍设立，保留了部分教学点，无论寄宿学校还是教学点都需要更宽松的教师编制标准。寄宿学校学生在校时间长，相当一部分学生是留守儿童，教师工作量、工作强度都有所增加。教学点规模小，如果仍按照编制标准配置教师，会导致教师担任几门课程的教学，工作量大量增加，或者一些课程无法开设，其结果会导致教学质量无法保障。根据农村学校的特点放宽教师编制标准，是充实农村中小学师资的必要途径。

其二，创新教师招聘思路，培养留得住的本土名师。为了补充农村教师资源，国家于2006年实施了"特岗计划"。特岗教师暂时解决了农村教师短缺的问题，但特岗教师服务期只有三年，期满后可以流动，具有不稳定性。农村中小学尤其是薄弱学校摆脱困境的根本保证应是培养留得住的本土名师，而要培养留得住的本土名师，实行"定向培养"与"定向招聘"是较为可行的方法。所谓"定向培养"，是指通过合同形式选拔部分优秀学生委托高校培养，学生毕业后到生源所在农村教师急缺的学校任教的教师培养模式。所谓"定向招聘"，就是面向本土的大学毕业生招聘农村边远地区中小学教师。大学毕业生与教育管理部门签订合同，必须在农村边远地区中小学至少服务五年，服务期结束后可以自由选择去向。[①]

2. 改善农村教师的待遇，留住优秀教师

我国中小学教师行业工资在国民经济行业中的位次偏低，中学教师工资位于第9—14位，小学教师工资位于第10—16位，[②] 农村教师课时收入、津贴低于城市。面临人才市场的激烈竞争，如果教师待遇仍然保持原来的水平，教师职业没有吸引力，农村教师短缺、质量不高的问题只能愈加严重。稳定农村教师队伍，调动农村教师的工作积极性，关键在于提高教师的待遇。

建议建立农村教师特殊津贴制度，提高农村教师职业的吸引力，这也是国外普遍采用的策略。美国《不让一个孩子掉队法案》要求地方学区从联邦政府"第一条款"（Title Ⅰ）项目中抽取部分资金提高薄弱学校教师的工资，仅在2003年就给该项目增加了10亿美元。[③]目前，我国农村教师工资由县级政府发放，教师工资已经成为县财政的巨大负担，由县财政发放农村教师特殊津贴不太可行，可由省财政承担，或由中央政府转移支付。借鉴国外的经验，建议省级政府依据农村条件恶劣程度和地理环境对农村教师津贴适当分为若干档，形成合理的梯度，建立全省统一标准的农村教师补贴制度。在此基础上，县级政府再依据本县情况对农村教师津贴再分若干档。[④] 根据不同的档次提供特殊津贴。

高级职称向农村教师倾斜。农村教师视野窄，专业能力提升的机会

① 范先佐：《义务教育均衡发展与农村教育难点问题的破解》，《华中师范大学学报》（人文社会科学版）2013年第2期。

② 薛二勇、杨小敏：《新形势下农村教师队伍建设政策》，《教师教育研究》2014年第1期。

③ 刘小强：《美国吸引高质量教师到薄弱学校的新举措》，《外国教育研究》2011年第3期。

④ 范先佐：《义务教育均衡发展与农村教育难点问题的破解》，《华中师范大学学报》（人文社会科学版）2013年第2期。

比城市少，农村学生基础不如城市学生，如果城乡教师晋升职称标准相同，农村教师获得高级职称的难度远远大于城市教师，这也是很多教师离开或不愿去农村学校的重要原因。建议制定不同于城市的农村教师职称评定的标准，降低农村教师晋升职称的难度。

3. 为农村教师提供优质培训

职后培训是提高教师质量的重要途径，但农村教师很少有机会得到相关培训机会，尤其是高质量的培训，这一方面是因为国家和地方提供的培训机会少，另一方面是因为农村学校经费紧张。近年来，国家实施了许多教师培训项目，以农村教师为重点，提高他们的专业能力，培训机构提供脱产研修、短期集中培训、远程培训等方式，方便教师选择。2010 年教育部启动的"国培计划"重点支持中西部农村教师培训，是提高农村教师队伍整体素质的重要举措，培养了一大批"种子教师"，这对推进义务教育均衡发展、提高农村教育质量具有重要意义。但"国培计划"在实施中存在过于重视理论、对农村中小学教育实践针对性、指导性不强的现象，建议培训机构进一步了解农村中小学教师的需要，加大培训的实效性。由于培训机构有限，能接受培训的教师只是少数骨干，其实，非骨干教师更需要提高、更需要接受培训，应该扩大培训覆盖面，让每个教师都能实现专业发展。

4. 面对农村教育的现实，妥善解决农村代课教师的待遇问题

代课教师在我国义务教育普及过程中起了重要作用，他们缓解了农村中小学师资力量不足的问题，在一些边远贫困农村地区，教学点大部分为代课教师。近年来，尽管国家试图逐步取消代课教师，但代课教师在我国贫困的农村地区仍普遍存在，在短时间内取消代课教师，既不现实，也不可能。因此，必须妥善解决农村代课教师的待遇问题。（1）面对现实，尽快出台相应的政策，及早制定农村代课教师的聘用标准、考核办法和辞退制度；（2）努力提高农村代课教师的待遇，至少要达到当地最低工资标准，尽量与当地公办教师同工同酬；（3）因地制宜，每年安排一定的教师编制，将优秀的代课教师转为公办教师；（4）将农村代课教师医疗、养老和失业保险等纳入社会保障范围，使他们无后顾之忧，

安心从教。[①]

（二）完善校长教师的交流轮岗制度

2010 年，中共中央、国务院印发《国家中长期教育改革和发展规划纲要（2010—2020 年)》强调："要实行县（区）域内教师、校长交流制度。""建立健全义务教育学校教师和校长流动机制。城镇中小学教师在评聘高级职务（职称）时，原则上要有一年以上在农村学校或薄弱学校任教经历。"教师、校长交流轮岗制度已在许多省市试行，成为推进义务教育均衡发展的重要举措，对义务教育均衡发展起了一定作用，但交流轮岗制度在实施中也出现了诸多问题，有待进一步改进。

1. 落实校长教师交流轮岗的责任主体

各级教育、财政、组织、编制、人力资源等部门要形成联动机制，通过统筹规划和督导检查，共同实施校长教师交流轮岗工作。教育部门要合理制定校长教师交流轮岗的实施细则，指导和协调此项工作；财政部门要给予必要的经费支持；组织部门要根据校长管理权限，协同教育部门推进校长交流轮岗工作；编制部门要根据义务教育事业发展总体规划、学校布局调整和生源变化等情况，对教职工编制实行动态管理；人力资源部门要在聘用管理、岗位设置、职务、职称评聘等方面给予政策支持。

教育部门在校长教师交流工作中要承担主要责任。教育部门的主要职责有：确定交流轮岗校长教师的任教学科、数量、骨干和普通教师的比例，制定交流轮岗工作的激励和约束制度，加强优秀校长和教学名师的培养，建立长效机制和政策信息公开制度，维护参与交流轮岗校长和教师合法权益。另外，教育部门还应同组织、编制、财政等其他部门进行协调。

2. 规范校长教师交流轮岗的程序

校长教师交流轮岗应由区域内的教育行政部门和有关学校严格按照国家政策规定的程序来展开，对校长教师交流轮岗的人员、时间做出严格的规定，使城乡校长教师交流轮岗有明确的规范性和程

---

① 范先佐：《义务教育均衡发展与农村教育难点问题的破解》，《华中师范大学学报》（人文社会科学版）2013 年第 2 期。

序性。

校长交流轮岗可以避免长期任职于一所学校产生的懈怠，长期任职于一所学校，对学校的情况非常熟悉，业务上不再有挑战性，容易产生懈怠，丧失工作积极性。另外，通过交流轮岗，可以把在优质学校积累的管理经验带到薄弱学校，改变薄弱学校管理不善的情况。义务教育阶段公办学校校长、副校长在同一所学校连续任满两届后，原则上应交流。每次交流的年限由主管部门确定。交流轮岗的校长、副校长在农村学校、薄弱学校的任职时间可根据工作需要灵活掌握，但不应低于一定年限。

义务教育阶段公办学校的在编在岗专任教师原则上都应参加交流轮岗，城镇、优质学校为保障本校的教学，尽可能减少交流轮岗教师的数量，尤其是骨干教师的数量。部分学校把交流轮岗作为对不合格教师的惩罚性措施，违背了交流轮岗的初衷。因此，为达到提高受援学校教育质量的目的，应规定优质学校、城镇学校每学年教师交流轮岗的最低比例，尤其是骨干教师的比例。对于教师每次参加交流轮岗的具体年限由各地根据实际情况确定，建议不应低于一年，时间过短，教师刚刚适应受援学校的教学就匆匆结束，无法达到预期的效果。教师在薄弱学校、农村学校连续任教时间可根据工作需要灵活掌握，但不应低于一定年限。

3. 健全校长教师交流轮岗的激励约束机制

交流轮岗是推进义务教育均衡发展的重要举措，是国家赋予校长教师的重要职责，政府部门要激发校长教师参与交流轮岗的积极性和主动性，既要提出明确要求，又要通过激励约束机制进行政策引导。各地要在编制核定、岗位设置、聘用管理、职务（职称）晋升、业绩考核、评优表彰等方面制定优惠政策，保障工作顺利开展。同时，健全校长教师交流轮岗的约束机制，保障交流轮岗的实施效果，使交流轮岗校长成为教师职业发展、培养锻炼校长教师的重要平台。

在编制管理和岗位设置工作中，要在核定的教职工编制总量内，采取互补余缺的办法，统筹安排校长教师交流轮岗。及时调整义务教育学校岗位设置，满足教师交流轮岗的需要。积极探索在农村学校、薄弱学校设立中小学正高级教师岗位，逐步提高农村、薄弱学校中高级教师岗位比例。在职务（职称）评聘过程中，要将交流轮岗的工作经历作为晋升的必备条件。有轮岗交流经验并表现良好的校长和教师同等条件下优先评聘。扩大中小学校长职级制改革试点，为推进校长交流轮岗提供制度保障。在薪酬福利、评优表彰等工作中，对参加交流轮岗校长教师的工资待遇给予优先考虑，在绩效工资分配中予以倾斜，并根据学校的位置、交通、医疗、工作环境等确定若干类别，给予交流轮岗校长教师发放津贴。加强对交流轮岗校长教师的针对性培训，培训工作纳入各级校长教师培训项目，并予以优先安排。对参加交流轮岗并做出突出贡献的校长教师，要在评优表彰工作中予以倾斜。建立交流轮岗教师的约束制度。教师和校长是"理性经济人"，尽管有一系列激励措施，但交流轮岗为他们的工作生活带来不便，因此他们交流轮岗往往并非自愿，带有一定的抵制情绪，甚至把交流轮岗作为换取利益的一种途径，不能认真履行职责，因此，建立约束机制是必要的。在交流轮岗期间，应严格任期考核，对不能履行现职的校长教师进行告诫，对告诫期满仍不能达到要求的校长教师予以解聘。

（三）义务教育均衡背景下教师交流轮岗的困境与破解

近年来，义务教育均衡发展问题备受关注，实现教育公平的呼声日趋高涨。随着农村学校、薄弱学校的硬件设施和条件得到整体提升和明显改善，城乡之间、县（区）域内校际间师资水平的明显差距成为制约义务教育均衡发展的新的突出瓶颈。师资是学校发展的核心资源，师资配置水平的巨大差距引发了诸如择校热等一系列现实性社会难题。[①] 学生、家长普遍认为"择校"就是"择师"，这成为整个社会追逐"名校"、攀比"名师"现象的主因。为实现教育公平与均衡发展，促进社会和谐稳定，教师交流轮岗制度便应运而生。

1. 教师交流轮岗制度是义务教育公平发展的必由之路

教育公平是社会公平的重要基础和价值体现。义务教育是整个国民教育的基础且主要由政府供给，其公平性备受全社会的极大关注。均衡发展是义务教育的战略性任务，体现教育公平的理念，是教育公平的内在价值追求。实现义务教育均衡发展，促进教育公平，一直是我们的教

---

① 薛继红：《省域内校长教师交流轮岗的实践研究》，《教学与管理》（理论版）2015 年第 11 期。

育追求和教育理想。① 促进义务教育师资均衡配置对实现教育公平，促进义务教育均衡发展具有重要的现实意义。这不仅关系到政府的形象，更是维系着社会的稳定。均衡配置教师资源是实现义务教育资源均衡的根本所在。教师交流轮岗对促进义务教育资源均衡配置，促进中小学校均衡发展，促进整个社会的教育公平起到举足轻重的作用。完善教师交流轮岗制度，实现县域内教师资源互动、互促与共同发展，是促进义务教育师资均衡配置，实现教育公平发展的必由之路。

为实现义务教育均衡、公平发展，推动教师交流轮岗的制度建构与实践探索，我国早在 1993 年就开始城乡教师交流的制度设计，其后各地陆续开始本地城乡教师交流的实践探索，至今已历经 20 余年的艰辛努力与不懈追求。教师交流轮岗的初衷在于促进义务教育资源配置的均衡化，体现了追求有质量的教育公平的政策价值取向。十八届三中全会《中共中央关于全面深化改革若干重大问题的决定》（以下简称《决定》）提出"统筹城乡义务教育资源均衡配置，实行公办学校标准化建设和校长教师交流轮岗"，把实行校长教师交流轮岗作为破解择校难题、办好人民满意教育的一项重要举措，将其上升到了国家战略部署的高度，进一步凸显了加强校长教师交流轮岗工作的重要性和紧迫性。2014 年 9 月，教育部等三部委又联合下发《关于推进县（区）域内义务教育学校校长教师交流轮岗的意见》（以下简称《意见》），将中小学教师交流轮岗作为促进教育均衡发展和实现教育公平的一项国家决策。教师交流轮岗制度的实施有助于城乡间义务教育均衡化发展和优质教育资源（尤指师资）校际间的合理流动与配置，对交流轮岗教师自身的专业发展也具有重要作用。从目前的整体教育生态审视，当"教师交流轮岗"真正实现后，尤其是优质师资在一定区域内定期流动起来，可以有效避免盲目地追"名校"攀"名师"，将会显著遏制愈演愈烈的"择校热"，让公民感受到真正的教育公平。

2. 教师交流轮岗制度的实施困境

十八届三中全会《决定》提出的教师交流轮岗是双向的、全员的，

---

① 朱敏、吴新刚：《对教师轮岗制政策失真现象的反思》，《教学与管理》（理论版）2011年第 8 期。

是每一位教师的职业要求。它与"对口支援"有着明显区别，"对口支援"是单向的、非全员的、局部的，很难从根本上抑制农村教师的流失。双向且全员的教师交流轮岗则可以真正扶持弱势地区学校和弱势教师，全员参与则可以保证资源均衡配置，实现教育公平。中央与教育部的顶层制度设计无疑是具有前瞻性和引领意义的。然而，目前教师交流轮岗的整体实施效果却不尽如人意，障碍羁绊，困境重重。《中国青年报》针对实施校长教师交流轮岗制度的阻力做了调查。调查结果显示，52.5%的受访者认为，各校（优质学校）不愿意放走优质校长教师资源是该项制度面临的最大阻力。其他诸如交流轮岗校长教师难以适应新环境（43.4%）、交流轮岗校长教师的交通、住宿、子女教育问题无法解决（31.7%）等也是受访者认为此项制度面临的现实问题。① 无论是制度体系、监督评估，还是配套措施、教师意愿，都存在着诸多困境等待去破解。

（1）权责体制不完善，责任主体不明确。中央政府与省级政府之间存在着实践逻辑错位和诸多利益博弈。在应试教育的当下，如果率先实行交流轮岗制度，且在该项制度尚不完善或不成熟的前提下，对教育资源的重新配置或改进并非是"帕累托最优"②，有可能会造成优质资源的平均化，从而会导致教育质量的平庸化和下降，原本优质学校的利益势必受损。这并不是省级政府愿意看到的，因此有的省级政府对于中央政策采取"漫不经心"或部分执行的态度。这种对中央政策的态度的不明朗，又造成作为交流轮岗统筹主体地位的县（市、区）级教育行政管理部门无所适从，县级主管部门通常借口人事、编制、职称评聘等无法掌控而将本属于自己的统筹主体的责任贸然推卸到下属学校的校长身上，由校长负责确定交流轮岗的教师名单、交流时间与受援学校等。这种做法的最大弊端是校长们往往都是从维护任职学校利益的私心出发，随意或滥用上级主管部门"赋予"的教师交流轮岗的权力，从而置涉及整体

---

① 李洁言、冯杰：《校长教师轮岗 53.3% 受访者认为完善相关配套是关键》，《中国青年报》2014 年 9 月 30 日第 7 版。

② 由意大利经济学家维弗雷多·帕累托最早提出，指资源分配的一种状态，在不使任何人境况变坏的情况下，而不可能再使某些人的处境变好，它是公平与效率的"理想王国"。

利益的区域师资均衡配置的目标于不顾。权责体制不完善，责任主体不明确，这从根本上不利于教师交流轮岗目标的实现。

（2）社会保障制度建设滞后。参与交流轮岗的优质师资的年龄大多集中在35—45岁，这部分教师相对来讲家庭负担较重，如子女教育、赡养老人等问题。然而现实情况是，偏远薄弱学校与优质学校在办学环境和条件上存在较大差距，并且针对教师交流轮岗工作的各种配套政策、保障措施目前还不完善，这给参与交流轮岗的教师带来家庭、生活、工作上的诸多困难与额外成本，如交通、家庭、心理、孩子成长、两地分居等。教师交流轮岗直接牵涉到教师的安身立命，教师的工作、生活现状将会被打破。交流轮岗制度及相关政策在实施过程中引发了教师的信任危机，他们担心政策中规定的交流轮岗时间期限、福利待遇、职称职务评审与晋升等切身利益难以得到保证。对未来不确定性的后顾之忧，将会严重影响到教师交流轮岗的实际效果。社会保障制度建设滞后与短板，直接影响到交流轮岗教师的积极性和主动性。教师群体的信任危机已成为当前政府在实施教师交流轮岗制度过程中，由于保障制度建设滞后所带来的新的阻力。

（3）教师交流轮岗意愿低，主动性差。从主观上讲，对所在组织的思维方式、行为规范、工作习惯、话语方式、组织氛围等根深蒂固地植入教师的内心深处，这种已经"熟知并习惯"了的"文化场"排斥"非本组织"的文化类型，即教师认同并习惯了现有的文化而不愿意交流轮岗到其他学校。在教师交流轮岗制度尚未常规化、常态化的时候，首先参与交流的教师未免显得有些前途未卜，大部分教师普遍持观望心态或"软抵抗"。即使那些最终交流的教师也出现消极怠工和"熬日头"的现象，教师交流轮岗的效果大打折扣。从客观上讲，优质学校的校长比较担心轮岗交流将会导致分散优质学校资源对本校教育质量带来不利影响，不愿选派优秀师资，而是采取末位淘汰制的方式选拔交流轮岗人员。有的校长甚至将交流轮岗作为一种惩罚措施来针对那些"不听话""不合格""没关系""新教师"等，从而给外界造成这样一种认识偏差：只有专业素质低的教师才会被交流出去。这种认识偏差带给交流轮岗教师极大的心理压力，不能以积极的心态投入到新学校的交流轮岗工作中，这种由末位淘汰而非优中选优的选拔程序本身就已经决定了交流轮岗制度的低效性。交流轮岗教师的选拔程序不合理，优秀教师攥着不放，普通教师又不想走，加之本身主动性差，心理压力大，就越发造成城乡间、优秀薄弱校之间师资源进一步严重失衡，这有违政策初衷而失真。

（4）监督问责制度不到位。有的省级政府遵循着自身的实践逻辑——"谁率先实行交流轮岗，谁的教育政绩考核可能会吃亏！"因此，出于各自利益格局及博弈的考量，他们对待中央的政策只会是采取打折对待的消极态度，如基本照搬照抄中央文件措辞或喊一些假大空的口号，而未见任何具体的实施细则出台。处于主导地位的中央政府在顶层设计和政策引领方面的确发挥了积极作用，然而对下级政府监督和问责机制不到位，使得这种积极作用大打折扣。同样如此，有的省级政府对市县两级政府进行教育政绩考核时，教师交流轮岗的实施状况并未作为一项重要的测评指标而被纳入政府政绩考核指标体系中。从中央到地方，监督问责制度在某些行政层级和监管环节上的缺位使得广大的薄弱学校很难真正享受到教师交流轮岗制度。

3. 破解之策：完善教师交流轮岗制度的路径

教师交流轮岗制度作为均衡义务教育资源的有效措施，其实施受到思想观念、现有体制等多方面因素的影响与制约。破解教师交流轮岗的困境，必须既考虑制度设计层面的路径，又结合实际情况考虑现实的路径，否则，将会导致教师交流轮岗流于形式，实现教育均衡、教育公平的初衷很容易成为一句空口号。

（1）明确责任主体，完善统一调配机制。义务教育阶段教师交流轮岗是一项复杂持久的工作，涉及的面广人多，诸如人事、编制、财政等都直接与之息息相关，单靠一个教育行政部门去协调、推进该项工作可谓举步维艰。诸如编制是否一并"轮岗"、考评体系是否统一、工资绩效标准是否一致等制度的硬件保证，倒逼教育行政部门不得不考虑制度的顶层设计。建议在国家宏观政策文件精神的指导下，各省（市、自治区）应由省委省府牵头出台具有本省区特点的具体执行细则或实施意见，明确编制、人事、财政、教育等部门的相关责任和任务。教育行政部门对所有教师的编制、岗位、职称等进行统一均衡调配，这就必须转变县域内教师人事管理模式，即由"校管校用"转变为"县管校用"。"校管校用"表明教师是学校的人，是"单位人"；"县管校用"则表明教师不隶属于一个特定的学校，是"系统人"。例如福州市和沈阳市都曾大胆提出"人走关系走"的实施举措，并探索以"系统人""区域人"的新概念替代传统的"单位人"的固有思想。① 解决教育、人事、编制、财政等部门在管理职能上的错位、缺位和越位而导致的管理效能低下、教育资源配置失当等"老大难"问题，促使广大教师由"单位人"向"系统人"的身份转变，便于县级教育行政部门选派教师到薄弱学校任教交流，从而为教师交流轮岗提供制度保障，实现真正意义上的教师交流轮岗。

（2）建立合理、有吸引力的补偿机制。教师交流轮岗制度的有效实施离不开相关配套政策的保障和支持。中国青年报的调查结果也显示，关于校长教师轮岗制度53.3%的受访者认为完善相关配套是关键。教师无论是作为"系统人""区域人"，还是"单位人""职业人"，首先是作为"生活人"存在的。在交流轮岗期间，交通、食宿、子女教育等事关教师生活和家庭的现实问题，必然会增加教师额外的生活成本，这并非是一些无关痛痒的"小问题""俗问题"。因此，要想解决交流轮岗教师从城镇到乡村后在物质上的后顾之忧，就必须建立起合理且具有吸引力的补偿机制，如设立交流轮岗教师特岗津贴。来自"陕西省义务教育教师交流轮岗现状实证研究"显示，"大多数教师认为轮岗交流的月补助金额在1100—1500元才有吸引力。其中，倾向于月补助1100—1500元的占43.5%，800—1100元的占29.5%，500—800元的占20.5%，500元以下的占1.6%"②。当然，我国各地经济差异较大，应因地制宜，依据本地区经济发展水平、教师工资水平等制定合理的、具有一定吸引力的补助金措施。总之，实施合理的交流轮岗教师补偿制度，明确交流轮岗的期限和参与交流轮岗教师的具体条件，利用行政手段给予教师在福利待遇、职称评定、评优评先、教师住房等方面的政策倾斜，让交流轮岗工作有理有据，为交流轮岗教师吃下一颗"定心丸"。这样才能真正体现出教师交流轮岗制度背后蕴藏的人文关怀，也才能真正让那些交流轮岗教师"带着一颗心来"踏实地、心无旁骛地工作。

---

① 邱磊：《"轮岗"是对教育治理的新考验》，《人民教育》2015年第2期。

② 孙刚成、翟昕昕：《义务教育教师轮岗交流制度的困境及其对策》，《教学与管理》（理论版）2016年第9期。

（3）激发内生动力，变"要我去"为"我要去"。引导教育资源合理高效地流动，是教师交流轮岗制度的最终目的。[①] 针对教师交流轮岗意愿较低，主动性较差的困境，除却给予教师物质补偿外，还要加强对教师职业理想和成就感的激发，注重教师奉献精神的提升，即激发教师发自内心交流轮岗的内生动力。这种"内生动力"是教师基于国家需要、理想信念和价值追求等因素，与来自外部环境的推动力相互作用而做出个人行为的力量，它是推动教师交流轮岗的最主要的力量。[②] 参与交流轮岗的流出学校更应该站在利国利民、教育公平的高度，无私地鼓励符合条件的教师参与交流轮岗，而不是从中作梗，阻碍优质师资的合理流动。整个社会也应该营造一个积极、充满正能量的舆论氛围，从外部辅助教师内生动力的持久作用，变被动的"要我去"为主动的"我要去"，逐步实现义务教育阶段所有学校范围内教师交流轮岗制度化、常态化。依托诺贝尔经济学奖得主阿玛蒂亚·森（Amartya Sen）的"能量理论"（Capability Approach），叶菊艳、卢乃桂则认为教师轮岗交流政策实施的理想状态是参加流动的教师自主加入流动队伍，并依靠教育机制建设等力量把教师个人、集体的"能量"增强并实现流动，促进这些能量在整个教育共同体乃至社群层面进行凝聚、沉淀、扩散与增长。[③] 也有学者提出通过思想观念、风俗惯例等非正式制度的建设，来发挥文化机制对教师交流轮岗实践的特殊作用。[④] 如交流轮岗前，充分了解这些教师的"文化场"，即家庭情况、生活状况、职业发展预期等，向他们解释政策及对本人的意义，并达成某些政策共识，帮助他们尽快消除可能存在的种种顾虑；交流轮岗期间，时刻关注他们的微观生活、工作场域，及时解决遇到的各种困难；交流轮岗后，交接好重回原单位的工作并落实相关待遇。环环相扣、层层落实，这样可以使交流轮岗教师满怀激情，尽快进入到

[①] 吴孟帅：《义务教育阶段教师轮岗交流制度的影响及启示》，《教育评论》2015 年第 11 期。

[②] 江楠：《教师交流轮岗要关注内生动力的形成》，《中国教育学刊》2016 年第 1 期。

[③] 叶菊艳、卢乃桂：《"能量理论"视域下校长教师轮岗交流政策实施的思考》，《教育研究》2016 年第 1 期。

[④] 姜超、邬志辉：《校长教师交流轮岗机制：类型、评价和建议》，《现代教育管理》2015 年第 11 期。

工作状态和熟悉新环境，尽量缩短文化"浸染"过程，从而为受援学校带来切切实实的帮扶效果。总之，提升交流轮岗教师的主观认识和价值判断，赢得广大教师对这一制度真心的支持和拥护，从而能主动自愿、身体力行地参与其中，以发挥其最大的"能量"。

（4）健全监测评价与问责机制。一项科学且合理的公共政策在具体执行过程中，会由于种种因素（往往是负面因素）影响到政策的执行效果和实现程度。因此，通过加强监督与评估来减弱甚至消除上述负面因素，克服政策执行中的负面效应便十分必要。中央和教育部应制定教师交流轮岗的国家级标准，省级政府应依据省情出台域内的地方标准，明确各级政府、教育行政管理部门和中小学校的职责和任务，积极有效地对上述组织机构进行监督、检查和问责，从而有效建立适合我国教师交流轮岗国情的质量检测和评价指标体系。在各级政府统筹下，建立起教师交流轮岗的监测评价与问责制度，实施绩效考核评价制度，定期向全社会发布监督、评价与问责信息，以此作为相关责任人考核、问责、奖惩与晋升的重要依据。具体到各级教育行政主管部门而言，不仅要注重前期交流对象的选拔、交流方向的设定、交流条件的界定，更要重视后期交流效果的监测与引导。一方面从交流人员的选拔、工作成效的评价、激励措施的跟进，都要纳入到监测范围，要综合运用测量学、统计学的手段从实证角度对交流效果进行监测，并建立相应的评价机制，进一步提高交流实效；另一方面，要监督轮岗教师的激励政策的落实情况，确保参与交流轮岗教师优先评定职称，确保交流轮岗补助按时足额发放，要及时根据监测评价的数据结果适时地调整交流轮岗政策，真正发挥出交流轮岗对均衡义务教育资源的作用。

目前，我国的教师交流轮岗工作已进入到系统的制度建构与实施阶段。例如，2016 年 9 月天津市教委出台《天津市教育综合改革方案（2016—2020 年）》，提出"建立健全优质教师资源均衡配置机制。完善区域内教师、校长交流轮岗长效机制，引导骨干教师和校长向农村学校、薄弱学校流动"。实现义务教育更高水平均衡发展是该教育综合改革方案的目标之一。教育部等三部委《意见》旨在未来 3—5 年实现县（区）域内义务教育学校教师流动的制度化、稳定化和常态化。教师交流轮岗工作与我国教育实践的双重复杂性，共同决定了教师交流轮岗制度的实施必须奉行科学决策、综合施测、试点先行、多管齐下、扎实推进、逐步落实的原则。诚如是，则提高义务教育质量，促进义务教育均衡发展，实现教育公平这个远大的政策目标方能达成。

二　改进弱势群体平等接受义务教育的保障制度

弱势群体是指由于各种原因而处于不利社会地位的人群。我国基础教育中的弱势群体主要包括残疾、流动、留守学生等，为他们提供平等接受义务教育的机会是教育均衡的重要方面。

（一）保障残疾学生平等接受义务教育

我国有庞大的残疾人群体，但特殊教育远不能满足需要，应进一步保障残疾学生的受教育权利，提高特殊教育水平，帮助残疾学生全面发展、更好融入社会。

1. 完善特殊教育立法和执法

特殊教育是我国教育中的薄弱环节，立法是推动特殊教育快速发展的最有效途径。《教育法》《义务教育法》《残疾人保障法》《残疾人教育条例》等法律法规中都涉及残疾学生义务教育权利保护问题。虽然我国已经制定了对特殊儿童保护的法律和法规，但是仍然存在一些问题，法律条款用词空泛，原则性表述多，可操作性不强。应该制定专门的《残疾人教育法》，明确残疾儿童入学的制度保障，规定特殊教育师资标准和残疾儿童入学安置形式、教学内容、教学评估制度，以及违法责任等。另外，加大执法力度。许多残疾儿童未能依法接受义务教育，和执法不严有很大关系。要加大法律法规的执行力度，设立评估督导机构，落实问责制度，以更好地推动各项法律、法规的实施，从而使它们真正发挥效力。

2. 加大特殊教育财政投入

特殊教育生师比低，需要康复训练等仪器设备，教育成本高，应在投入上予以倾斜。提高特殊教育经费尤其是国家财政性教育经费的额度，并保持每年持续、稳定地增长，提高特殊教育经费在教育总经费中的比例，扩大特殊教育经费筹资渠道，并做到"专款专用"。教育经费在地域分布上向农村、中西部经济发展水平落后地区倾斜，或设立专项资金支持中西部地区发展特殊教育，并为生活困难的残疾儿童提供适当补助，残疾儿童教育补助金要根据学生人数发放，并可随学生流动而变动。[①]

3. 扩大特殊教育规模

扩大普通学校随班就读的规模。随班就读是目前国内外普遍采用的一种特殊教育途径，残疾程度相对较轻的学生进入普通学校就读，可解决残疾儿童少年有学可上的问题，小班化的趋势有助于残疾学生在普通班级获得适合其学习能力和需求的教育，随班就读还可以使残疾学生更好地融入主流生活。残疾学生由于自身的缺陷，需要在生活适应、健康安全等方面的支持与援助，应提供有利条件，使更多的儿童少年可以随班就读。因此，要为残疾学生提供必要的学习和生活便利，加强特殊教育资源教室、无障碍设施等的建设；加强随班就读的师资培训工作，使教师和管理人员具备特殊教育的管理能力；教育评价多样化，考虑残疾学生的特殊要求。

提高特殊教育学校招生能力。中西部和农村地区特殊学校远不能满足特殊教育的需求，应在这些地区实施特殊教育学校建设项目，重点支持特殊学校的建设，提高残疾学生的入学机会。合理布局特殊学校，为残疾儿童少年入学提供方便。支持现有特殊教育学校扩大招生规模、增加招生类别。支持特殊教育学校配备必要的康复训练、教育教学等仪器设备，开展医疗和教育相结合的实验，改善薄弱特殊教育学校教育教学和康复设施条件，增强特殊学校的吸引力。

4. 建立数量充足、质量较高的特殊教育教师队伍

发展特殊教育，师资需要先行。建立一支数量充足、质量较高的特殊教育教师队伍是办好特殊教育的关键。首先，配足配齐特殊教育教职工。特殊教育残疾差异大、班额小、需要较低的生师比，教职工编制标准要区别于普通学校教师。承担普通学校随班就读教学和管理的教师，在绩效考核中予以倾斜，真正落实国家特殊教育教师津贴倾斜政策。其次，保障特殊教育教师的质量。一是加大特殊教育教师培养力度，鼓励各省在高校中增设特殊教育专业，鼓励高校开设特殊教育课程，培养师范生指导残疾学生随班就读的能力。二是建立特殊教育教师专业证书制

---

① 孟万金：《采取有力措施，促进残疾儿童教育权利平等和机会公平》，《中国特殊教育》2007 年第 4 期。

度，实行特殊教育教师持证上岗，制定特殊教育学校教师专业标准，将特殊教育相关内容纳入教师资格考试。三是加强特殊教育教师的在职培训。采取多种方式，逐级开展特殊教育教师培训，加强普通学校随班就读、送教上门等特殊教育教师培训。[①]

（二）为偏远地区和留守儿童接受义务教育提供便利

十多年以来，农村教育一直是教育中的重中之重，在教育中处于基础性、先导性的地位，在政策的扶持下，农村义务教育取得了重大进展，农村学生接受义务教育的机会得到保障，教育条件大大改善。目前，农村义务教育均衡发展的重点是为农村学生接受义务教育提供便利。

1. 偏远地区学生

偏远地区自然条件恶劣、经济不发达、人口稀少、交通不便，大规模学校布局调整后，设置寄宿学校解决了学生家校距离远的问题，但学生寄宿也为学生带来不便，保留必要的教学点成为义务教育均衡发展的另一重要策略。

（1）建设好寄宿制学校。寄宿制学校是布局调整的必然选择，是义务教育均衡发展的必要策略。针对寄宿制学校办学条件差、师资紧张、学生家庭经济负担加重等问题，应该加大对寄宿制学校的关注力度，建设好寄宿制学校。

首先，加大对寄宿制学校的投入。寄宿制学校一般位于经济不发达的中西部农村地区，基层政府财政困难。除了完善的教学设备设施，寄宿制学校还需要宿舍、食堂等基本设施，日常水电等支出加大，学生生活成本提高。应加大国家的分担比例，构建农村寄宿制学校经费保障机制。其次，重新构建人员配备机制。由于实行寄宿制，学生在校时间增加，学校既要进行常规的教学，又要提供生活服务，低年级学生生活自理能力较差，如果把这些任务强加给任课教师，会增加他们的负担。需配备专门的生活指导教师，这些教师应受过专门训练并具备一定文化素质，经过严格考核后录用，工资由财政部门提

---

① 《提升特教发展水平 彰显教育公平——教育部基础教育二司负责人就〈特殊教育提升计划（2014—2016年）答记者问》，《中国特殊教育》2014年第2期。

供。再次，开展有益的身心活动。由于实行寄宿，学生在校时间增加，实行封闭式管理会使学生感到压抑，合理分配这些时间可以丰富学生的寄宿生活，课余时间可组织各种文体活动。最后，要加强心理疏导和干预。学生长期寄宿，缺乏亲人的关爱，学习生活会遇到一些问题，应设立心理咨询室，安排有经验的教师对学生的心理问题进行疏导和干预，帮助他们解决心理问题。

重视教学点的建设。在人口稀少的偏远地区，单靠寄宿制这一种办学形式难以完成普及义务教育的任务，更不能保障义务教育均衡发展，保留教学点有助于偏远地区学生克服上学远的问题，降低学生的上学成本，满足他们受教育的需求，有助于义务教育均衡发展。目前，教学点的发展面临困境：部分教学点被取消，保留下的教学点资金短缺、教学质量低、办学条件差。为了给学生提供平等的受教育机会，应该加强教学点建设：

首先，避免盲目撤并，保留必要的教学点。教学点对农村学生就近入学起重要作用，地方政府应把教育公平作为义务教育发展的首要价值选择，不应为追求适度规模效益而牺牲公平。在布局教学点时，应充分吸纳学生家长、教师、学校等各利益群体的意见，谨慎撤并。其次，对保留下来的教学点予以多方面支持。教学点规模小，成本更高，应在投入上予以倾斜，改善教学条件，保障必要设备设施的齐全。灵活配置教师，放宽教师编制，保障充足的师资，缓解教学点教师紧缺的问题，也有利于减轻教师的工作压力，保障教育质量。向教学点教师发放特殊津贴，在晋升时予以特殊照顾，吸引优秀教师到教学点任教。加强学校间的资源共享，音乐、计算机等课程可以实行走教制。

2. 加大对留守儿童的关爱

留守儿童是农村义务教育中另外一个重要的弱势群体。伴随着城市化进程的加快，越来越多的农村劳动力进入城市打工，一部分孩子跟随家长进城入学，另一部分则留在农村，成为留守儿童。留守儿童一般由自己的祖父母、外祖父母或其他亲戚照顾，这些孩子缺乏正常的亲情，成为不可忽视的弱势群体。由于家庭监管不力，留守儿童人身安全往往得不到保障，或是由于监管人照顾不周产生安全问题，或是受到他人的人身伤害。留守儿童年龄较小，对待事物缺乏判断能力，自制力差，容易受到负面影响，养成不良的行为习惯。由于缺少父母的监督和帮助，留守儿童学习习惯普遍不好，成绩较差。以上不利因素会导致留守儿童厌学甚至辍学。

留守儿童现象是一个要长期面对的社会问题，妥善解决可降低留守儿童的成长风险，这需要多方面参与。首先，父母永远不能忽视对孩子的关爱。在孩子的成长过程中，家庭始终处于第一位，学校、其他社会力量永远不能代替家庭，对孩子而言，他们最需要的是父母的关爱，而不是能寄回多少钱，所以，家长应尽可能避免外出打工，尤其是母亲，因为不管是照顾孩子的生活还是教育孩子，母亲更有优势。城市学校对流动儿童入学门槛降低了很多，带孩子到务工城市入学也是可行的选择。其次，发挥学校教育的主体作用。学校是留守儿童学习生活的主要场所，应定期统计留守儿童的数量，建立流动儿童专门档案，畅通联系渠道，方便家长和教师、孩子和家长联系。

（三）保障流动儿童的受教育权利

流动儿童是我国农村剩余劳动力转移产生的另外一个教育弱势群体。根据《中国 2010 年第六次人口普查资料》样本数据推算，0—17 岁城乡流动儿童规模为 3581 万人①，流动儿童事关家庭的幸福和社会的和谐稳定。长期以来，流动儿童一直被拒绝于城市公立学校的大门之外，直到 2001 年，国务院颁布了《关于基础教育改革和发展的决定》，强调"要重视解决流动人口子女接受义务教育问题，以流入地政府管理为主，以全日制公办中小学为主，采取多种方式依法保障流动人口子女接受义务教育的权利"，首次提出了"两为主"政策，才为流动儿童进入流入地公办学校提供了机会。2010 年发布的《国家中长期教育改革和发展规划纲要（2010—2020 年）》提出："坚持以输入地政府管理为主、以全日制公办中小学为主，确保进城务工人员随迁子女平等接受义务教育，研究制定进城务工人员随迁子女接受义务教育后在当地参加升学考试的办法"，2012 年，国务院办公厅转发《关于做好进城务工人员随迁子女接受义务教育后在当地参加升学考试工作意见》，要求地方政府制定出台有关随迁

---

① 全国妇联课题组：《我国农村留守儿童、城乡流动儿童状况研究报告》（2013 年 5 月），2014 年 6 月，豆丁网（http://www.docin.com）。

子女升学考试的方案。城市学校对流动儿童渐渐降低了教育门槛，但流动儿童无论在入学、学校条件和升学等方面与城市儿童仍有很大差距，应进一步采取措施，缩小差距。

1. 明确中央和地方政府的责任，提高流入地接纳流动儿童的能力

流动人口在流入地工作，为流入地的发展做出了贡献，应该和当地居民享有同等的福利，如果他们的孩子不能和流入地的孩子享有同等的教育机会，是很不公平的。针对跨区域的流动儿童教育问题，只有中央政府才能真正承担起统筹责任，为流动儿童创造平等的受教育机会。2013 年，我国建立中小学生学籍信息管理系统，并实现全国联网，可以利用学籍管理系统，掌握流动儿童流出和流入的数量、地区分布。中央政府做好宏观调控，根据流入地流动儿童的数量，拨出专项经费，为流入地提供教育补贴，使流入地有能力扩建学校、增加师资，提高接纳流动儿童的能力。地方政府制定具体的接受流动儿童入学方案，明确对流动儿童应负的财政和管理责任。这样既有利于降低全国范围内流动儿童义务教育的区域差异，又有利于实施全国统一的流动儿童义务教育评价标准以及监督机制，以提高我国义务教育整体水平。①

2. 扶持民办流动儿童学校的发展

很多民办流动儿童学校因其办学条件差、教学质量低而被取缔，或许，随着政策的完善，民办流动儿童学校或许会消失，但在城市公立学校无法完全满足流动儿童入学的情况下，在很长时间内，扶持流动儿童学校应是一种必要的过渡性策略，办学渠道多元化本来也是我国教育发展的路径之一。因此应当鼓励民办流动儿童学校的发展，对符合办学标准的学校，政府应实行公共财政扶助制度：第一，政府制定政策，使师资合理流动，均衡分布，打破公办、民办学校的界限。第二，政府要求民办学校保障教育质量，在此基础上，根据接纳的流动儿童人数拨付教育经费。第三，政府可以承诺：如果民办学校给予流动儿童"两免一补"待遇，政府对其给予相应补贴。在流动儿童集中地方，公办学校无法为所有流动儿童提供充分的受教育机会，政府扶助民办学校是推进教育公

---

① 刘小湧：《流动儿童义务教育不公平现象的成因与对策》，《湖北社会科学》2010 年第 9 期。

平的有效策略。第四，政府加强监管，督促民办学校达到国家的教育管理、课程设置、安全管理、教学质量等标准。①

3. 增加流动儿童异地中考的机会

目前，流入地对流动儿童的入学由拒绝到接纳，为流动儿童提供了受教育机会。但是，义务教育结束后，流动儿童如何升学成为备受关注的另一个问题。为了维护流入地学生的利益，地方政府往往以非本地户籍为由拒绝流动儿童。2012 年 8 月，国务院办公厅转发了《关于做好进城务工人员随迁子女接受义务教育后在当地参加升学考试工作的意见》（以下简称《意见》），要求各地依据自身情况制定异地升学方案。各地的方案对流动儿童异地中考制定了严格的条件，北京、天津等地的方案则提供了职业教育的升学途径。目前，职业教育生源不断减少、质量不高，面临发展困境，为流动儿童提供职业教育实质上仍是一种有条件的排斥。流动儿童数量庞大，短时间内全面放开升学政策是不现实的，会给城市教育带来极大的压力。《意见》提出要根据城市功能定位、产业结构布局和城市资源承载能力，根据进城务工人员在当地的合法稳定职业、合法稳定住所（含租赁）和按照国家规定参加社会保险年限，以及随迁子女在当地连续就学年限等情况，确定随迁子女在当地参加升学考试的具体条件，这些条件太过苛刻，符合条件的学生很少，应该降低标准。另外，增加流入地普通高中的招生规模，尽可能在不影响当地学生利益的情况下保障流动儿童接受高中教育的权利。

三 完善义务教育信息化建设制度

十八届三中全会通过的《中共中央关于全面深化改革若干重大问题的决定》提出，通过大力推进教育信息化缩短区域、城乡、学校的差距，推进教育公平。这无疑是一条促进义务教育均衡发展的新路径。教育信息化路径首先是强调发挥信息化的后发优势，实现追赶式的发展，缩短差距，实现普遍均衡；其次强调教育信息化让学校都处在同一起跑线上，在变革过程中，总体协调、各有特色，实现动态均衡。

---

① 刘小湧：《流动儿童义务教育不公平现象的成因与对策》，《湖北社会科学》2010 年第 9 期。

（一）开发信息化优质课程资源，促进资源优化共享

信息化课程资源是指经过数字化处理，可以在多媒体或网络环境下运行的、具有课程价值的各类资源。信息化课程资源可以延伸感官、扩大教育教学规模、提高教育教学效果，具有其他课程资源无法替代的优势，因其易于突破时空限制、便于共享，成为现代教育中重要的素材性资源。[1] 随着教育信息化的发展，信息化课程资源在义务教育均衡发展中的价值被越来越多的人认可，《基础教育课程改革纲要（试行）》也指出，要"积极利用并开发信息化课程资源"。

开发信息化优质课程资源。随着信息技术的发展，可利用的信息资源越来越多，但可利用的高质量课程资源贫乏。优质中小学课程资源需求很大，而目前很多教育网站的的内容侧重于教学而不是课程，服务于教师备课，不能支持互动教学的视频讲座居多，教学信息缺乏教育价值和学习意义，学生无法深入学习、接受反馈。教师是网络课程资源的主要开发者，教师有丰富的教学实践经验，熟知课程内容和体系，掌握一定的信息技术，最了解学生的需要，优秀教师能创造性地开发适合自己学生需要的课程资源。另外，可设置"信息化课程资源发展中心"，根据专业发展需要提出信息化课程资源开发项目，向社会招标，个人或企业可联合或自行开发项目，由"信息化课程资源发展中心"组织专家进行评估，通过评估的项目被推荐给教师和学生使用，根据教师和学生使用该项目的人次、频率和对该项目的评价作为项目评估的最主要指标，由"信息化课程资源发展中心"向项目开发者支付资源使用费用。学生和教师没有选择的项目或者重新验收，或者自动废弃。中国香港及很多国家普遍设置类似"信息化课程资源发展中心"的机构。[2]

促进优质化信息资源的共享。由于信息资源管理机制不完善，资源提供方不愿拿出自己的优质资源供用户分享，用户在大量的资源中找不到适合自己的课程资源，造成资源的浪费。优质信息化教育资源共享可以实现教育资源利用的最大化，节省人力物力，使用户找到合适的资源，

---

① 刘志耀：《以信息资源共享促进教育均衡发展》，《中国教育信息化》2012年第4期。

② 黄黎明、卢勃：《有效开发、利用信息化课程资源的机制》，《电化教育研究》2006年第8期。

缩小学校间、地域间的教育质量差异,实现教育均衡发展。首先,建立国家课程资源公共服务平台。充分依托国有大型电信企业的基础设施,通过政府购买服务,加快国家教育资源公共服务平台与国家数字教育资源中心建设。建设教育云资源平台,将优秀资源进行梳理,形成内容丰富、特色鲜明的教育资源交流社区。为资源开发机构和个人提供公平竞争的系统环境,为基层学校和各级教育行政部门、科研机构提供高质量的课程资源网络,帮助所有师生、教育管理者、研究人员获取优质资源服务,提高课程资源的使用效益、实现信息化资源共享,促进教育均衡发展。其次,建立信息化资源共享机制。制定信息化资源技术标准和审查评价指标体系,鼓励社会力量开发信息化教育资源,制定政府购买优质信息化资源服务政策,建立起多方参与、政府引导的资源共享共建制度。①

(二) 加快实施农村义务教育现代化远程教育工程

1. 推进"宽带网络校校通"

首先,探索"政府统筹引导、企业参与建设、学校购买服务"的机制。国家实施农村扶贫开发纲要等重大规划,加大对农村中小学扶持的力度,优先解决农村中小学宽带接入。其次,将信息化作为义务教育阶段学校建设标准和基本办学条件,把中西部农村中小学网络条件下的教学环境建设作为全面改善贫困地区义务教育薄弱学校基本办学条件工作的一部分。再次,提高农村义务教育阶段学校公用经费基本标准,满足购买必备基础设施和信息化服务,学校宽带租用、设备运行维护等基本需求。

2. 推进"优质资源班班通"

开发义务教育优质数字资源,在教学中普遍推广信息技术的使用,提升教学质量、促进教育公平。首先,探索优质数字教育资源开发、应用、服务机制,建立"基础性资源靠政策、个性化资源靠市场"的资源开发机制;探索"企业竞争提供、政府评估准入、学校自主选择"的机制,组织、鼓励教材出版企业建设并提供教师备课和学生学习的基础性

---

① 中华人民共和国教育部:《教育信息化十年发展规划 (2011—2020 年)》,2012 年 3 月 13 日,教育部门户网站 (http://www.moe.edu.cn/publicfiles)。

资源；充分发挥学校和教师个性化资源建设的主体作用，研究鼓励优质校本资源广泛共享的政策。其次，巩固"教学点数字教育资源全覆盖"项目成果，更新、改进并适时推送满足教学点需求的数字教育资源；推广"中心学校带教学点""一校带多点、一校带多校"的教学组织模式，逐步形成强校带弱校、优秀教师带其他教师制度化安排，帮助教学点开齐开好国家规定课程，帮助所有学校提高教学质量。

3. 推进"网络学习空间人人通"

建立基于云服务模式的网络学习空间，开展教与学方式、教师研修模式的变革探索，实现师生之间、学生之间、家长学校之间的多元互动，促进校内外教育的有机结合。首先，探索"政府规范引导、企业建设运营、学校购买服务"的机制，加快推动网络学习空间建设，为义务教育学校和相关教育机构建立机构网络空间，鼓励家长建立家长网络空间，为师生建立个人网络空间。其次，鼓励教师通过网络学习空间开展网络研修和协同备课，形成教学研究、共同备课、资源共享等一体化协作交流机制；鼓励学生使用网络学习空间中的数字资源、网络作业、网上自测、拓展阅读、网络选修课等开展自主学习，教师提供学习指导服务、探究式学习支持，帮助学生养成自我管理、自主学习的良好习惯，促进教与学的方式变革。①

（三）加强教师的信息技术培训

1. 根据教师的水平和学科因材施教

一般来说，年轻、学历较高的教师信息技术水平较高，不需要高水平培训或无须接受培训，而学历较低的老教师可能不具备最基本的技术水平，需要接受最基础的培训，如果为他们提供相同的培训内容，势必影响培训效果。不同学科对培训内容的要求不同，数学教师重点掌握几何画板，英语教师需要学会音像处理，而语文教师文字处理的运用较多，不同学科运用信息技术的方法也有所不同，应该根据不同学科的特点设计教学内容和方法，使教师能够较快地将所学知识应用于教学。因此，

---

① 中华人民共和国教育部：《构建利用信息化手段扩大优质教育资源覆盖面有效机制的实施方案》（教技〔2014〕6号），2014年5月4日，中国教育新闻网（http://www.jyb.cn/info/jyzck/201412/t20141204_606433.html）。

有必要在培训前进行培训需求分析，根据教师水平和所教学科进行分班教学，因材施教，提高培训的效果，而不是流于形式。

2. 建立完善的教师信息技术培训评价体系

完善的评价体系是教师信息技术培训的质量保障，在培训过程中要灵活运用诊断性评价、形成性评价和总结性评价。诊断性评价是教学评价中重要但容易被忽视的一个环节，通过诊断性评价，可以了解教师的信息技术水平和不同需求，因材施教。形成性评价的目的是调节教育过程、保证教育目标更好地实现。教师信息技术培训重在能力的形成，而不仅仅是知识的传递过程。教师教育技术能力具有较强的实践性和培训方式的特殊性，培训过程中更适于采用形成性评价，传统的形成性评价需要大量搜集文档，数据管理和统计困难。网络有广泛的传播性、强大的交互性、数据收集管理的方便性、时空的开放性、数据统计分析的快捷性等优势，在教育评价领域受到重视，成为形成性评价的重要工具，在教育信息能力培训中发挥着独特作用。① 总结性评价是教育评价的最后环节，应重点参考形成性评价结果，给予受训教师合理的评价，发放教育信息技术应用能力水平证书，将其作为教师晋升的重要依据。

3. 完善教师教育信息化培训保障体系

我国中小学教师教育信息化培训已经进行了多年，但效果并不很理想，许多教师未能将信息技术和课程教学有机融合到一起，对信息技术的理解仍停留在基本操作技能方面，所接受的培训不能满足优质教学的需要，其根本原因在于信息技术培训的保障体系不完善。有必要建立完善的教师信息技术培训保障体系，使教师在掌握计算机基础知识和操作技能的基础上，提高信息技术与学科教学整合的能力，运用教育技术的基本理论和方法，进行教学设计，改进教学方式，优化教学过程，提高教育教学质量，这也是当前和今后一段时期提升教师专业化水平需要解决的重要课题。②

① 张生：《中小学教师教育技术能力培训过程中的评价方式研究》，《中国电化教育》2007年第4期。

② 乔爱玲、何克抗：《教师教育技术培训的定位与实施》，《开放教育研究》2005年第5期。

教师教育信息化培训需要多方面的制度保障。首先，建设中小学教师信息技术"培训、考试和认证"体系，建立促进我国中小学教师信息技术能力长期发展的有效机制，建立一批经过资质评估合格的中小学教师教育信息培训基地，使中小学教师获得不同等级的教育信息技术应用能力水平证书。其次，成立中小学教学信息化专家指导委员会，发挥各级教研人员的力量，总结、提炼并指导形成信息技术与课堂教学融合的模式，全面推动中小学利用信息技术开展教学活动，促进教育教学方式的变革。再次，将教育技术能力评价结果纳入教师资格认证与考核体系，提高教师接受信息技术培训的积极性。

第二节　义务教育均衡发展的保障机制

一　完善义务教育均衡发展法律保障机制

2006 年，新修订的《义务教育法》把义务教育均衡发展理念首次写进法律，对义务教育均衡发展起了一定保障作用，但在立法、行政、司法方面，法律保障机制应进一步完善。

（一）义务教育均衡发展的法律保障措施

1. 明确政府均衡发展义务教育的职责

现代政府的重要职责是举办公益事业、提供公共物品和维护社会平等。在公平与效率之间，政府的首要职能是维持公平，效率可以由市场去调节。《义务教育法》明确提出促进义务教育均衡发展是政府的法定职责。其中第六条规定：国务院和县级以上地方人民政府应当合理配置教育资源，促进义务教育均衡发展。第八条规定：人民政府教育督导机构对义务教育工作执行法律法规情况、教育教学质量及义务教育均衡发展状况等进行督导，督导报告向社会公布。第二十二条规定：县级以上人民政府及其教育行政部门应当促进学校均衡发展，缩小学校之间办学条件的差距，不得将学校分为重点学校和非重点学校。

2. 均衡配置义务教育资源

教育资源主要包括教育经费、师资、办学条件等。《义务教育法》在这些方面做了规定。首先，建立义务教育经费保障新机制，确保国家财政性教育经费均衡配置。《义务教育法》第六章为"经费保障"，明确规定：国家将义务教育全面纳入财政保障范围；国务院和地方各级人民政府将义务教育经费纳入财政预算，按照教职工编制标准、工资标准和学校建设标准、学生人均公用经费标准等，及时足额拨付义务教育经费，确保学校的正常运转和校舍安全，确保教职工工资按照规定发放；国务院和省、自治区、直辖市人民政府规范财政转移支付制度。其次，保障教师资源均衡配置。在义务教育阶段，教育质量的高低直接取决于师资水平。《义务教育法》第三十二条规定：县级人民政府教育行政部门应当均衡配置本行政区域内学校师资力量，组织校长、教师的培训和流动，加强对薄弱学校的建设。最后，制定义务教育学校办学国家基准，确保基本的办学条件。《义务教育法》第十六条规定：学校建设，应当符合国家规定的办学标准，适应教育教学需要；应当符合国家规定的选址要求和建设标准，确保学生和教职工安全。第十七条规定：县级人民政府根据需要设置寄宿制学校，保障居住分散的适龄儿童、少年入学接受义务教育。应该严格依据法律的规定，均衡配置义务教育资源。

3. 实行弱势补偿原则

对弱势群体的关注是教育均衡的直接体现。《义务教育法》对农村、少数民族、薄弱学校和残障学生实行政策倾斜。《义务教育法》第六条规定：改善薄弱学校的办学条件，并采取措施，保障农村地区、民族地区实施义务教育，保障家庭经济困难的和残疾的适龄儿童、少年接受义务教育。国家组织和鼓励经济发达地区支援经济欠发达地区实施义务教育。第十九条规定：县级以上地方人民政府根据需要设置相应的实施特殊教育的学校（班），对视力残疾、听力语言残疾和智力残疾的适龄儿童、少年实施义务教育。特殊教育学校（班）应当具备适应残疾儿童、少年学习、康复、生活特点的场所和设施。普通学校应当接收具有接受普通教育能力的残疾适龄儿童、少年随班就读，并为其学习、康复提供帮助。第三十三条规定：国务院和地方各级人民政府鼓励和支持城市学校教师和高等学校毕业生到农村地区、民族地区从事义务教育工作。国家鼓励高等学校毕业生以志愿者的方式到农村地区、民族地区缺乏教师的学校任教。第四十三条规定：特殊教育学校（班）学生人均公用经费标准应当高于普通学校学生人均公用经费标准。第四十四条规定：农村义务教育所需经费，由各级人民政府根据国务院的规定分项目、按比例分担。

第四十五条规定：县级人民政府编制预算，除向农村地区学校和薄弱学校倾斜外，应当均衡安排义务教育经费。第四十七条规定：国务院和县级以上地方人民政府根据实际需要，设立专项资金，扶持农村地区、民族地区实施义务教育。弱势补偿已经有了法律依据，下一步要做到的是真正实施。

4. 规定违反义务教育均衡发展的法律责任

教育法律责任是保障教育法律贯彻落实的最后一道屏障，没有这道屏障，教育法律会成为一纸空文。《义务教育法》第七章为"法律责任"。第五十一条规定：国务院有关部门和地方各级人民政府违反本法第六章的规定，未履行对义务教育经费保障职责的，由国务院或者上级地方人民政府责令限期改正；情节严重的，对直接负责的主管人员和其他直接责任人员依法给予行政处分。规定有下列情形之一的都要追究相关部门和责任人的法律责任：学校建设不符合国家规定的办学标准、选址要求和建设标准的；未依照本法规定均衡安排义务教育经费的。侵占、挪用义务教育经费的；将学校分为重点学校和非重点学校的；分设重点班和非重点班的等。

（二）义务教育均衡发展的法律保障存在的问题

1. 义务教育均衡缺乏配套的法律体系，法律条款过于抽象

（1）缺乏配套的法律体系。义务教育均衡发展主要通过《义务教育法》保障，但也需要其他相关的法律提供良好的法制环境。教育立法表现出了较大的随意性，致使很多教育法律条文在处理教育内部矛盾时没有发挥应有的法律强制作用，教育主体的权益没有得到很好的法律保障。

在学校与教师之间的关系上，《教师法》《教育法》均规定聘任制，即一种平等自愿基础上的劳动合同关系。教师作为专业技术人员，在平等自愿的基础上与公益性质法人——中小学校签订聘任合同，依法享有合同上的权利及履行义务，有权选择学校和辞职。学校作为用人单位有权决定教师的去留，但也只能依据双方签订的合同督促教师履行义务，教师与学校没有人身依附关系，学校不得以行政命令方式要求教师履行教育职责。聘任制将竞争机制引入学校，赋予了学校和教师充分的自主权，这使得教育资源雄厚的学校可以凭借其优

势教育资源聘任更多的优秀教师；能力较强的优秀教师可以选择更好的学校，获得更好的待遇，这无形中加剧了义务教育非均衡发展，导致教师资源配置极不均衡。[①]

在法律效力层面上，《教师法》《教育法》的法律位阶高于《义务教育法》，其法律效力优于《义务教育法》，也即教师聘任制优于行政管理关系。这使得《义务教育法》规定的"各级政府在所辖区域均衡配置教师"形同虚设，地方政府通过行政管理权均衡配置义务教育教师资源就失去法源基础，教师资源均衡配置也就难以落实。[②]

（2）法律条款过于抽象。抽象性条款是指有关的法律规定过于原则化，而不具有可操作性和适用力的条款。例如，《义务教育法》第六条规定：国务院和县级以上地方人民政府应当合理配置教育资源，促进义务教育均衡发展，改善薄弱学校的办学条件，并采取措施，保障农村地区、民族地区实施义务教育，保障家庭经济困难的和残疾的适龄儿童、少年接受义务教育。那么，如何配置教育资源才是"合理"？显然，有必要将"合理"予以具体化。第九条规定引咎辞职的构成要件是"发生违反本法的重大事故"，并且"造成重大社会影响"，但是什么程度算是"重大"？法律并没有明确规定。第二十二条规定：县级以上人民政府及其教育行政部门应当促进学校均衡发展，缩小学校之间办学条件的差距，不得将学校分为重点学校和非重点学校。但是，在实践中，"示范学校""实验学校"普遍存在，这些变相的重点学校该如何禁止呢？

2. 义务教育均衡执法和执法监督不力

（1）义务教育均衡执法不力。义务教育法律，尤其是《义务教育法》实施以来，执行效果总体良好，但在某些方面存在执行不力的问题，影响了实施效果。《义务教育法》第十二条规定：适龄儿童、少年免试入学。但是，一些小学还在通过考试的形式选拔学生入学；残障学生入学率较低，农村残障学生入学率更低；贫困地区生均公用经费标准

---

① 冯文全、夏茂林：《从师资均衡看城乡教师流动机制构建》，《中国教育学刊》2010 年第 2 期。

② 王新奎、巫志刚：《县域义务教育教师资源均衡配置的法律制度设计》，《教育学术月刊》2013 年第 6 期。

不能满足教育教学基本需要。义务教育均衡执法不力，主要有两方面原因。其一，教育不是对各级政府及官员政绩进行评价的主要指标。"教育优先"并未真正落实到实践层面，义务教育具有因其长效性、迟效性等特点，决定了教育政策的具体实施不会首先进入基层政府的视野，事关各级政府及官员政绩和升迁的主要标准是经济发展和政治稳定，而不是教育均衡发展的程度。其二，政府及官员执法压力小。《义务教育法》规定了问责的后果，主要有限期改正、行政处分、追究刑事责任，但对"处分"没有具体规定，问责的后果还有待细化。问责后果不明确给问责带来了较大的不确定性，减轻了官员执行义务教育法的压力。另外，《义务教育法》没有明确问责责任体系，在这种情况下，责任人在承担责任时可能会避重就轻，择其有利者取之，甚至用政治责任代替法律责任。义务教育问责制还有待规范，须对何种情况下应承担何种责任做出明确规定。

（2）义务教育均衡执法监督不力。教育均衡执法监督是制约教育均衡执法的一种机制。为防止教育均衡执法主体滥用权力或不作为，必须加强执法监督。《义务教育法》第九条规定：任何社会组织或者个人有权对违反本法的行为向有关国家机关提出检举或者控告。社会公众被赋予了监督的权利，公众监督作用的发挥有赖于公众的监督能力。我国公众监督能力不强，主要有以下原因。第一，公众执法监督意识不强。我国法制建设起步较晚，公众法律意识淡薄，更缺乏监督的意识。新《义务教育法》已经实施多年，执法主体滥用权力或不作为的现象肯定存在，但没有受到有效监督。在美国，义务教育阶段财政配置不均衡，引发了大量诉讼，公众以联邦平等保护条款或州平等保护条款为依据，争取平等的财政资助，很多诉讼获得了成功，从而引发各州教育财政公平制度的改革。这应该和美国人强烈的法律意识密切相关。第二，公众无法便捷地获得义务教育均衡发展相关的关键数据。当前，公众虽然享有法律赋予的有关义务教育均衡发展方面的监督权，但因公众难以便捷地获取关键数据，导致这一法定监督权利无法真正行使。许多政府网站实用性不强，在线服务数量较少，教育经费使用信息数量严重不足。义务教育均衡发展的监督是一个技术性比较强的监督，与其他的监督有很大不同，如果没有翔实、准确的统计数据，对义务教育均衡发展的监督将会无从下手。①

3. 义务教育均衡的法律救济渠道不畅

根据不同的教育法律关系，我国受教育权的教育法律救济分为行政救济、司法救济和其他救济。教育行政救济的途径为申诉和复议，目前，学生受教育权的申诉在实践中管辖不明确，教育复议制度的主要法律依据是《行政复议法》，教育行政复议有特殊性，但没有专门规定，并且申诉、复议等行政系统内部教育救济途径缺乏强制执行力。司法救济以其审判人员专业、公正、权威及强制力使受教育权利真正得到救济。在《义务教育法》中，有关公民个人或者社会组织能够依法维护均衡享有义务教育资源的救济权利只有一条，即第九条规定："任何社会组织或者个人有权对违反本法的行为向有关国家机关提出检举或者控告。"但是，只有少量的受教育者选择去向法院提起诉讼寻求救济，其中被法院正式受理的更是屈指可数②，法院不予受理的主要原因是一些教育诉讼案不属于行政诉讼范围，能胜诉的更少了。

（三）义务教育均衡发展法律保障机制的完善

1. 完善法律体系，法律条款具体化

首先，全面修订《教育法》。《教育法》制定于 1995 年，和 20 年前相比，目前的社会经济状况发生了极大变化，主导思想不再是"效率优先，兼顾公平"，"公平"成为执政理念。作为教育的根本大法，《教育法》中应体现义务教育均衡发展的价值追求，与义务教育均衡发展不符的条款应该删除，并增加新的条款。其次，修订《教师法》，与《义务教育法》相协调，制定《教育投入法》《教育公平法》。义务教育阶段，最重要的资源是教师和资金，《教师法》已经实施了 20 多年，但至今仍未修订过。应该制定《教育投入法》，改善教学条件、提高教师收入、加大对弱势学生的资助。建议制定《教育公平法》，明确教育公平的保障体系、保障对象、救济机制和法律责任。美国 1974 年通过了《教育机会均等法案》，其中的经验可以借鉴。再次，法律条款具体化。对《义务教育

---

① 李宜江：《义务教育均衡发展理念走向"现实"的法律思考》，《中国教育学刊》2010 年第 4 期。

② 范履冰：《受教育权法律救济制度研究》，法律出版社 2008 年版，第 25 页。

法》中一些模糊性、抽象性的条款做出明确的、不易产生歧义的法律解释，增强执行过程中的可操作性。美国《不让一个孩子掉队法案》600 余页，内容全面详尽，措辞严谨明确，可参考。

2. 加强义务教育均衡执法和执法监督

首先，加强义务教育均衡执法。既然以法律的形式提出义务教育均衡发展的具体措施，义务教育均衡发展实现了"有法可依"，就应该"执法必严"，否则法律只能是一纸空文，丧失威严性。应将义务教育均衡发展水平作为对政府政绩考核标准之一，提高官员对教育的重视程度。细化义务教育均衡问责制度，明确法律后果，增强地方政府和官员的危机感。

其次，加强对义务教育均衡执法的监督。第一，加强《义务教育法》的宣传，提高公众的法律意识。公众法律意识的提高有利于对执法进行监督，但公众的法律意识不是在短时间内就可以提高的，需要一个渐进的过程。除了部分教育和法律专业人员了解义务教育均衡发展政策，公众对教育均衡发展了解甚少，需要加强《义务教育法》的宣传。第二，完善教育督导制度。完善教育督导制度是加强监督的最有效手段，督导能否进行强有力的监督关系到《义务教育法》的最终落实、义务教育行政问责制效力的发挥。新《义务教育法》第八条明确了督导的主体、职责和内容，规定了教育督导公开制度。但到底如何实施督导，督导的具体内容、范围、程序、方法等，需要进一步明确。1991 年，国家教委发布的《教育督导暂行规定》与新《义务教育法》的规定有矛盾的地方，国务院有必要尽快出台教育督导条例，以确保其对新《义务教育法》强有力的监督。① 第三，公开教育均衡发展相关的重要信息。行政问责制的前提是政务信息公开，只有在政务公开、政策透明的基础上，才能保障行政问责的公正性，进一步提升行政问责的社会政治效能。因此，各级人民政府及其教育行政部门应公布义务教育均衡评估标准以及教育经费投入、教师、办学条件等关键数据，主动接受公众监督，这既能解决教育督导的滞后性问题，又便于公民个人和社会组织履行问责权利，及时纠正行政违法行为。

---

① 尹力：《教育人权及其保障》，《教育研究》2007 年第 8 期。

3. 疏通平等受教育权的法律救济渠道

鉴于我国法律体系的现状，以及《义务教育法》对法律责任的追究原则（情节不严重的一般由上级行政部门限期责令整改），建议在《教育法》和《义务教育法》中明确规定公民享有维护平等受教育权的法律救济权，通过申诉、行政复议、行政诉讼等渠道寻求救济。申诉、行政复议在教育行政系统内部进行，起到了行政系统自我纠错、替司法救济先行过滤的作用，效率高，并且能减轻司法部门的压力，当行政机关无法妥善处理时，再由司法机关介入。完善教育行政诉讼的相关司法解释，让更多的诉讼能被受理，使司法救济渠道更畅通。

二 改进义务教育经费保障机制

义务教育均衡发展的基本前提是合理的义务教育经费保障机制，长期以来，我国义务教育发展不均衡，其根本问题在于教育投入差距过大，造成学校间、地域间设备设施、师资的巨大差异。

（一）加大政府教育投入力度，多渠道筹措义务教育经费

教育投入差距过大的主要原因是教育投入不足，无法合理进行教育投资以满足贫困地区和薄弱学校的需要。只有"蛋糕"做大了，才有可能公平地分配"蛋糕"。长期以来，我国一直把教育作为消费性的事业，只有投入而无产出，因此不重视教育投入，教育财政长期处于严重短缺的状态。2012 年，我国国家财政性教育经费支出占国民生产总值的比例才达到 4%，教育投入长期低位徘徊，而教育总规模的扩张和质量提升需要不断追加教育投资，4% 的比例和实际需要还有很大的差距。《教育概览 2011OECD 教育指标》显示，2008 年，OECD 国家用于教育经费的支出占其 GDP 的 6.1%。在智利、丹麦、冰岛、以色列、韩国、挪威和美国，这一比例超过 7%。2010 年，中国人均 GDP 约为 4300 美元，但财政性教育经费支出也只占 GDP 的 3.66%，比国际上人均 GDP 为 1000 美元国家投入下限还低很多。[①]

加大政府教育投入力度应是我国教育发展的一个长期目标。高等教育有较强的私人产品属性，可以通过政府财政投入、个人分担教育成本、

---

① 周洪宇：《教育公平论》，中国人民大学出版社 2014 年版，第 291—292 页。

捐赠等多渠道筹措教育经费，但义务教育的公共产品性质决定了政府在投入中的主体地位，并且义务教育是整个教育的基础，是民族素质提高的保证，在发展中国家，低重心的教育投资效率更高。因此，政府应该增强责任意识，承担起义务教育投入的主要职责，增加义务教育投资在教育总投资中的比例。

多渠道筹措义务教育经费。在政府投入这一主渠道的基础上，采取多渠道筹资方式。近年来，尽管国家加大了对义务教育经费的投入，但选择某些税种或将某些税种的一部分用于义务教育仍是一种比较好的方法，例如将奢侈品消费税的一部分用于义务教育，应较为可行，美国各学区义务教育经费的主要来源是财产税。可以尝试发行教育彩票，我国已经发行了福利彩票和体育彩票，将彩票收入用于体育和福利事业，义务教育是一项更重要的公益事业，发行教育彩票可以使更多人受益。

（二）加大中央政府的投入责任，完善转移支付制度

1. 加大中央政府的投入责任

发达国家义务教育投资的历史经验表明，由更高级别的政府（比如中央或联邦政府）主导义务教育财政，将会促进投入一致性、标准化和均等化。许多国家在实施义务教育之初，曾将义务教育视为基层的责任，由基层地方政府承担教育投资责任。这种做法给地方财政带来很大负担，并且导致教育发展不均衡，后来各国相继调整教育投资体制，将教育投资的责任上移或适当集中，由中央和高层次地方政府分担主要责任，大大改善了教育不均衡的现象。目前，德国联邦政府教育投入占10%左右，州政府占65%以上，州以下政府占20%左右；日本、英国、法国中央政府承担的教育经分别为51%以上、60%、80%。美国教育财政改革趋势是，联邦政府和州政府投入比例不断增大，地方政府投入减少，州政府提高尤为明显，2005年三级政府的投入比例分别是7%、50%和43%；而且，州政府投入的主要责任是向有需要的学区提供均等化补助。而我国2006年中央、省、地市和区县及以下教育支出的比例分别约为10%、17%、17%和56%。①

我国行政分为中央、省（自治区、直辖市）、县（区）、乡（镇）四

---

① 武向荣：《义务教育经费均衡现状调查与对策分析》，《教育研究》2013年第7期。

个级别，20世纪80年代开始，义务教育实行"地方负责、分级管理"的管理体制，教育投入实际上由乡镇政府和农民承担，乡镇政府是财力最弱的一级政府，却要承担绝大部分教育投资，而农民要承担办学经费，不合理的投资体制造成投资严重短缺、教育发展区域间极度不均衡。2001年，"以县为主"的管理体制实施，新的管理体制将农村义务教育纳入公共财政保障范围，取消了农民的办学负担，教师工资由县政府统筹发放，教师工资有了保障，新体制有利于县域内教育均衡，但义务教育经费对县政府仍然是沉重负担，贫困的农村县更是如此。2006年，国务院下发《关于深化农村义务教育经费保障机制改革的通知》，按照"明确各级责任、中央地方共担、加大财政投入、提高保障水平、分步组织实施"的基本原则，逐步将农村义务教育全面纳入公共财政保障范围，建立中央和地方分项目、按比例分担的农村义务教育经费保障机制。根据"新机制"，中央和地方按比例分担免学杂费资金、公用经费、中小学校舍改造资金、中小学教师工资经费，"新机制"加大了中央政府的责任，有利于教育均衡发展。

2. 完善中央政府的转移支付制度

中央政府主要通过转移支付的方式对义务教育进行投入，转移支付有一般性转移支付和专项转移支付两种形式。我国从1999年开始实行转移支付制度，但仍然存在财政投入不足、经费分配差距过大、支出结构不合理等问题，有必要进一步完善中央政府的转移支付制度。

第一，建立义务教育转移支付额模型。应在政府财政转移支付的基本框架下建立相对独立的教育财政转移支付制度，使之形成一套相对独立的测算与补助体系。构建这一体系的核心是要确立合理的支付模型。这一模型的基本设计是：

（1）义务教育转移支付额模型。某县义务教育转移支付额 =（该县义务教育标准支出 - 该县义务教育标准收入）× 激励系数

（2）义务教育标准收入模型。某县义务教育标准收入 = 财政对义务教育中等努力程度下可以负担的义务教育经费 + 按国家标准收取的学杂费

标准收入由两部分组成：一是某县财政对义务教育中等努力程度下可以负担的义务教育经费；二是学校按规定收取的学杂费收入。

（3）义务教育标准支出模型。某县义务教育标准支出＝该县小学标准支出＋该县初中标准支出

小学（或初中）标准支出＝〔小学（或初中）人员经费标准支出＋小学（或初中）基建标准支出＋小学（或初中）公用经费标准支出＋小学（或初中）贫困生补助标准支出〕×成本差异系数

标准支出是指完成义务教育所需的师资和教学费用的基本支出，包括人员经费标准支出、公用经费标准支出、基建标准支出、贫困生补助标准支出。[1]

第二，合理划分东中西部专项转移支付比例。转移支付的目的是对财力弱的地区进行资助，财政能力越弱的地区，转移支付额度越大。2006年，国务院下发《关于深化农村义务教育经费保障机制改革的通知》，根据东中西部不同的经济发展水平，建立了中央和地方分项目、按比例分担的农村义务教育经费保障机制。总体上讲，我国义务教育经费转移支付制度比较合理，但按东中西部划分区域的办法有些粗糙。根据《中国统计年鉴》公布的2009年我国各省（区、市）人均GDP排名，西部地区的内蒙古人均GDP排名第7，超过山东、辽宁和福建，位居全国上游；西部地区的陕西、重庆、宁夏位居全国中游；中部地区的安徽、江西位居全国下游。如果内蒙古、陕西、重庆、宁夏按中央和省（区、市）8∶2的比例，安徽、江西按6∶4配备，显然出现地方财政能力越强，转移支付比例就越高，也就是说，按东、中、西部划分，掩盖了区域内各省的财政能力，结果是拉大了省际义务教育财政差距，富者愈富，穷者愈穷。[2] 应该细化区域划分，以省（区、市）为单位确定转移支付比例，实现教育经费分配的公平性和使用效益最大化。

（三）改进义务教育生均公用经费基本标准，加强对经费投入和使用的监督

公用经费用于教学业务与管理、教师培训、文体活动、实验实习、取暖、水电、邮电、交通差旅、图书资料及仪器设备等购置、仪器设备

---

① 司晓宏、王华：《教育财政转移支付与义务教育均衡发展》，《陕西师范大学学报》（哲学社会科学版）2006年第2期。

② 王强：《我国义务教育财政转移支付问题及对策》，《教育与经济》2011年第1期。

及建筑物的日常维修维护等，这项经费决定办学条件，是维持学校正常运转的基本要素。在义务教育阶段，存在公用经费投入不足、管理不完善的问题，影响了教育均衡发展。

1. 提高人均公用经费基本标准

保证生均公用经费基本标准的增长。《义务教育法》规定，国务院和地方各级人民政府用于实施义务教育财政拨款的增长比例应当高于财政经常性收入的增长比例，保证按照在校学生人数平均的义务教育费用逐步增长，保证教职工工资和学生人均公用经费逐步增长。农村义务教育经费保障新机制实施以后，各省（区、市）制定了相应的生均公用经费标准，但新机制取消了学杂费等各种服务性收费，公用经费来源由国家拨付，但国家拨付的数额有限，各省（区、市）制定的公用经费标准仍然较低，难以满足学校正常运转的需要。物价增长提高了教育成本，对教育质量要求的提高要求公用经费投入的增长，各省（区、市）应该根据实际情况不断提高人均公用经费基本标准。

2. 制定全国性人均公用经费标准

义务教育资源配置均衡是实现义务教育均衡发展的前提条件，就义务教育公用经费而言，如果没有全国性的公用经费标准，就很难实现资源均衡配置。现在国家要求义务教育县域内均衡发展，这是均衡发展的起点，随着均衡发展政策的推进，省（区、市）内、全国教育基本均衡应是义务教育均衡的发展路径。从国外实施义务教育均衡发展的实践来看，也存在一个国家统一的指导性标准。20 世纪 70 年代初，韩国的中小学校也分等级，教育的应试倾向明显，学生间的竞争十分激烈。韩国为此推出了三项"教育平准化"政策：增加对"薄弱学校"的拨款，改善其办学条件；为确保学校间师资水平均衡，教师每工作四年流动一次；各学区根据学生的综合评分由计算机随机确定儿童将要就读的学校。这些"平准化"的政策有力促进了韩国义务教育的均衡发展。在日本，学校均有游泳池和各种教学设施，边远和比较落后的农村地区也是如此。这些强制性的措施，保证了义务教育公平。① 我国《义务教育法》第四十三条规定，"学校的学生人均公用经费基本标准由国务院财

---

① 邬志辉：《农村义务教育经费保障新机制》，北京大学出版社 2008 年版，第 121 页。

政部门会同教育行政部门制定，并根据经济和社会发展状况适时调整。制定、调整学生人均公用经费基本标准，应当满足教育教学基本需要。省、自治区、直辖市人民政府可以根据本行政区域的实际情况，制定不低于国家标准的学校学生人均公用经费标准"[1]。根据该法的要求，国务院制定人均公用经费基本标准，省、自治区、直辖市依据国家标准制定本行政区域的基本标准，目前，各行政区已经制定并执行了基本标准，但国家基本标准还未出台，国家基本标准的欠缺阻碍了义务教育公用经费在全国的均衡配置。

3. 灵活配置义务教育公用经费

由于学校规模、自然条件等的差异，公用经费应在基本标准的基础上灵活配置，满足不同学校的需要。小规模学校"麻雀虽小，五脏俱全"才能保障教育质量，对于这类学校，可以采用提高定额或提高生均补助标准的方式予以重点关注。农村普遍存在的寄宿学校因需配备食宿设施而需要更多的经费，在配置公用经费时也需要政策倾斜。北方气候寒冷，冬天需要取暖，调查发现，取暖费支出占公用经费支出的 25.42%，从 2008 年起，中央财政对北方地区学校拨付了取暖费，标准为每年生均 50 元。但据推算，北方高寒地区农村学校生均取暖费支出达每年 70—100 元，取暖费已成为北方农村义务教育学校的沉重负担[2]，中央财政应该根据取暖时间长短有区别地拨付取暖费。

4. 加强对义务教育公用经费投入的监督

目前，我国实行中央财政与地方财政二元并存的义务教育经费投入制度，由于缺乏有效监督，很多地方很难保证义务教育教育经费的足额投入。建议建立由人大监督的教育经费投入机制，以保障教育事业的顺利进行。各级人大常委会定期听取政府实施义务教育情况汇报，并及时做好纠正补助工作，启动问责权和问询权。总之，我国必须多种措施并举对教育经费进行监督，真正使教育经费的投入"货真价实"而不是玩

---

[1]　中华人民共和国教育部：《中华人民共和国义务教育法》，2012 年 10 月 13 日，教育部门户网站（http://www.moe.gov.cn）。

[2]　钟秉林：《农村义务教育学校公用经费支出实证研究》，《中国教育学刊》2012 年第 8 期。

"数字游戏"①。加强对义务教育公用经费使用的监督。可建立行政监督体系，各级教育督导部门要把公用经费投入的均衡作为教育督导的重要工作；建立社会舆论监督体系，公示公用经费投入标准，使全社会都能参与到公用经费投入均衡监督当中。

三　完善义务教育均衡发展评估机制

为推进义务教育均衡发展，促进教育公平，教育部于 2012 年出台《县域义务教育均衡发展督导评估暂行办法》（以下简称《办法》），建立了县域义务教育均衡发展督导评估制度，开始了对义务教育均衡县的督导检查和评估认定工作。该办法制定了县域内义务教育校际间均衡状况评估八项指标：生均体育运动场馆面积、生均教学及辅助用房面积、每百名学生拥有计算机台数、生均教学仪器设备值、生均图书册数、师生比、生均高于规定学历教师数、生均中级及以上专业技术职务教师数，通过这八项指标分别计算小学、初中差异系数，评估县域内小学、初中校际间均衡状况。《办法》对入学机会、保障机制、教师队伍、质量与管理提出要求，并结合公众对本县义务教育均衡发展满意度调查对义务教育均衡状况进行评估认定。这项评估制度有其合理性，但笔者认为，有必要明确义务教育均衡发展评估的原则，评估制度也有必要进一步完善。

（一）明确义务教育均衡发展评估的公平原则

义务教育是准公共产品，是最基础的社会公益性事业，义务教育阶段的首要价值选择是公平，教育均衡发展不是教育平均化、一刀切，弱势补偿，保优质、保特色才是教育公平的题中之义。

努力推进义务教育在区域间、城乡间、学校间、群体间的均衡发展，是教育公平的基本要求。义务教育区域间、城乡间、学校间、群体间的巨大差异严重侵犯了学生公平接受教育的权利，应该合理配置教育资源，向中西部地区、农村地区倾斜，向薄弱学校倾斜。为此，要加大对中西部地区的转移支付力度，稳定教师队伍，保障教师质量。努力缩小城乡教育差距，新增教育经费主要用于农村，创新农村教师补充机制，统一

---

① 鲍成中：《后 4% 时代：我国教育经费的保障和使用》，《中国教育学刊》2012 年第 9 期。

城乡教师编制和工资标准，推进城乡教育一体化。为缩小校际教育差距，要更新义务教育基本办学标准和质量标准，大力改造薄弱学校，确定教育生均经费底线，促进优质教育资源共享，完善教师交流轮岗制度。完善救助措施，保障流动儿童、留守儿童、残疾儿童、女童等弱势群体公平的受教育权利，前已述及，不再赘述。

高质量的地区、学校保持其高质量、高扬其特色，是教育公平高层次的要求。教育均衡不是平均化、更不是削峰填谷，"扶弱"和"培优"兼顾，才能使尽可能多的学生在接受达到标准的教育的基础上接受优质教育，才能发挥优质学校的示范作用，通过校际教研共同体、名校集团化、城乡教育共同体、学校联盟、教育研究与实验共同体等多种校际互动形态①带动薄弱学校的发展，实现优质教育资源共享。教育均衡不是教育统一，千校一面只能使教育僵化、单调、缺乏生机与活力，培养的人缺乏创造力。学校教育特色化表现在学校的各方面，如课程特色化、教育评价特色化、校园文化特色化、教学模式特色化等。以课程特色化为例，目前国家、地方和学校三级课程管理体系为学校课程特色化提供了体制上的保障，地方和学校可根据当地的社会风俗文化、历史、地理环境、学校的历史开设相应的课程，传承地方风俗文化和学校传统。

（二）进一步完善义务教育均衡发展评估的指标体系

2012年，教育部实施了《县域义务教育均衡发展督导评估暂行办法》，开展义务教育发展基本均衡县的督导检查和评估认定工作。评估指标涉及四方面：入学机会、保障机制、教师队伍、质量与管理，这四项指标涉及了机会公平、过程公平和结果公平。

入学机会指标充分关注了进城务工人员随迁子女、留守儿童、残疾儿童，保障了三大弱势群体接受教育的权利，这个指标容易测量，也是教育均衡发展的起点指标。提高优质普通高中招生名额分配到县域内初中的比例也是入学机会的指标之一，这个指标有利于减轻学生升学竞争的压力，应该说，入学机会指标制定得较为合理。

---

① 杜芳芳：《校际互动：学校优质与均衡发展的新思路》，《教育发展研究》2009年第24期。

　　教育过程指标主要包括财政、学校标准化建设、教师三方面，对义务教育而言，教师是最重要的资源，充足的、合格的教师是教育质量的关键，但教师队伍指标包括绩效工资制度、生师比、校长和教师定期交流、教师培训四方面内容，对教师的质量关注不够。交流和培训有利于教师质量的提高，但在实践中，这些职后的教师质量提高措施对提高教师质量的作用不大，笔者认为，教师的学历水平和职级与他们的教育质量有较高的相关度，但这些要素在指标体系中没有体现。教育结果公平的前提是教育过程公平，教育结果公平主要表现为教育质量公平，如果教育质量无法保障，学生未得到发展，那么入学机会、过程平等就无任何意义。但是义务教育均衡评估指标中，质量指标不够合理，有待进一步改进。评估指标中质量与管理的下一级指标有五个：开齐开足课程、巩固率、体质健康、不存在重点学校和重点班、课业负担得到有效减轻。这五项指标中，开齐开足课程是教育均衡的重要表现，是教育过程指标而非教育质量指标。在政府和社会的监督下，取消重点班较容易做到，但取消政府曾扶持的重点学校似乎不太现实。课业负担是义务教育阶段一个老生常谈的问题，减轻学生的负担是必要的，但这个指标和均衡发展关系不大。巩固率和体质健康及格率是教育质量指标，体质健康是全面发展的重要部分，并且及格率容易测量，将其作为教育质量指标是必然的。但以巩固率作为教育质量指标似乎不够合理，我国教育巩固率的计算方法为毕业人数/入校人数，义务教育阶段学生毕业的标准是什么？如果仅仅以学生通过结业考试作为学生毕业的标准，则有些片面，不能充分反映学生全面发展的情况。我国有义务教育课程标准，却没有明确的义务教育质量标准，缺乏判断义务教育均衡发展的标尺，又如何判断义务教育发展是否均衡？虽然没有绝对的质量公平，但这并不意味着不能对教育质量公平进行干预和规范，不意味着不能设定和推行有关教育质量公平的国家教育标准。许多国家明确对教育质量设定可测量的标准，并要求学生达到这一标准。既然我国已经开始对教育均衡进行评估，就应该制定合理的教育质量标准。制定教育质量标准应注意以下几个方面：在考试范围上，不能仅局限于基础性学科知识，应拓展到道德、体质和实践领域；在考试科目上，为减轻学生的课业负担，一般挑选两到三门基础性课程；在考试的形式上，要实现笔试、口试、实践操作等多种考试形式的有机结合，改变笔试一统天下的局面。[①]

（三）义务教育均衡发展评估主体多样化

《县域义务教育均衡发展督导评估暂行办法》提出的评估程序是：县级人民政府自评、省级教育督导机构评估、报送国家督导团，省级教育督导评估机构评估时对公众进行本县义务教育均衡发展满意度调查，评估中采用了三种评估方式：自评、政府督导评估、公众评估，由三类评估主体进行评估。自评是教育评估体系的重要组成部分，通过自评，县政府可了解本辖区义务教育均衡发展水平，发现问题，进行反思，通过自主改进提升均衡发展水平，但自评有一定的主观性。政府督导评估是我国最常用的评估方式，这种评估强调绩效问责，有利于实现政府对教育监督管理职责，但教育督导机构隶属于政府，义务教育由政府主办、由政府评估的模式很难真实反映义务教育均衡发展的实际情况。公众评估有利于实现公众对义务教育均衡发展的监督，相对于高等教育，义务教育对评估的专业性要求低，公众对义务教育学校的师资、设施、教学质量、学生的学业负担等更了解。作为利益相关者，校长、教师、家长有更大的话语权，他们的评价更能反映义务教育均衡发展的真实水平，但公众的专业视野有一定局限性。

我国义务教育均衡发展评估有以上三个主体，各有利弊。目前，成立教育评估中介机构成为国际趋势，教育评估中介机构独立于教育行政部门之外，在政府、学校和社会三者中保持的"中介"性质，起到导向、缓冲器和桥梁的作用。在英国，教育标准局负责开展学校评估，它独立于国家教育就业部，其评估结果直接向国会大臣和议会报告，不受政府干预。由于我国的历史文化传统、政治体制特色，培育完全独立的教育评估中介机构不太现实，但是，由于现代教育评估专业化程度高，在政府明确评估导向和制定管理规范的同时，应该把具体的评估工具研发、内容完善、技术和方法的形成以及培训委托给相对独立的专业机构。这样既能保证政府宏观管理职能的实现，又能确保专业过程的相对独立、

---

① 赵连根：《对义务教育价值取向与质量标准的再认识》，《教育发展研究》2003 年第 4 期。

客观。①

（四）义务教育均衡发展评估队伍专业化

教育评估是一项影响深远的专业性工作，义务教育是教育的基础部分，义务教育均衡影响到整个教育体系的公平，必须使义务教育均衡评估真正起到推进均衡的作用，这就要求评估人员具备专门的知识技能和素养，包括相应的理念、专业知识以及公平、公正的职业精神。因此，必须建立一支专业化的评估队伍，为教育评估的公正、公平、准确提供保证。

具体到我国，教育评估队伍专业化是指两支队伍的专业化：教育评估指标编制者的专业化和评估活动实施者的专业化。评估具有激励、导向、鉴定的功能，评估指标体系的制定者既要熟悉我国义务教育相关法律、政策，又要有开阔的国际视野，了解其他国家义务教育评估标准；既要具备教育管理经验，又要掌握义务教育均衡评估的专业知识和技能。指标编制者的专业水平决定了评估指标的合理性和适切性，他们的专业水平体现在许多方面：对义务教育均衡的核心要素、短期和长期的目标的理解，评估指标的选择、各指标分值的高低、指标的因地制宜等。评估活动实施者应会使用评估工具、分析统计数据，保障评估结果的真实性。评估活动的实施者还应该具备对义务教育均衡问题的敏感性，善于在实地评估中发现问题，为评估标准的修订提供建议。义务教育均衡评估队伍的专业化要求推行资格认证制度，提高评估主体的专业化程度，使义务教育均衡发展评估由行政权力中心转向知识权力中心。在国外从事教育评估的人，必须获得资格认证。如英国高等教育质量保证局（简称"QAA"）组织的教育质量审计活动中，QAA 会对审计专家进行培训和资格认证。②

1. 义务教育均衡发展在地域级别上逐步推进

我国不同区域义务教育发展水平差距极大，在短时间内实现全国范

---

① 李凌艳：《基础教育阶段学校评估的国际比较》，《北京师范大学学报》（社会科学版）2010 年第 2 期。

② 汪雅霜、杨晓江：《我国高等教育质量审计制度的建构：英国的经验与启示》，《现代教育管理》2011 年第 11 期。

围的义务教育均衡不现实，但可以构建逐步实现均衡发展的步骤，并在义务教育均衡发展评估制度中有所体现。目前教育部对县域内义务教育均衡发展水平进行评估，实现县域内义务教育基本均衡之后，应该在市域内、进而在省域内推进，最后在全国范围内实现义务教育均衡发展。我国实行"以县为主"的管理体制，首先在县域内推进义务教育均衡发展具有现实可行性。下一阶段的目标应是在市域范围内推进义务教育均衡，市域内义务教育均衡发展工作督导评估指标体系可在县域内指标体系的基础上进行修改，在市域范围内设校际之间差距情况的指标体系，在全市统一评价指标体系、统一经费划拨、统筹制定义务教育均衡发展责任、监督问责制度。按照这种思路，全市范围内各区、县域之间的义务教育学校不再有区、县之分，而是按统一的均衡指标体系来评估，达到全市统筹的效果。① 省域、全国范围义务教育均衡发展是理想化的目标，难以实现，但应该是政府努力的方向。

2. 义务教育均衡由形式层面转向实质层面

教育均衡发展有两个层面：形式层面和实质层面。《县域义务教育均衡发展督导评估暂行办法》中的指标涉及四方面：入学机会、保障机制、教师队伍、质量与管理，前三项指标属形式层面的指标，第四项指标中的一部分属实质层面，如巩固率、体质健康及格率。可以说，目前的义务教育均衡强调的是形式层面均衡而非实质层面的均衡。形式层面的均衡要求入学机会均等、资源配置均衡，实质层面的均衡要求要求每个学生获得充分的发展，而不仅仅是入学机会均等和资源配置均衡，因为，教育是培养人的活动，其最终目的是促进人的发展，没有人的发展，入学机会均等和资源配置均衡便没有意义。我国义务教育发展极不均衡，并且刚刚开始义务教育均衡发展评估，评估指标侧重于形式层面有其必然性，但是，随着义务教育均衡程度的提高，应对评估指标进行修订，增加质量指标的比重，实现义务教育的质量均衡、优质均衡。可借鉴国际社会通常采用的 PISA 和 TIMSS 对我国义务教育质量进行测试，通过不同区域间的比较评价义务教育质量均衡程度。

---

① 刘晖：《修正义务教育均衡发展指标体系的论证》，《教育学术月刊》2013 年第 6 期。

第 六 章

义务教育均衡发展的愿景展望

第一节 义务教育均衡发展问题检视

近年来，我国在义务教育方面取得了显著的效果，基本实现了全面普及免费九年义务教育的目标。但在看到这些喜人成果的同时，也应该正视其存在的问题——义务教育发展的不均衡。所谓义务教育均衡发展，就是使义务教育阶段的各类学校在资源配置、办学水平和教育质量等方面大体上处于一个比较均衡的状态，它体现了教育的公共性、普及性和基础性。但是，就总体而言，我国义务教育均衡发展的现状并不乐观，区域之间、城乡之间、学校之间发展不均衡，质量水平差距大，存在着许多问题。

一 义务教育资源配置不均衡

（一）教育经费投入不均衡

1. 区域之间教育经费投入不均衡

义务教育区域间均衡发展是指处于义务教育阶段的各级各类学校在经费投入、硬件设施、师资水平等方面达到一个相对较为均衡的状态，使受教育者平等地接受义务教育的权利得以实现。在我国，由于社会政治、经济、文化、人口等各方面影响因素的存在，使得教育发展的水平存在着显著的地域性差异。因而在教育经费投入方面，义务教育发展的区域间不均衡尤为显著地存在于发达地区和边远落后地区之间。

2000 年西部欠发达地区 12 省区初中教育经费总额为 130.81 亿元，

其余省市初中教育经费总额为 537.47 亿元，是西部的 4.1 倍；全国初中平均生均教育事业费支出为 1117.79 元，西部平均初中生均教育事业费支出为 1107.34 元，东部的发达地区为 1601.85 元，东部是西部的 1.4 倍；全国初中平均生均公用经费支出 375.87 元，西部平均为 306.83 元，东部为 561.39 元，东部是西部的 1.8 倍。[①]

从以上数据可以看出，东部地区义务教育阶段无论是在经费的投入方面，还是经费的支出方面，都较西部地区高。这种义务教育经费上的差异无疑是造成我国义务教育非均衡发展现状的一个显著影响因素，同时也是导致义务教育非均衡发展未来发展趋势的一个诱因。

2. 城乡之间教育经费投入不均衡

由于我国长期存在的城乡二元结构，加之根深蒂固的城市中心倾向，使得城市和农村之间的差异愈来愈显著，因而在教育资源配置特别是教育经费的投入方面表现出严重的失衡状态。通常而言，大多是从生均教育经费、生均预算内教育经费支出以及生均公用经费这三个指标来对义务教育经费的城乡差异进行探讨分析。

首先，生均教育经费。它既包括生均预算内经费，也包括生均预算外经费，是对生均经费总体水平的一个衡量指标。小学、初中生均教育经费城乡差距变化分为四个时期：1993—1994 年城乡生均教育经费差距迅速扩大，1994—1997 年经费城乡差异缓慢下降，1998—2003 年教育经费城乡比持续上升，2004 年之后城乡义务教育生均经费差距持续下降。[②]

其次，生均预算内教育经费。它包括生均预算内事业经费和教育基本建设经费，是教育经费支出中的一个重要指标，更能体现出政府在投资教育中的努力程度。以桂林市城乡义务教育生均预算内教育经费为例，2002—2005 年城市普通小学的生均预算内教育经费从 2161.25 元增加到 2292.56 元，农村普通小学生预算内教育经费从 1000.90 元增加到 1689.36 元，普通小学生均预算内经费配置的城乡

---

① 许庆豫：《论教育均衡发展》，教育科学出版社 2004 年版，第 46—48 页。

② 吴春霞：《中国城乡义务教育经费差距演变与影响因素研究》，《教育科学》2006 年第 6 期。

差距缩小较快，而普通初中生均预算内教育经费配置的城乡偏差也在缩小但速度较慢。[①]

最后，生均预算内公用经费。它是隶属于生均预算内教育事业经费之中的，计算口径较小，所以更精确，反映问题更明显。它投入多少直接反映了教育经费的紧张程度。生均预算内公用经费从 1993—1995 年急剧扩大，并于 1995 年达到峰值，以后又逐年下降，2000 年城乡差距比又有所回升，以后逐年回落；初中生均预算内公用经费城乡差距比也经历了一个先上升后下降的过程。[②] 可见，城乡之间在小学、初中生均教育经费、生均预算内教育经费以及生均公用经费上的相对差距在逐年缩小，然而其绝对差距还是有扩大的趋势。从教育经费的使用结构角度看，小学和初中在生均预算内经费上存在着显著的城乡差距，表现为生均公用经费的城乡差距远大于生均预算内教育事业费的城乡差距。

3. 校际之间教育经费投入不均衡

在精英主义教育思想和中华人民共和国成立以来我国兴办重点学校的政策导向影响下，使得我国义务教育存在着校际间非均衡发展的问题。所谓校际间非均衡发展，就是指义务教育在不同学校之间发展的非均衡状态。换言之，即义务教育在不同类型学校如重点学校、示范学校和普通学校、薄弱学校等之间所体现出的发展不均衡状态，亦即存在的差距。

重点学校、示范学校和普通学校、薄弱学校长期以来存在的生均教育经费投入上的差异，也造成重点学校、示范学校与普通学校、薄弱学校在办学条件、师资水平、教学设施等各方面都存在很大的差距。重点校、示范校在获得大量政府政策上的支撑的同时，享受着极其丰富和先进的教育教学资源。相对而言，在教育资源的分配尤其是经费投入上，重点学校要远远高于普通学校，校际间教育经费的投入存在着明显的不均衡性。

---

①　马佳宏、彭慧：《偏差与平衡：城乡义务教育财力资源问题研究》，《教育与经济》2006 年第 4 期。

②　吴春霞：《中国城乡义务教育经费差距演变与影响因素研究》，《教育科学》2006 年第 6 期。

（二）办学物质条件不均衡

1. 区域之间办学物质条件不均衡

就办学的物质条件来看，不同地区的学校无论在硬件设施还是软件设施上，都存在较大的差距。在东部发达地区，尤其在城市中，大多数学校基本都配备了较为完善的教学设施，诸如多媒体教室、图书馆（室）、美术教室、音乐教室等，同时在信息化社会的引领下，部分学校还形成学生进校刷卡、出校刷卡的同时电脑终端自动给家长发送消息报告学生的进出校时间，以及沟通学校和家长的"家校通"等，基本实现教师办公自动化、家校通信网络化、教学资源数字化、课堂教学多媒体化的现代化校园管理模式。然而在西部边远地区，学校校舍不足的问题还较为突出，基本教学设施更是尤为缺乏，难以满足基本的教育教学需求。他们的学校校舍通常是破旧的祠堂庙宇、低矮潮湿的危旧房屋和草棚小屋，很多地区甚至还存在着相当数量的"一校一师"学校，不用说教学设施、图书资源短缺，单校舍、桌椅都是尤为紧缺的。[①]

2012 年，全国小学和初中生均占地面积为 23.21 平方米和 31.49 平方米，西部地区小学和初中的生均占地面积分别为 23.67 平方米和 27.14 平方米，东部地区小学和初中的生均占地面积为 22.92 平方米和 33.43 平方米。[②]

2. 城乡之间办学物质条件不均衡

在办学的物质条件方面，城市和农村在教育物质资源的配置上也是存在着较为明显的差异的。从城乡生均教学仪器设备值（尤其是科学和数学教学仪器）来看，全国 1/3 以上地区的中小学生均教学仪器设备值的城乡差距继续扩大，小学生均教学仪器设备值城乡之比达到 2.9：1，义务教育城乡差距还体现在教学仪器达标学校的比例和建网学校的比例上。[③] 由此可见，对农村办学条件的改善，重点还得从改善农村中小学的

---

① 王远伟、杜育红：《义务教育办学条件评价指标体系构建与应用研究》，《教育发展研究》2013 年第 2 期。

② 宋乃庆等：《中国义务教育发展报告 2013》，西南师范大学出版社 2014 年版，第 300—301 页。

③ 中华人民共和国教育部发展规划司：《全国教育事业发展简明统计分析 2007》，人民教育出版社 2008 年版。

教学仪器设备入手，逐步实现现代教学设施的普及。

近几年，随着对农村学校教育重视程度的不断提升，多数农村新增校舍的数量有所提升，但城乡学校校舍质量的差距仍然明显。根据国家有关标准，农村中小学危房面积仍超过 2200 万平方米，虽然只有 64% 的中小学生居住在农村，但中国 86% 的校舍危房在农村。由此可见，农村中小学校舍安全问题还比较突出。[①]

3. 校际之间办学物质条件不均衡

近年来，国家教育发展研究中心"基础教育热点问题研究"课题组对北京、天津、上海及部分省会城市不同层次的中小学进行了抽样调查。结果显示：优质小学的平均固定资产大于一般小学，而一般小学大于薄弱小学。在同一地区，重点学校的办学规模和设施都要好于一般学校和薄弱学校，相应建筑面积方面也是较好。对专业教室的调查涉及了物理实验室、化学实验室、生物实验室、音乐教室、美术教室、体育场馆、语音教室、劳动技术教室和多功能教室，在其拥有量上呈现出：较好和重点学校专业教室多于一般学校、一般学校多于薄弱学校的规律。学校藏书总量呈现出：较好学校和重点学校平均藏书总量大于一般学校、一般学校平均藏书总量大于薄弱学校的特点。在医疗卫生设施和生活设施上的差异是：较好和重点学校拥有医疗设施和生活设施的数量明显高于薄弱学校。[②]

从以上调查结果可以看出，我国当前很多大中城市的不同类型学校之间在办学条件上均存在显著的差异。

（三）义务教育学校师资条件不均衡

1. 区域之间师资条件不平衡

我国教育发展所表现出的区域间不平衡是随着区域间经济发展差距的越发拉大而不断深化的。义务教育师资的区域间不平衡主要体现在东部与中西部之间的师资配置差距过大和同一省（区、市）的不同地区之间师资配置存在差距。

首先，东部与中西部地区存在比较明显的差异，据《国家教育督导

①　刘立峰：《政府投资理论与政策》，山西经济出版社 2011 年版，第 57 页。

②　曾天山：《中国基础教育热点问题报告》，广西教育出版社 1999 年版，第 111—118 页。

报告 2005》的统计，全国义务教育阶段教师中级以上职称比例，东西部仍然存在较大的差异，全国小学高级教师的比例、初中一级及以上职务教师的比例，东、西部地区都相差 12 个百分点。[①] 可见，东部与中西部在义务教育师资分配及水平上还是存在着较为明显的差距的。

其次，即使同一省份的不同地区，教师资源也存在较为明显的不均衡。据《国家教育督导报告 2005》的统计，我国绝大多数省（区、市）初中一级及以上职务的教师比例县际差距较大，有 28 个省（区、市）超过 20 个百分点，其中有 16 个省（区、市）超过 30 个百分点。[②]

2. 城乡之间师资条件不均衡

我国是一个农业人口众多的大国，教育问题的焦点显然在农村，而农村教育问题的一个焦点就是教师。义务教育师资分配不均衡，其中一个显著的表现就是城乡师资的差距。从师资力量来看，城乡中小学所占比重是不尽相同的。一般而言，城市中学校的分布比较集中，相应的学校规模较大，而农村地区学校分布较为分散，学校规模相应较小。因而在师资分配上，应当依据"农村宜松，城市宜紧"的原则。然而，参照国家教师编制标准我们可以发现，按照现行规定的师生比，城市小学 1∶19，城镇小学 1∶21、农村小学 1∶23，师资力量的配比与原则完全相反。

目前，在教师水平愈来愈受到关注与重视的大背景下，教师整体水平较之前有了显著提升，但城乡教师水平之间还是存在较大的差距。首先表现在学历方面，城乡教师存在着较大差距。2007 年农村、城市教师学历的主体虽然都是大专，但城市小学教师本科学历的占到 30.99%，农村小学教师本科学历的只占 6.59%。在学历层次上，城乡差一个档次。在高学历教师（小学教师高学历是指专科及以上学历；初中教师高学历是指本科及以上学历）方面，农村小学占到 58.51%，城市则达到 85.28%，农村初中高学历教师只占 35.96%，而城市则达到 71.96%。在学历方面，城乡差距十分明显。[③] 然而，城乡教师水平的差距不仅仅表现

---

① 国家教育督导团：《国家教育督导报告 2005（摘要）》，《中国教育报》2006 年 2 月 23 日第 6 版。

② 同上。

③ 中华人民共和国教育部发展规划司：《中国教育统计年鉴 2007》，人民教育出版社 2008 年版，第 21 页。

在学历上，还有其他方面的一些差距。如在民办教师问题解决之后，农村地区出现了大量的代课老师，然而这些代课老师大多是没有教师资格证的。代课老师在农村小学中的大量存在，无疑更加深了城乡的师资非均衡。

此外，农村地区学校教师普遍存在的问题还表现为学科结构性缺编、年龄结构失衡和职称结构失衡三个方面。在农村地区，学校课程设置主要集中于传统科目的教学，新课改以来普遍提倡的综合实践活动课程、职业技术类课程等在农村学校的课程设置中鲜有体现，即使有所体现，能够胜任这些课程的教师也是比较短缺的。在教师年龄结构方面，主要表现为"两头"比重较大，缺乏教学经验与新知识、新理念兼具的中坚力量。就职称结构而言，集中表现为农村地区中、高级职称教师的比例偏低。

3. 校际之间师资条件不均衡

义务教育师资的校际差距主要指的是同一地区的重点小学与普通小学、重点初中与普通初中之间教师资源的差距，这种差距的存在主要是由重点校政策造成的。重点校政策等倾斜性政策在给重点学校积累人、财、物等有形资源的同时，也为其创造了良好的社会声誉。在优质教育资源难以满足社会需求时，重点校良好的社会声誉会为其带来高额的赞助费和择校费。在这些额外经费的支撑下，这些学校可以在办学条件、教学设施、教师福利等方面继续改善，从而使学校得到进一步的发展。相对而言，薄弱学校由于办学底子差、师资力量薄弱、生源不足等问题，在发展的道路上举步维艰，每况愈下。由此校际之间师资队伍的差距也越来越大。例如北京市重点小学中具有高级职称的老师所占专职老师的比例高达60%左右，而且还聚集了许多市级骨干和区级骨干。[1] 然而，北京也存在许多普通小学，其师资水平就相对薄弱许多。如北京东交民巷小学全校教职员工77人，其中高级职称只有1人，中级职称的37人，由此，可以看出重点小学与普通小学的差距之大。[2]

---

① 关玉波：《师资配置与义务教育均衡发展研究》，硕士学位论文，厦门大学，2009年，第21页。

② 同上。

二　义务教育不同阶段的不公平

1986 年 4 月 1 日，全国人大六届四次会议审议通过了《义务教育法》，同年 7 月正式施行，自此，我国义务教育走上法制的轨道。该法旨在保证每一位适龄儿童平等接受义务教育的权益，使他们都有接受最低程度教育的机会，而不需要支付超出他们支付能力的学习成本，从而实现最基本意义上的教育公平。义务教育阶段要为每一名儿童提供统一的、公共的课程，保证给予同一类型、同一层次的学校大致相当的经费投入，为这些学校提供大致相同的师资、学校硬件设施、教科书及相关资料、生均经费等。但由于我国不同地区在政治、经济、文化等方面的发展程度不同，导致不同学校对国家政策的执行程度也不尽相同，进而导致义务教育在起点、过程和结果阶段的不公平的出现。

（一）义务教育起点不同

起点不同导致起点不公平现象的出现，对学生的影响是显而易见的，包括不公平的心理状态、不公平的学习背景和家庭背景等内容。大致分为以下几方面：

1. 学生资质不同

由于每位学生先天条件和成长背景不同，他们的优势和特长也存在差异。在这种情况下，如果把一个教育活动以同样的方式应用到所有学生身上，势必会导致不同学生间差距扩大，这违背了教育公平的初衷。变成了形式上的公平而不是真正的公平。针对不同学生资质施加不同的教育活动，做到因材施教，才能做到真正的教育公平。课堂教学是教学的中心环节，要充分考虑到学生的个体差异，选择一种既符合教学内容又能满足学生不同层次、不同需要的教学设计，让每一位学生都有参与的机会，在每一堂课中都能有所收获。

2. 学生的学习能力存在差异

由于学生的学习能力存在差异，所以在接受、理解、创新、实践等方面都存在差异，让所有的学生用同样长的时间、相同的方式进行学习，势必会形成两种类型的学生：优等生和后进生，并且这种分化可能加剧，这是违背教育公平的。真正的教育公平是使每一个学生得到最适合自己的，能完整发挥出自己能力的教育。这要求教师应充分考虑到学生的学习基础和学习能力存在差异性，对不同的学生给予不同的教学目标和要求。基础较好或能力较强的学生必须掌握知识的形成过程，并能综合运用所学的知识解决问题，培养学习技能和创新能力，重视培养思维品质。基础和能力一般的学生，着重基础知识的巩固，在完成课本习题的基础上做适当的提高。基础较薄弱的学生，只需掌握基本的课本知识，完成课本上的基本练习即可，重在夯实基础，逐步提高，培养学习兴趣，以此实现公平教育。

3. 学生的文化背景、家庭出身、经济基础等多方面都不同

文化背景与家庭环境对学生的影响可谓巨大而广泛。不同的家庭其受教育背景、家庭收入都不同，为孩子创造的教育环境就存在差异，对孩子的教育方式以及日常生活中潜移默化的影响也不尽相同。例如城市家庭与外来务工家庭在享受教育资源的起点上就有很多差异。此外，学生所在的地域差距也导致了教育的不公平。东部地区经济发达，教育经费充足，使义务教育有了起点上的保障。而中西部地区经济发展相对滞后，对教育重视程度不高，导致这些地区的儿童辍学率较高。

（二）义务教育过程不公平

1. 学校设置快慢班

教育过程的公平是教育公平、民主中至关重要的一环。目前，很多学校打着"因材施教"的旗号给优异的学生提供优质的教育资源，贫困学生给一般的教育资源，教师、学生和家长也很清楚这既是不公平地对待学生，也是不公平地对待教师，这是在歧视性的教学过程中产生的现象，是违背教育公平理念的。为了让孩子进快班，家长们到处走"后门"找关系，既给孩子带来了不良影响，又给社会带来了不正之风，滋生了腐败，很多学校的管理者禁不住诱惑，中饱私囊，动歪脑筋，走上了犯罪的道路。另外，不少家长抱怨、社会质疑学校设置快慢班。本是教书育人的学校，却早早地给学生贴上了"快""慢"的标签，特别是在学生成长最关键阶段的基础教育中。①

---

① 曹伟：《学校设置快慢班——教育的毒瘤》，《现代教育科学·普教研究》2012 年第 6 期。

2. 对学生进行分类

学校往往通过考试成绩，将学生进行等级的划分。然而成绩并不能客观地反映学生的能力水平，且学生的发展也是一个动态的过程，仅仅凭借成绩将学生划分成不同的等级是不公平的。对学生进行分类，看似因材施教，实际上则违背了教育的基本规律。作为基础教育，本质是让学生们树立正确的世界观、人生观，培养学生在德、智、体、美、劳等方面全面发展。而传递知识只是育人的手段。如果学校一味地重视学生的成绩，分不清本质和手段的关系，就会给社会带来错误的认识，即学校只传递知识，不育人。

（三）义务教育结果不公平

教育结果公平强调的是不需要每个不同背景的学生在教育结果上完全平等，而是排除教育过程中对学生影响的不可抗变量外，让学习结果所造成的影响是平等的。[1]

关注每一位学生的个体成长，并不意味着使每一位学生通过教育后获得相同的教育结果。我们的教育目标不可能实现教育结果的绝对平等，但可以将教育结果定一个较高的标准，让每一位学生都达到国家规定的、统一的课业标准。为了真正地实现教育结果的公平，要求教师根据不同学生间的差异实行因材施教，可以采取多种多样的方式，例如：开设大量可供选择的课程、创设情景化教学等，这与上文提到的分成快、慢班，将学生分类的方式有着本质上的区别。

总之，教育结果公平与教育起点公平、教育机会公平与教育过程公平密不可分，相互协调促进。只有在起点和过程中做到公平，才能保证教育结果的公平。教育结果公平与教育机会公平是相互影响、相互促进的关系。教育结果公平也可以作为一种检测和评价的工具，以全面了解各阶段的执行情况，为教育决策提供依据，从而更好地促进教育公平的实现。

三　义务教育质量不均衡

质量均衡是对教育质量发展均衡化的要求，处于教育均衡发展的高

---

[1] 辛涛、田伟、邹舟：《教育结果公平的测量及其对基础教育发展的启示》，《清华大学教育研究》2010 年第 2 期。

级阶段，体现了优质与均衡的统一。教育质量的核心是教学质量，教学质量也是教育公平的核心。在我国义务教育基本普及的背景下，教育均衡发展以及教育公平问题越来越引起人们的重视，并成为我国教育改革与发展的重要方面。

（一）重视义务教育数量，忽视质量

普及义务教育过程中，数量与质量问题一直是广大教师与教育学者关注的焦点。改革开放以来，我国的义务教育取得了举世瞩目的成就，广大儿童与青少年接受基础教育的权利基本上得到保障。据统计，到2000年底，全国普及九年义务教育的地区人口覆盖率已达到85%，通过"普九"验收的县（市、区）总数达到2541个（含其他县级行政区单位156个），11个省市已按要求实现"普九"①。2004年国家又实施西部地区"两基"攻坚计划，截至2011年底，随着我国西部42个边远贫困县实现了"两基"目标，全国所有县（市、区）和其他县级行政区划单位、所有省级行政区全部通过普及九年义务教育和扫除青壮年文盲的国家验收，实现"两基"目标，全国人口覆盖率达到100%，初中阶段毛入学率超过100%，青壮年文盲率下降到1.08%。②透析这些数据，可以看出我国义务教育普及工作在"数量"上取得了很大成就，但是，欣喜之余，我们也应当看到义务教育在"质量"上的不足与差距。不论是城市还是在农村或边远地区，教育质量都存在或大或小的差距，学生辍学现象屡见不鲜，据官方统计，仅农村学生的辍学率已高达5.47%③，过于追求义务教育的普及数量，使得学校及教师忽视对教育教学质量的提升，此外，师资分配的差距，财政投入的不公，政策执行力度的强弱等因素都造成我国义务教育阶段教育质量的低下与不足。

（二）区域间教育质量不均衡

由于经费投入，办学条件以及各个地区经济文化的差异，我国不同地区的义务教育发展水平差异较大，主要表现为东部与中西部间的差距。

---

① 教育部：《2000年全国教育事业发展统计公报》（2007年11月15日），2015年11月15日，教育部门户网站（http：//www.edu.cn/20011128/3012090.shtml）。

② 翟博等：《人类教育史上的奇迹》，《中国教育报》2012年9月9日第1版。

③ 李慧莲：《农村义务教育的现实困境：辍学率反弹拉响警报》（2007年11月15日），2015年11月15日，新浪网（http：//finance.sina.com.cn/g/20050118/0 0441300441.shtml）。

以升学率为例，升学率虽然不能作为评判教学质量的唯一标准，但在一定程度上也反映了一个地区教育质量的水平，东部与中西部在初级中学升入高级中学的升学率以及高级中学升入高等教育的升学率方面差距较大。西部地区的升学率低于全国平均水平，而东部地区远远超出全国平均水平。例如在 2009 年初级中学升入高级中学的升学率方面，全国升学率为 85.4%，其中东部地区的升学率为 92.8%，而中部和西部的升学率分别为 81.8% 和 80.7%。[①]

（三）城乡学生学业水平不均衡

学生学业水平在一定程度上是衡量一所学校教育质量的外在指标之一，我国城乡之间学生学业水平的不均衡是显而易见的。我国已经明确提出推进义务教育均衡发展要以缩小城乡学生学业水平差距为基本目标，促进农村学生德、智、体、美、劳全面发展，逐步地和城市靠拢。影响城乡义务教育阶段学生学业水平差距的原因是多方面的，有学生家庭条件的差异、学生基础的差异、学校教学质量的差异等多方面。东北师范大学农村教育研究所于 2004—2005 年度就全国义务教育阶段小学四年级和初中二年级学生的阅读能力、计算能力以及科学素养进行了测试，结果显示，农村学生的各项测试指标均低于城市学生。从成绩的分布上看，农村学生高等级的比例显著低于全国平均水平，然而低等级的比例显著高于全国平均水平。农村义务教育的质量与城市相比仍有较大差距，且农村学生的心理素质、身体素质等多个方面均落后于城市学生。[②]

（四）城乡学校义务教育阶段的入学率和升学率差距较大

数据显示，我国义务教育普及率在 2007 年已高达 99%，而这未实现普及的 1% 则分布在农村。虽然在全国众多县区中，没有实现"两基"验收的仅占 1.5%，但是中国农村人口基数大，这其中涉及的学生人数一点都不容乐观。相对城市地区而言，农村义务教育，尤其是西部和边远山区学生的入学率还非常低。全国抽象的乐观数字未能遮掩贫困地区义务

① 孙志军：《我国初中升学率的基本状况及影响因素研究》，《教育与经济》2012 年第 3 期。

② 梁红梅、王爱玲：《我国农村义务教育质量问题考察与归因》，《教育理论与实践》2009 年第 4 期。

教育未能全面普及的残酷现实。如甘肃临夏回族自治州某县小学适龄儿童入学率仅为87.31%，甘南藏族自治州某县初中适龄儿童入学率还不到20%。[①] 除了入学率之外，农村义务教育阶段的升学率也明显低于城市。现阶段，九年义务教育在我国城市地区均已实现普及，而农村落后地区则处于普及和巩固阶段。截至2004年，全国小升初（普通初中）的升学率为97.3%，其中城市地区小升初（普通初中）的升学率已经高达114.7%，而农村地区小升初（普通初中）的升学率仅有70.3%，城乡之间在升学率方面仍存在着较大差距。[②] 谢宇等人借鉴CFPS数据，以2010—2011年以及2011—2012年两次升学率的均值为基础，计算得出我国城市地区小升初升学率为96%，而农村地区小升初的升学率为92%。虽然此项城乡差距较2004年有所减小，但在一定程度上也能反映出城乡义务教育阶段存在的差距。[③]

第二节　义务教育均衡发展愿景展望

推进义务教育均衡发展是一项长期的艰巨任务。自2006年起，各个省市区县，乃至国家层面开始对义务教育均衡发展逐步推进，随着新体制等各项惠及农村政策的推行，城乡间不平衡的现象已有所好转。尽管区域间、城乡间、学校间义务教育发展的不均衡现象依然表现出许多问题，但可以预见的是，在未来的发展中，国家有必要并且有能力尽快制定相关政策以保障义务教育的均衡发展。

一　保障义务教育的相关法律法规和制度更加健全，教育均衡进一步落到实处

受教育权利、机会公平和均等是教育的基本人权问题，让每个适龄儿童和少年接受教育是义务教育本质决定的。长期以来，我们将教育的

---

① 李颖、王嘉毅：《农村学校义务教育教学质量问题研究述评》，《当代教育论坛》2007年第11期。

② 覃国慈：《二元社会结构视角下的农村发展》，湖北人民出版社2010年版，第42页。

③ 谢宇等：《中国民生发展报告2013》，北京大学出版社2013年版，第103—104页。

价值定位在能否为高一级的教育或学校提供更多更好的生源，把教育办成了"英才教育""升学教育"，这是"应试教育"的诟病。《中华人民共和国义务教育法》和《中国教育改革与发展纲要》明确显示了义务教育的价值，指出"基础教育是提高民族素质的奠基工程"。由此，我们可以认识到义务教育是保护全民教育权、保护全民德智体全面发展的教育，它不是一部分人或少数人的特权教育，也不是培养专业和专门人才的教育，育人而非选拔人①，因此，不能单纯地以高级教育服务的标准来衡量义务教育的发展成败。让所有人接受教育，在未来的人生发展中用知识武装自己，初步具备自学意识和能力是义务教育阶段的重要任务之一，用法律的强制力量保障义务教育的均衡发展刻不容缓。

　　然而，统观当前的教育局势，对义务教育的地位和作用，很多学校和家长，甚至地方政府仍然认识不够，法律保障仍然不够健全。国内对义务教育均衡发展的研究成果中，从法学视角进行的研究也并不多见，论述也不够深入。一方面是因为我国义务教育均衡发展的理念尚处在初步的宣传落实阶段，主要还是以国家政策为指导，并未深入人心；另一方面是因为"依法治教"的思想没有完全成熟，尚未扎根于人民群众，尤其是广大师生内心。相关的教育法律不能在促进义务教育均衡发展方面发挥充分的作用，阻挠了义务教育的法制化、制度化建设进程。新修订的《义务教育法》首次将义务教育均衡发展理念纳入法制化的轨道，这是教育立法成功的第一步。但是，仅仅一部教育法律无法全面、彻底地解决长期以来形成的义务教育失衡问题。

　　与我国一衣带水的日本在促进义务教育均衡发展的专门法律完善方面值得我们学习。日本义务教育均衡发展主要采取的路径是"教育立法"和"高效行政"。两者的有效结合使得均衡发展有了法律的强力保障和行政执行力的坚定支持。② 如 1899 年制定的《教育基金特别会计法》和《教育基金法》，由市町村费和国库补助金支持义务教育；1900 年公布的《市町村立小学教育费国库补助法》明确了日本实行免费义务教育制；

---

① 周守军：《县域义务教育均衡发展研究》，光明日报出版社 2013 年版，第 28 页。
② 李文英、史景轩：《日本义务教育均衡发展的实现途径》，《比较教育研究》2010 年第 9 期。

1918 年日本政府制定的《市町村义务教育经费国库负担法》决定市町村立小学教师工资由国库开支；1952 年制定的《义务教育经费国库负担法》规定了义务教育学校教职工工资的 1/2 和教材费由国库负担；1958 年《义务教育诸学校设施费国库负担法》的制定以及地方交付税制度的创立，使得日本建立了一套较为完整的义务教育财政制度。另外，日本还颁布了诸如《偏僻地区教育振兴法》《教育基本法》《学校教育法》《公立义务教育学校的班级编制及教职员编制标准相关法律》《关于盲人学校、聋哑学校和养护学校就学的法律》等法律，维护城乡间、学校间的义务教育均衡，同时保护了正常儿童和残障儿童受教育权利的均衡。

法律制定以后的受益面是广泛的，影响是稳定而持久的，变革是深刻的。毋庸置疑，一国的教育法律法规在引导教育发展方面是很重要的。除了日本以外，英国也极为重视教育立法工作，如 1988 年的教育改革法，历经了长达 12 年的反复论证最终以法律形式得以实施。又如美国政府接二连三颁布的关于美国儿童义务教育良好发展的法律等都证明了法律的健全与完善对一个国家的义务教育均衡发展起到极为重要的保障作用。借鉴国外义务教育均衡发展的成功经验，我国日后促进义务教育均衡发展的努力将重点放在建立健全整个教育法律规范和体系上，这使得我国义务教育稳定、持续、高水平地均衡发展具备可能性与必要性。从法学视角探讨义务教育均衡发展的相关科研成果也将日益增多，义务教育法制保障体系必将日渐完善。

二 义务教育资源配置标准得以构建，教育均衡不再无章可循

近些年我国各地都在推进义务教育均衡发展，试图通过均衡财政和教师资源减少配置的差异，从而实现资源均衡。许多地市多年的实践告诉我们，均衡教育资源对实现教育均衡发展意义重大，因此构建科学合理高效的义务教育资源配置标准非常必要。

（一）义务教育资源配置标准应以公平为第一要义

"资源配置"概念源自经济学领域，在经济学中，资源配置讲求按照市场规律保障供需平衡，以最小成本谋求最大利益，因此追求的首要目标是效率。在义务教育资源配置的问题上，中华人民共和国成立初期，我国也遵循着经济学中追求效率的原则。如部分地区义务教育学校的布

局调整，不顾学校服务半径和学生家庭负担，按照人口分布把学校简单地划分为长久保留学校和几年后就拆并的学校，对即将拆并的学校不再追加经费投入和优质教师资源配置。① 这样追求效率的结果便是弱势群体的利益受到影响，许多学生不能接受到与他人同等质量的教育，实际上是教育的不公平。

义务教育作为一种具有代表性的公共产品，其效用或福利更应该作为资源配置的标准。许多欧美国家坚持普遍服务的理念，即向社会中的每一个人提供平等的机会和同质的服务，以此促进义务教育的均衡发展，避免贫困地区和社会弱势群体的边缘化。义务教育均衡发展秉承着在提高教育质量的同时更加强调机会均等的理念，在"追求效率"的同时更加"关注公平"，其目的是为了缩小不同地区、不同学校在办学条件、办学质量、办学水平和办学效益方面的差距，使不同地区的义务教育得到相似水平的政策和财政支持。这充分体现了政府在尽最大努力为一切具有学习能力的学生提供均等的教育服务。实现公共教育资源的优化配置，政府必须权衡好公平和效率这两个基本问题，在追求教育效益的同时更加注重普遍公平是时代赋予政府的艰巨使命。因此，教育领域的资源配置绝不能简单照搬经济领域的效率优先取向，更应注重普遍公平。

（二）义务教育资源配置应突出强调省级政府责任意识

美国财政高度分权，联邦政府只承担极小比例的教育经费，大部分教育经费来自州和学区。数据显示，美国义务教育的财政支出重心是省级政府（2008 年美国义务教育财政经费分配比例中地方政府占 43.7%，州政府占 48.3%，联邦政府仅占 8%）。② 我国义务教育资源配置标准可以借鉴美国的模式。在我国，《农村义务教育经费保障新机制》建立后，中央与地方分项目、按比例分担的经费保障机制建立起来，中央和省级政府虽然加大了对农村义务教育的投资力度，但部分支出责任仍然在于县级政府。省政府支出比例不仅相对较小，加之有的省份虽

———————

① 张传萍：《义务教育资源配置标准研究》，武汉大学出版社 2013 年版，第 189 页。

② 陈静漪、宗晓华：《实施"新机制"后农村义务教育发展机制分析》，《教育发展研究》2011 年第 11 期。

然经济能力强大，但缺乏义务教育供给的意愿，对义务教育的经费保障带来了很大的压力。① 许多较为发达的一线大城市中，人均国内生产总值中对教育经费的投入比例较小，人们并没有充分重视义务教育。因此，实现义务教育资源的优化配置应突出强调省级政府对义务教育的责任意识。

（三）义务教育资源配置应以财政中立和反向歧视为原则

财政中立和反向歧视是罗尔斯正义论中提出的经济学原则。

财政中立原则指的是让每个学生所占有公共教育资源的多少不应该与其所在学区的富裕程度呈现显著的统计相关。② 现实生活中普遍存在这样一种违背财政中立原则的现象，即经济较发达地区的学校可以获取充裕的教育经费，而经济困难地区的学校教育经费却比较紧张。针对这种现状，政府应减少教育经费与地区财政能力的关系，给予贫困地区更多的财政支持，让经济落后地区的学校获得均等的教育财政经费，进而实现义务教育财政资源的均等优化配置。

反向歧视原则指的是在与正义的存储原则相一致的情况下，适合于最弱势群体的最大利益。③ 义务教育均衡发展的资源配置并非一场竞技比赛。如果将富裕地区和贫困地区一视对待，就相当于将运动健将和蹒跚学步的儿童放置于同一起跑线，发展的结果只能是差距越来越大。反向歧视原则体现着一种博爱的精神，只有对弱势者有利的条件下，优势者才能得到好处。④ 反向歧视给弱势者更多有利条件和更多资源，优势群体反而得不到优惠待遇，看似不平等实则很公平。反向歧视原则避免了"强者更强，弱者更弱"的差距拉大，保证了均衡的共同发展，在实际工作中做好反向歧视，关注弱势群体，给予薄弱学校更多更好的资源配置，这并不是以牺牲效率为代价的，而是真正做到了在保证效率的同时关注公平。在实现义务教育均衡发展的过程中，我们也可以借鉴别国经验，通过教育政策和财政支出提升落后地

---

① 孟庆瑜：《中国义务教育保障制度研究》，中国海洋大学出版社 2008 年版，第 190 页。

② 柯佑祥：《高等教育的财政中立研究》，《高等工程教育研究》2008 年第 2 期。

③ 付颖光：《对反向歧视问题的法理分析》，《企业家天地》2011 年第 11 期。

④ 周保松：《自由人的平等政治》，生活·读书·新知三联书店 2010 年版，第 60 页。

区义务教育学校的资源配置。

三 少数民族、边远地区以及农村地区儿童义务教育将得到突出重视和重点扶持

实现全国义务教育的均衡发展必须处理好少数民族、边远地区以及教育发展较为薄弱的农村地区儿童的义务教育问题。教育均衡发展不能仅仅局限于硬件的平衡，更要注意更新观念，关注深层次教育均衡问题，在发展观念上，应该认识到均衡发展不是平均发展，义务教育的发展具有整体性，既包括社会发展的整体性，也包括人发展的整体性。[①] 义务教育的社会整体性认为教育系统是城市和农村教育行为的集合，而城市和农村是一个教育问题的两个方面，应同时考虑双方的状况和趋势。教育发展的整体性特征从历史发展和现代化进程两个视角强化了城市和农村的相辅相成与密不可分的关系，有利于义务教育的均衡发展。此外，义务教育还注重儿童的整体性发展，无论少数民族与边远地区，还是城市与农村，所有儿童都应该通过义务教育得到全方位的教育与提升。

发达国家注意突出重点，高度重视边远地区和少数民族儿童的义务教育。如日本政府1969年颁布的《同和对策事业特别措施法》，1982年出台《地区改善对策特别措施法》，1987年进一步制定的《地区改善对策特定事业国家财政特别措施相关法律》等都倾向于对少数民族儿童进行补偿和援助。另外，日本还出台了对周边群岛及边远地进行特别教育辅助的法律。澳大利亚2004年新修订的《土著民族教育（目标援助）法案》更是专门从土著民族利益出发来捍卫其平等接受教育的权利。在农村义务教育的扶持方面，一些发达国家在长期实践中根据国情和实际需要，形成了各自针对弱势群体和地区的扶持措施，如英美两国的教育经费管理由中央或联邦、高层地方政府与基层地方政府共同分担，有较大幅度的财政转移支付以保证义务教育的均衡发展。[②] 合理分配教育资源，彰显少数民族、边远地区和农村地区的教育需求，这是促进义务教育均

---

① 吴德刚：《中国义务教育研究》，教育科学出版社2011年版，第184页。

② Stuart. S. Yeh， "The Cost-Effectiveness of Comprehensive School Reform and Rapid Assessment"， *Education Policy Analysis Archives*， Vol. 13， No. 7， 2008， pp. 20 – 21.

衡发展的关键所在。结合欧美国家的成功经验,以贫困优先、反向歧视原则为义务教育资源配置的核心准则,对存在差距、有需求的学校倾斜投入,差距较大、需求较多的学校相对获得的倾斜投入也较多,差距较小、需求较少的学校倾斜投入也相对较少,以此促进义务教育的均衡、稳定发展。

四　城市义务教育将率先实现高质、均衡发展

我国城市义务教育的问题远比农村复杂,城市义务教育均衡化需要首先解决。[①]

(一)义务教育改革进程持续推进,城市薄弱学校得以扶持,优质资源得以共享

城市校际的不均衡主要存在于重点校和非重点校之间。虽然我国当前已经取消了重点校与非重点校的硬性划分,客观的"重点校"已不复存在,但主观划分的重点校与普通校依然存在实质性差别,学校之间教育质量实际上仍参差不齐。由于受到政府和各级教育行政部门的长期优待,优势学校占有大量宝贵的教育资源,吸引着优质的师资,而大部分学生所在的普通学校却资源相对匮乏,这种资源配置失衡的现象必将导致教育平等与教育发展的失衡。按照《义务教育法》规定,制定和完善义务教育学校的基本标准,加强教育改革,消除不合格学校,对薄弱学校进行辅助提升,积极推进区域内义务教育均衡发展迫在眉睫。

采取措施加强薄弱学校的软件建设,对硬件不合格的学校进行限期改造。在学校软件建设上,具有优质资源的公办学校应积极发挥辐射和带动作用。教师交流与轮岗制度的实行让优质学校打破了学校分割,采用校长交流、教师交流等方式对薄弱学校进行帮扶,与薄弱学校进行整合、重组和捆绑,灵活而优惠的人事政策将带动学校在教育观念、师资素质、科研能力、管理水平、教学质量等方面的全面提升,从政策上、制度上、经费上保证学区内所有学校共享优质教育资源。[②] 在硬件的建设

---

① 孟庆瑜:《中国义务教育保障制度研究》,中国海洋大学出版社 2008 年版,第 76 页。

② 关延平:《走向教育公平——山东省义务教育均衡发展调研报告集》,山东教育出版社 2009 年版,第 122 页。

上，政府加大调控教育经费内部分配、区域分配、校际分配，教育投入向普通学校倾斜，向薄弱学校倾斜，辅助薄弱学校达到合格的标准。另外，当地政府也应加快推进城镇化进程，调整乡村建制，把握人口变动形势，合理配置公用教育资源，在新建、扩建和改建学校时，适当调整或撤销一些生源不足、办学条件差、教育质量低的不合格学校。

（二）全面规范城市学校办学行为的相应举措启动实施，教育发展得以规范

按照《义务教育法》的要求，全面清理城市义务教育阶段改制学校，严禁以各种形式举办重点学校、重点班级，着力解决义务教育阶段的择校问题。严格规范收费管理，坚决制止各种名目的乱收费现象，对目前没有列入公共财政保障、学生和家长又有实际需要的一些服务性收费和代收费，由省级政府予以审批和规范，并明确开展这些相关活动不得以营利为目的。同时，进一步深化教师人事制度改革，深化教学内容、教学方式、质量评价制度改革，提高义务教育质量，保障优质教育资源的供给，最大限度地保证不同家庭子女在义务教育接受上数量和质量的公平，促进校际均衡发展。①

（三）义务教育卡等改革建议逐步试点，流动儿童受教育权利得以保障

农民工随迁子女形成的具有中国特色的流动儿童群体，作为中国现代化和城市化的产物，在城市义务教育中占据着不小的比例。农民工收入相对城市生活的平均收入来说较低，在孩子上学问题上表现的压力更大，就读学校的教学质量、课程设置、评价体系等都欠缺对流动儿童的特殊考虑，因此流动儿童在义务教育方面表现出不公平。数据显示，2006 年随父母进城的义务教育阶段的流动儿童已经达到 2000 万以上，失学率高达 9.3%②，该数据正呈现递增趋势。若不能良好地保障流动儿童义务教育的公平，教育问题必将转换为社会问题，给社会带来不和谐

---

① 袁贵仁、王定华：《全面推进义务教育均衡发展》，人民教育出版社 2012 年版，第 135 页。

② 朱小蔓：《对策与建议——2006—2007 年度教育热点、难点问题分析》，教育科学出版社 2007 年版，第 124 页。

隐患。

在流动儿童义务教育问题的解决上，有学者提出，除了加强农民工子弟学校的建设和管理外，建立全国通用的义务教育卡是一种不错的尝试。从中央到地方设立专门负责管理流动儿童义务教育的管理部门，该部门统筹公安、审计、物价、计生、教育等部门，专门负责管理流动儿童的入学、转学、考核评价等工作。义务教育卡从儿童达到入学年龄开始颁发，接受完义务教育阶段教育之后自动失效，教育部门、公安部门以及学生家长同时持有全国通用的儿童接受义务教育"身份证"。儿童随父母流动时，义务教育卡随暂住证、寄住证、身份证一起经有关部门检查。义务教育卡上存储着儿童接受义务教育阶段学业等相关信息，符合规定即可作为儿童入学的依据。这样就大大减少了流动儿童异地入学的烦琐手续，也可以避免因政策不健全带来的教育机会不平等和剥夺教育权利的现象发生。由于教育卡与税务部门、财政部门、教育部门相联系，当地政府便可以根据义务教育卡的信息获取当地流动人口中义务教育适龄儿童的比例，按照相应的换算公式从流动人口缴纳的税额中按一定的原则和培养比例转发给教育部门，以便补偿学校接收流动儿童带来的教育经费不足。[①]由此，学校也不会因流动儿童的入学而倍感压力，一定程度上保证了流动儿童受教育的权利。

五　优化师资队伍，建立完善的师资培养与流动机制

教师是提高教育质量的关键因素。从国内外义务教育均衡发展的经验来看，学生家长对学校教育质量的不满，公立学校择校现象的出现都表现着校际师资力量的差异，建立一支数量足够、质量合格、结构合理、相对稳定的师资队伍对于义务教育均衡发展意义重大，可以说这是实现义务教育均衡发展的决定性因素。为优化师资队伍，英美等国家对教师，特别是边远、农村等地区的教师实施了大量优惠政策，例如，为消除学校间的师资水平差距，保障教师资源的相对均衡配置，制定教师流动制度，规定一个教师在同一所学校连续任期几年后，接受教育部门安排到另一所学校任教，同时提高教师的社会地位和薪资待遇水平，这

---

①　孟庆瑜：《中国义务教育保障制度研究》，中国海洋大学出版社 2008 年版，第 172 页。

些尝试都收到了不错的改革效果，很大程度上促进了义务教育的均衡
发展。

　　在我国，优化师资队伍，建立完善的师资培养与流动机制势在必行。
第一，将现有教师资源予以整合，重点学校的超编教师调配到薄弱学校，
通过校园重新合理布局建立教育集团，实现薄弱校的联合办学。这样的
校际整合有利于重点校和薄弱校师资的合理分配。第二，加强师资流动，
建立统一的教师招聘制度，实施城乡教师援助工程，提高流动教师的工
资待遇和福利机制，切实保障师资的流动效率，促进教育的均衡发展。
第三，按照学校需要合理引进新师资或对现有师资进行培训与提高，通
过自学进修等形式提高教师专业水平和教学水平。保证了教师的质量才
能保证教学的质量，师资队伍的整体优化提升是对义务教育均衡发展的
强心针，教师作为教育的内核，必须由内而外地散发力量才能促进义务
教育均衡发展的稳步前进。

六　监测体系的构建尝试已经开始，义务教育评价机制逐步完善

　　当前义务教育政策的主流是追求教育的质与量、贯彻平等与重视个
性相平衡，让每个公民都享有接受优质教育的权利与机会。从国际竞争
的角度来看，想在全球化的竞争狂潮中保持大国地位与实力，积极培养
本国各领域的优秀人才是根本之道，面对激烈的国际竞争，英美等国相
继出台了一些致力于加大投入、提高质量、加强师资的教育发展战略，
通过学校间教学质量的比较和竞争保障义务教育质量的整体发展。[①]　例
如，美国现行政策就是通过全国性学力调查和学校评价来确保义务教育
的教育教学水平，这使得越来越多的家庭和学生在优质学校的选择中受
益。这项政策不仅在一定程度上解决了教育中的些许问题与弊端，同时
也为家长们创造了选择优质学校的机会，大大提高了学校的教育质量。
由此，科学地衡量义务教育的成效，保证优质学校的教学质量应该受到
极大的重视。

　　教育评价机制主要涉及学校办学质量的综合评价，只有运用合理科

---

　　① 薛二勇：《区域内义务教育均衡发展指标体系的建构——当前我国深入推进义务教育均
衡发展的政策评估指标》，《北京师范大学学报》（社会科学版）2013 年第 4 期。

学的评价制度对义务教育质量进行衡量才能客观真实地反映出城乡间、区域间、学校间教育质量的差距，进而保证教育质量一体化。构建科学的监测指标体系对评定教育质量与教育发展情况十分必要。目前，我国已经建构了相对成熟的监测指标体系，并且将日趋完善，特别是一些地方政府（尤其是省级政府），结合国内外经验教训，相互沟通交流，并结合本地实际情况，制定了可操作的、有效的义务教育均衡发展监测指标体系。如2010年枝江市修订了《枝江市义务教育学校教育质量评价办法》，① 引导学校树立全面的、科学的质量观，面向全体学生，促进学生全面发展，全市城乡之间、乡镇之间、校际之间教育质量差距明显缩小。

监测指标体系的建立是实现义务教育均衡发展的重要手段，但现今我国的监测指标体系并非完善，仍然存在一些问题，只有在实际使用过程中，不断重复、不断改革，逐渐形成监测与实践的良好互动，才能更高效地促进义务教育的均衡发展，这也是义务教育发展的新动向与纵深推进的必然要求。

七 "多样化"促进义务教育均衡发展的新路径

在过去的10年里，对我国义务教育均衡发展的研究，主要集中在城乡之间、地区之间、学校之间和群体之间，尤其是城乡之间和地区之间等宏观领域。② 在宏观领域方面，政府已经充分意识到实现义务教育均衡发展的迫切性和关键性，通过科学研究和及时有效的举措切实推进义务教育的均衡发展。然而，国家政策和法律对微观领域的义务教育均衡问题难以产生直接的作用与影响，对于每一个学生来说，他们只能从日常的亲身体验和经历中去感受公平氛围，所以，政府需要重点关注微观领域的义务教育均衡问题，比如，学校内部各学科、各年级的协调配合，义务教育阶段普通教育与职业教育的平衡比重，初等义务教育与中等义务教育的投入差异，残障儿童与普通儿童的教育问题，课堂教学过程中

① 周守军：《县域义务教育均衡发展研究》，光明日报出版社2013年版，第164页。
② 李宜江：《义务教育均衡发展研究10年：回顾与展望》，《宁波大学学报》（教育科学版）2012年第1期。

教师对待学生的民主性和平等性等教育公平问题正成为当前促进义务教育均衡发展研究的新热点。由此，"多样化"概念的提出成为促进义务教育均衡发展的新路径。

多样化的概念比较复杂，首先它指的是用多样化的区别教育满足学生多样的教育需求。每个学生的具体情况都不一样，他们有着自身的特点和兴趣爱好，教育者应该认真思考，针对具体情况，采取多样化的教学类型，制定多样化的教学大纲和教学计划，传授多样性和灵活性的教学内容。这样一种方式更好地将教育多样化与教育均衡进行融合，为学生发展提供更多更好的教育机会，促进个人发展，实现教育均衡。其次，它强调实现义务教育的均衡发展要注重多元合作。英美两国在义务教育发展阶段，通过采用市场竞争的方式，调动社会各界力量，实现地方教育当局、学校、社区等机构的多方合作，实现办学资源的广泛开发。同时，两国遵循严谨规范的立法程序，制定出一系列可操作性强、具有普适性和灵活性的法律法规。多方合作加之法律保障，英美两国的义务教育得到了较好的均衡发展。

义务教育均衡问题在"追求效率"与"注重公平"中不断调整与完善。就学生个人而言，仅仅依靠学校自身的资源还不足以促进其潜能的开发，实现学生的全面发展是一个系统性的工程。在我国，可以采取厂矿企业投资、各社会团体集资、个人捐助、争取国外赞助、挖掘学校潜力等形式相结合，促进义务教育发展的多元合作。

八 通过知识的意义建构，真正提高义务教育学校的教学质量

知识的意义建构强调师生对知识间联系的深刻与独特理解，追求知识掌握和新知识生成的双重目标。在课堂教学和学习中，文本、文字和符号是主要的认识客体，教师与学生是主要的认识主体。只有主客体的互动与建构，知识才能有效生成。在这一过程中，不仅知识自身得到发展，也促进了教师和学生的发展。知识的意义建构的目的就是使教师、学生、知识三者整体性发展。知识的意义建构是指在课堂中以客观的教材知识为基础，以师生对知识间联系的深刻与独特理解为核心，以知识的掌握和新知识的生成为双重目标，促进教师、学生和知识三者共同发展为目的的连续学习过程。

（一）知识的意义建构的教育学意义

1. 体现了学习者知识获得的协商性

人类知识生产与学习者知识获得具有某种程度上的内在同构性。人类知识的生产是社会协商的产物，依赖知识生产者所处的社会文化环境、拥有的个人知识和专业共同体共同认可的一些规范。[①] 知识生产，就其进行的方式来说，首先是由个体和单个组织单独进行的。由个体进行知识生产，一方面，使得知识生产的过程中出现了不同背景、不同视角、不同出发点的认识主体，从而避免了单一的、片面的知识观；另一方面，也可能使得知识呈现出一种向私人化方向发展，不利于知识的共享和整体发展。因而，不同认识主体之间的交流和协商成为知识发展必不可少的环节。在交流和协商的基础上，私人化知识才能逐步精制、深化和进化。众多的新知识，通过公共媒体、专业期刊、专业共同体和各种公开研讨会以及私人交流，为公众和社会所了解、利用和批判，并不断发展。[②] 这个过程也就是社会建构、协商的过程。许多人参与其中，通过协商、争论、商定和修正，进而逐渐取得共识，被大家接受。在某种意义上讲，知识不是仅仅由科学家、相关专家通过对客观事物认识与总结发现的，而是知识共同体在一定的历史、政治和社会背景中共同建构起来的。知识是社会的产物，意义创造是知识的核心。

在知识的深层意义建构中，同样体现出人类知识生产的"协商性"特点。师生共同作为学习者，在理解和掌握了教材知识的基础上，对文本教材进行二次开发。在这一过程中，师生相互展开互动、协商，并在同文本的对话中，不断激发出新知，这一新知在师生进一步的协商中，为全体学习者所共识。知识获得的协商性这一观点在新课程观以及对应的知识获得观上得到了回应，只是在具体实践中有时过分地宣扬了知识学习中对客观知识本身的"协商性"，忽视了知识学习中根基的稳固性。

---

① 任友群：《论知识的建构性》，《全球教育展望》2003 年第 8 期。

② 郑太年：《学校学习中知识意义的缺失与回复》，博士学位论文，华东师范大学，2004年，第 22 页。

2. 体现了知识客观性与主观性的统一

知识的意义建构应该是知识客观性与主观性的统一，强调知识的意义建构必须以客观知识为基础。"知识建构论"与"辩证唯物认识论"的二者结合实际上反映了知识形成与获得的一般机制，它主要强调知识的意义建构中客观知识的重要性，即必须坚持以能动反映论为理论基础的正确知识概念。知识的根本问题是其正确性、真理性或科学性问题。由于认识是客观世界的反映，所以知识具有客观性，又由于反映是主体能动的反映，是由思维建构的，所以知识又具有一定的主观性，正确的知识是客观性和主观性的统一，客观性居于主导地位。实际上，在知识生产问题上，对人类知识生产建构性、协商性的强调也并不否定人类知识的客观性，波普尔就将知识的这种属性看作客观知识的重要属性，他是在可以呈现出来进行交流和对话的意义上使用这一概念的。知识的客观性在这种意义上可以视为一种约定，在许多情况下往往是还没有达到"一致同意"（agree），而只是"同意一致"（agree to agree），意即协商的参与者"认为进行了成功的交流，直到这些一致意见受到其中一方的质疑"。在这些"一致意见"受到质疑时，还要继续进行进一步的协商。①

将知识建构论与唯物认识论结合起来，体现在知识的意义建构上，反映了知识客观性与主观性的统一。反映在课堂教学实践中，就是要在教师的引导下理解和掌握了课程目标所要达到的基本知识目标之后，即在完成了知识的意义建构的第一个层次的基础上，师生互为教育者和学习者对文本教材的再开发，这就是知识的意义建构中的知识客观性与主观性的统一。可见，在知识的意义建构中，不仅有对知识"协商性"与"建构性"的要求，更重要的是对知识"客观性"的强调，而且对知识"客观性"的强调能够克服片面强调知识协商性与建构性的不利倾向，从而保证课堂教学实践中知识教学的有序与顺利开展。

3. 体现了互动与协商的多重性

由于人类知识生产与课堂上的知识的意义建构具有内在同构性，所以知识的协商性也具有内在一致性。从"共时"与"历时"两个维度，

---

① ［美］莱斯利·P. 斯特弗、杰里·盖尔主编：《教育中的建构主义》，高文等译，华东师范大学出版社 2002 年版，第 169 页。

可以在知识的意义建构下对教师、学生与知识的"协商"进行分析。"协商的共时性"是指一定环境下认识主体之间的交流与互动，在知识的意义建构中，则主要指教师与学生、学生与学生之间的交流与合作，主体之间进行着观点的相互补充，促进每一个认识主体更好地理解自己和别人的观点，从而精炼和完善相关的知识结构是这一维度的"协商"的目标指向。"协商的历时性"是指认识主体（教师和学生）与文本及隐藏在文本背后的作者之间的交流与互动，认识主体对文本体现的思想进行分析和批判，本身就是一种协商，这可看作一种间接的协商。在知识的意义建构中，这一维度的"协商"又可分为单向性的协商和多向性的协商，当单个学生与文本进行交流时，这种协商就是单向的，当不同的个体对文本进行研讨时，这种协商就是多向的。

在知识的意义建构中，师生、生生基于文本基础之上的交流与互动属于"共时性协商"，而教师与文本、学生与文本、师生与文本之间的交流则属于"历时性协商"，而且是多向的协商。当然，这两个维度的"协商"是从不同侧面反映课堂知识学习活动的复杂性与多样性的，在实际的教学中，这两种维度的"协商"常常是有机融合的，每一种协商都对师生双方进行知识的意义建构有着各自不同的、不可忽视的作用。由此可以看出，知识的意义建构含义下的互动协商具有多重性，包含不同的维度和层次，多重性也从另一个侧面反映了知识的意义建构条件下教师、学生、知识三者的不可分割性，为教师、学生与知识三者的整体的复杂性成长与发展提供了重要前提和保证。

4. 体现了学习共同体的复杂性与多层次性

莱夫和温格认为：共同体并不必然意味着一起出现，有一个明确界定身份的小组，或者存在可以看见的社会界限。它意味着对一个活动系统的参与，在这个活动系统中，对于他们在干什么，这在他们的生活中意味着什么，对他们的共同体意味着什么，参与者有着共同的理解。[①] 巴拉布（S. A. Barab）和达菲（T. M. Duffy）总结了共同体的特点：（1）共同的文化历史传统。成功的共同体具有共同的文化历史传统，这种传统部分地获得了社会协商的意义。（2）相互依赖的系统。个体在这种境脉

---

① ［美］乔纳森·兰德：《学习环境的理论基础》，华东师范大学出版社2002年版，第34页。

中工作时是更大的集体的一部分，并与共同体有着相互联系，共同体也是一个更大的集体的一部分。（3）再生产循环。当新成员与身旁的同伴和成熟实践的示范者一起进入成熟的实践时，共同体就有了进行再生产的能力。① 可见，共同体并不是简单个体的原子集合，它潜在地包含着参与活动主体之间的交流互动，包含不同参与者之间行为的相互影响。

在知识的意义建构中，建构主体包括教师与学生，所以意味着学习共同体可以是由教师与单个学生组成的，可以是由教师与学生集体组成的，也可以是由学生与学生组成的。这三种学习共同体在课堂知识意义建构中，有着一致的目标、相互之间的角色依赖以及再生产知识的能力。此外，"任何个体的学习活动都不是单纯的头脑内活动，不是单纯的对于书本中所要传输的信息的接受与储存，而是在一个从文化上和行动上关联着的共同体内的活动，这种关联既体现在主体所处的物理情境上的共同体（由规则和劳动分工规制的、行动层面的目标导向的学习团体）内，也体现在文化知识中所蕴含的其他社会成员在智识上的努力，此时的学习成了与周围的人和历史的人所组成的多个层次的共同体的对话"。这也是建构知识意义的学习共同体的独特性所在，即不仅参与主体之间构成了复杂的学习共同体，而且参与主体双方也与历史的人——文本背后的作者组成了学习共同体。这种独特的、多层级的、复杂的学习共同体的存在同样能有效地促进教师、学生、知识三者的整体性发展。

（二）知识的意义建构的基本条件

知识的意义建构需要一定的条件，结合建构主义的知识观和意义建构理论，环境（课堂）、基础（知识）、主体（师生）的活动状态以及中介（语言）这四个方面构成了知识意义建构的基本条件。

1. 环境：创建互动型学习课堂

课堂是学校教学活动赖以开展的特定时空区域，是知识学习得以存在的基本环境。"知识内容实质的学习不是柏拉图的对理念的回忆，也不是机械的外部移植或简单的灌输，而是学习者主动建构知识意义的活动，即在一定环境中，借助一定的载体，学习者个人借助已有的经验，建构

---

① ［美］乔纳森·兰德：《学习环境的理论基础》，华东师范大学出版社2002年版，第34页。

知识新的意义、新的价值的过程。"① 因此，知识的意义建构首先要求课堂成为师生良性发展的互动型学习环境。

其一，课堂应体现交互性。互动型学习环境表明的是一种交互影响和相互作用，在师生互动中，一方面，教师的行为对学生有很大影响，学生往往是依据教师的要求来调整自己的行为；另一方面，学生的行为同样会对教师产生很大影响，构成师生影响的双向交互性。同时，师生间的这种双向、交互影响不是一时的、间断的，而是连续的、循环的；不但在互动当时对师生双方产生较大影响，还会对其以后的互动产生影响，从而表现为一个链状交互的循环过程。师生互动正是在教师和学生之间不断的相互影响和循环往复的链状互动过程中动态发展的。

其二，课堂应体现养成性。所谓养成，是指这种互动型学习环境对个体（包括师生双方）行为习惯及情感态度的教育和培养。"养成"本身即包含了培养和塑造的含义，因此将互动型学习环境以"养成"的形式表达，则更加生动地反映了这种环境本身所具有的塑造人的功能和含义，这也充分体现出互动型学习环境的价值所在。养成性是从过程性角度和精神层面对互动型课堂环境的描述，这是互动型学习环境的本质特征。

其三，课堂应体现转换性。所谓"转换"指的是主导这种互动型学习环境的主体是教师和学生交替进行的，换言之，教师不是这一学习环境的唯一的、绝对的、稳定的管理者，某些情况下，这种学习环境是由学生主宰的，管理环境的主体是随教育者与受教育者在特定课堂教学情境中的不同身份决定的，这一特点也充分体现了师生在互动型学习环境中角色的"多重性"特征。

其四，课堂应兼具组织性与非组织性。就表现形态而言，互动型学习环境具有明显的组织性特征，表明了互动型学习环境是一种规定性的教学环境，在这一环境中通常有明确的目的、内容与预期目标，是为完成特定教育任务而有目的、有意识地规定好的教学环境。因此，组织性更多的是从学生的角度，从学生习得知识与技能这一目标角度对这一环境进行的定性；同时，互动型学习环境也是非组织化的，表明了互动型

① 徐冰鸥、潘洪建：《知识内容：基本蕴涵、教育价值与教学策略》，《教育研究》2013年第9期。

学习环境同时具有一种构成性的意义和特点，它是师生双方在组织性的前提下，在具体课堂教学中通过情感交流、思维碰撞以及沟通理解而对课堂教学环境进行的一种建构。可以看出，非组织性特点更多的是从师生的情感角度、集体思维这一过程目标角度对这一环境的定性。组织性与非组织性相结合共同丰富了互动型学习环境的内涵和意义。这样的课堂实际上为师生间由"既定的"外在结合向"建立中的"内在融合提供通道，也为知识的意义建构提供了良好的环境背景。

2. 基础：坚持知识的客观性

对知识客观性的追求是西方哲学的一个重要传统或精神。人们对于知识的客观性或真理的渴求是那么执着，从深层次看是由于人们不希望生活于其中的世界是一个无序的、偶然的状态，而希望这个世界有一个终极的本质，是一个有规律的有机体。① 西方哲学经历了本体论和实证主义范式的转换，其基本精神仍然坚持对客观性知识的追求。"知识是客观的"主要是从认识方式上来界定的。在自然中心认识中，认识的参照标准从"人的内部感受"转到了"不以人的意志为转移的外部自然"，知识的客观性由此获得了坚实的基础。② 根据建构主义和知识建构论，知识是主体建构的，因而具有主观性。但这与知识的客观性并不矛盾，也不能因此否认知识的客观性。知识是客观性与主观性的统一，知识的意义建构自然也不能离开知识的客观性这一基础。

根据知识的意义建构的内涵以及人类总体知识形成和发展的一般机制，在知识的意义建构过程中，必须坚持知识的客观性与主观性相结合，坚持知识的客观性，保证了对知识进行意义建构的牢固根基，使师生对知识的意义建构不致"偏离主题"，而坚持基于客观性基础之上的主观性则保证了知识的意义得以体现而不致沦为异在于人的符号、信息，保证了客观知识具有本体意义。

在实际的课堂教学中，师生的知识意义建构活动是具有高度的知识依赖性的，绝对不能脱离客观存在的知识而走上形式化的、无意义的建构极端。当前，受转型思维的影响，一些人对"缄默知识""个体知识"

---

① 林康廷：《对于知识客观性的思考》，《理论月刊》2014 年第 1 期。

② 张建桥：《"破圆"是圆吗——谈谈知识的客观性》，《教育学报》2012 年第 2 期。

倍加推崇，对教科书知识的客观性有种种批评与责难。但从正面和长远来看，教科书反映了学科的基础知识和公共知识，知识的意义建构不能偏离知识的客观性而存在。结合知识的层次结构和学生学段的层次结构，学校教育的年段越低，教科书知识就越具普遍性。强调教科书知识的客观性，并不会抹杀知识的主体相关性。[①] 兼顾知识的客观性与主观性，且主观性以客观性为基础。不能否认，正确的知识认知为知识的意义建构提供了必要的基础。

3. 主体：成为变化的参与者

在知识的意义建构活动中，师生各自在课堂教学活动的不同环节承担着多重角色，在不同阶段角色发生着变化，使师生双方在"知识的意义建构"的具体活动中彰显积极的主体参与意识。

其一，师生在课堂教学中进行角色互换。"变化的参与者"反映了师生在知识的意义建构的不同阶段的不同角色定位，反映了师生各自角色的多重性。"学习是一个在共同体的活动中的不断变化的参与的过程。"[②]这要求师生应在建构的不同阶段明确各自的角色定位；更重要的是，这种变化是一种有引导的参与。有引导的参与有两个基本过程：一是意义的相互沟通，相互理解发生在互动的人之间而非某一方，在交流和共同活动的过程中，每一个参与者的观点都必须不断加以修改才能进行交流和协调，这种修改的过程就是观点发展的过程；二是参与结构的相互影响，在对参与哪些形式的活动方面，参与的各方是相互规定的。而这一相互制约的意义建构活动中，教师的作用与地位没有被削弱，而是得以重新构建。

其二，建立新型师生关系。在知识的意义建构中，师生由于在目标、价值观、资源多寡等方面的差异而产生的对立、分歧甚至冲突是必然的、不可避免的，因而也是合理的。应正视合理的师生冲突的存在，通过对话，形成新型的师生关系。在"冲突—协调"相互转换的平衡机制下，在"对抗—接纳"的教育过程中，师生关系就会自始至终地保持良性的

① 王永红：《论教科书知识的客观性》，《课程·教材·教法》2012 年第 7 期。

② B. Rogoff, *The Cultural Nature of Human Development*, Oxford University Press, 2003, p. 284.

互动状态。正如巴西著名教育家弗莱雷所言："通过对话，学生的教师和教师的学生不复存在，代之而起的是新的术语：教师式学生及学生式教师，教师不再仅仅去教而且也通过对话被教，学生在被教的同时，也同时在教。他们共同对整个成长过程负责。在这个过程中，'特权式'讨论已不再奏效……这里没有谁教谁，也没有自己教自己，只有从头至尾在相互地教。"① 师生通过对话塑造的不是对方，而是师生相互间的关系，通过相互间关系的塑造而达成共识、理解和融合，进而达到一种和谐。

其三，解构教师的传统权威。在知识的意义建构中，教师的权威定势得到了扭转，即从"外在依附"转向了"内在生成"，这是对教师在课堂教学中合理把握权威提出的要求。另外，在知识的意义建构中，角色互换也使权威的主体发生了变化。曾经主导课堂教学领域的线性、易于量化的秩序将让位于更为复杂多元的共同体或系统。在课堂中，权威不再是超越的，而是师生共有的。这就要求教师具备向真理投降的勇气和向学生请教的气度，虚心地吸取学生观点中的合理因素。权威对学生来讲，不再是显性的压制，而是师生共有。谁拥有"真理"，谁便拥有权威。

4. 中介：发挥语言的"对话"功能

语言是师生交往互动的中介，也是"知识的意义建构"得以顺利开展的重要中介。因此，语言"对话"功能的充分发挥，才能保证"知识的意义建构"的最终实现。

其一，要保证语言是有意义的"真语言"。只有在课堂教学中产生真实的、有意义的话语实践时，语言才能富有创造性，实现知识的意义建构。语言作为主要中介，必须保证其真实有效性，必须破除传统课堂上教师、书本的权威语言定势。一旦这种权威语言定势充斥在课堂中，往往导致师生主体话语的缺失。语言不是某个（些）人的特权，而是课堂中所有人的权利。因此，任何人不应压制或剥夺他人说话的权利。只有这样，传统语言定式才能得以解构，学生在课堂中才能充分掌握话语权利，从而语言的多意性也得以充分体现出来。

其二，要善于营造对话情境，为真语言的显现创造土壤。教师应该

① P. Freire, *Pedagogy of the Oppressed*, New York：Seabury Press, 1973, p. 53.

在课堂中营造一种"对话情境"，使师生的心灵彼此敞开，并随时接纳对方的心灵。因此，这种双方的"对话"同时也是一种双方的"倾听"，是双方共同在场、互相吸引、互相包容、共同参与以至共同分享的关系，这种真实的对话情境有别于公开课上预先编排的预设情境，使真语言得以真正显现。

其三，要充分发挥语言在情境中的"对话"功能。师生的"语言"作为对话的主要凭借，必须能够保证其有效性，即应发挥其应有的"对话"功能。"……语言，不仅是思维的工具，也是交流的工具；不仅具有单义（univocal）的功能，更重要的，是具有对话的功能，单义功能可'充分地传达意义'，而对话的功能则'产生新意义'"①，语言的对话功能"本身虽然不提供'心智表征'，但可以形成新意义、发现已有意义符号的'心理工具'，正是这些对话的方式组成了我们的经验。这就是语言的对话功能：激发和生成不断'流淌着'的集体协商认可的意义"②。当教师的旨在传授知识的语言不为这种语言的听者即学生所理解时，教学的语言就变成了无意义的声音，这种形式的语言实际上就中断了对话过程，割断了教师所拥有的语言、文本知识与学生所拥有的这些东西之间的联系，从而使学生只得知识外在之"言"而不得其"意"，客观知识不能内化为学习者的主观知识而成为学生认知结构和知识系统的一部分。因此，教师在教学过程中应确保教学语言的"对话"功能的发挥。

在未来的发展中，缩小学校之间办学水平差异，整体提升教育质量，将伴随着我国义务教育现代化的全过程。推进城乡、少数民族、边远地区义务教育的均衡发展，将伴随着城乡一体化发展和全面小康建设的新征程。保证义务教育的质量，完善义务教育的法律和制度建设，将伴随着我国义务教育改革的新步伐。我们有理由坚定地相信，在党和政府的带领下，我国义务教育必将得到均衡和谐的长远发展，"得天下英才而教育之"，"不让一个孩子掉队"！

---

① ［美］莱斯利·P. 斯特弗、杰里·盖尔主编：《教育中的建构主义》，高文等译，华东师范大学出版社 2002 年版。

② 高文、裴新宁：《试论知识的社会建构性——心理学与社会学的视角》，《全球教育展望》2002 年第 11 期。

参考文献

一　中文类

（一）著作

陈晓宇：《中国教育财政政策研究》，北京大学出版社 2012 年版。

［法］安德烈·比利：《狄德罗传》，张本译，商务印书馆 1995 年版。

［法］让 – 皮埃尔·阿泽马、米歇尔·维诺克：《法兰西第三共和国》，沈炼之等译，商务印书馆 1994 年版。

范履冰：《受教育权法律救济制度研究》，法律出版社 2008 年版。

改革开放 30 年中国教育改革与发展课题组：《教育大国的崛起 1978—2008 年》，教育科学出版社 2008 年版。

高扬：《义务教育校际均衡指标综述》，中国教育经济学学术年会，2009 年。

顾明远、梁忠义：《世界教育大系：法国教育》，吉林教育出版社 2000 年版。

国家教育发展研究中心：《义务教育效益研究》，人民教育出版社 1992 年版。

何东昌：《中华人民共和国重要教育文献（1949—1997）》，海南出版社 1998 年版。

胡耀邦：《全面开创社会主义现代化建设的新局面》，人民出版社 1982 年版。

华桦、蒋瑾：《教育公平论》，天津教育出版社 2006 年版。

教育部发展规划司：《中国教育统计年鉴 2007》，人民教育出版社 2008 年版。

教育年鉴编辑部：《中国教育年鉴（1949—1982）》，中国大百科全书出版社 1984 年版。

刘芳：《中国义务教育发展报告 2012》，教育科学出版社 2013 年版。

刘立峰：《政府投资理论与政策》，山西经济出版社 2011 年版。

柳海民、周霖：《义务教育均衡发展的理论与对策研究》，东北师范大学出版社 2007 年版。

罗新璋：《巴黎公社公告集》，上海人民出版社 1978 年版。

《马克思恩格斯选集》第 3 卷，人民出版社 1972 年版。

［美］莱斯利·P. 斯特弗、杰里·盖尔主编：《教育中的建构主义》，高文等译，华东师范大学出版社 2002 年版。

［美］乔纳森·兰德：《学习环境的理论基础》，华东师范大学出版社 2002 年版。

［美］约翰·惠特尼·霍尔：《日本：从史前到现代》，商务印书馆 1997 年版。

孟庆瑜：《中国义务教育保障制度研究》，中国海洋大学出版社 2008 年版。

任钟印：《世界教育名著通览》，湖北教育出版社 1994 年版。

世界银行：《2000 年世界发展指标》，中国财政经济出版社 2000 年版。

宋乃庆：《中国义务教育发展报告 2013》，西南师范大学出版社 2014 年版。

覃国慈：《二元社会结构视角下的农村发展》，湖北人民出版社 2010 年版。

王善迈：《2000 年中国教育发展报告》，北京师范大学出版社 2000 年版。

王善迈、袁连生：《2001 年中国教育发展报告》，北京师范大学出版社 2002 年版。

邬志辉：《农村义务教育经费保障新机制》，北京大学出版社 2008 年版。

吴春霞：《农村义务教育与财政公平性研究》，中国农业出版社 2009 年版。

吴德刚：《中国义务教育研究》，教育科学出版社 2011 年版。

吴文侃、杨汉清：《比较教育学》，人民教育出版社 1999 年版。

谢宇等：《中国民生发展报告 2013》，北京大学出版社 2013 年版。

许庆豫：《论教育均衡发展》，教育科学出版社 2004 年版。

杨慧敏：《美国基础教育》，广东教育出版社 2004 年版。

袁贵仁、王定华：《全面推进义务教育均衡发展》，人民教育出版社 2012 年版。

袁贵仁：《中国教育》，北京师范大学出版社 2013 年版。

曾天山：《中国基础教育热点问题报告》，广西教育出版社 1999 年版。

张传萍：《义务教育资源配置标准研究》，武汉大学出版社 2013 年版。

张民选：《国际组织与教育发展》，上海教育出版社 2010 年版。

张人杰：《国外教育社会学基本文选》，华东师范大学出版社 1991 年版。

张筱良：《教育均衡发展的理论与实践：以河南为例》，河南人民出版社 2007 年版。

张艺联：《法国通史》，北京大学出版社 1988 年版。

中国教育年鉴编辑部：《中国教育年鉴（1949—1981）》，中国大百科全书出版社 1984 年版。

中国教育事典编委会：《中国教育事典（初等教育卷）》，河北教育出版社 1994 年版。

中华人民共和国教育部发展规划司：《全国教育事业发展简明统计分析 2007》，人民教育出版社 2008 年版。

中华人民共和国教育部计划财务司：《中国教育成就统计资料（1949—1983）》，人民教育出版社 1984 年版。

中华人民共和国教育部：《中国教育年鉴 2001》，人民教育出版社 2002 年版。

中华人民共和国教育部：《中国教育统计年鉴 1998》，人民教育出版社 1999 年版。

中华人民共和国教育部：《中国教育统计年鉴 1993》，人民教育出版社 1994 年版。

中央教育科学研究所教育督导评估研究中心：《义务教育均衡发展报

告·2010》，教育科学出版社 2010 年版。

中央教育科学研究所：《中华人民共和国教育大事记 1949—1982》，教育科学出版社 1984 年版。

周保松：《自由人的平等政治》，生活·读书·新知三联书店 2010 年版。

周恩来：《政府工作报告——在第二届全国人民代表大会第一次会议上的报告》，转引自何东昌《中华人民共和国重要教育文献（1949—1975)》，海南出版社 1997 年版。

周洪宇：《教育公平论》，人民教育出版社 2010 年版。

周洪宇：《教育公平论》，中国人民大学出版社 2014 年版。

周守军：《县域义务教育均衡发展研究》，光明日报出版社 2013 年版。

朱庆芳、吴寒光：《社会指标体系》，中国社会科学出版社 2001 年版。

朱小蔓：《对策与建议——2006—2007 年度教育热点、难点问题分析》，教育科学出版社 2007 年版。

（二）期刊论文

鲍成中：《后 4% 时代：我国教育经费的保障和使用》，《中国教育学刊》2012 年第 9 期。

鲍传友：《中国城乡义务教育差距的政策审视》，《北京师范大学学报》（社会科学版）2005 年第 3 期。

蔡红英：《日美中义务教育财政制度百年变迁及启示》，《宏观经济研究》2009 年第 12 期。

常修泽：《中国现阶段基本公共服务均等化研究》，《中共天津市委党校学报》2007 年第 2 期。

陈昉、高宏赋：《东部经济较发达地区县域义务教育均衡发展的现状与对策——以山东省胶南市、寿光市为例》，《当代教育科学》2011 年第 5 期。

陈静漪、宗晓华：《实施"新机制"后农村义务教育发展机制分析》，《教育发展研究》2011 年第 11 期。

陈小华：《多维视角下的城市农民工子女义务教育问题研究述评》，《教育发展研究》2010 年第 23 期。

楚江亭：《关于构建我国教育发展指标体系的思考》，《中国教育学刊》2002 年第 2 期。

邓伟志:《关于社会风险预警机制问题的思考》,《社会科学》2003 年第 7 期。

杜芳芳:《校际互动:学校优质与均衡发展的新思路》,《教育发展研究》2009 年第 4 期。

杜鹏:《基于基尼系数对中国学校教育差距状况的研究》,《教育与经济》2005 年第 3 期。

范先佐:《义务教育均衡发展与农村教育难点问题的破解》,《华中师范大学学报》(人文社会科学版)2013 年第 2 期。

冯文全、夏茂林:《从师资均衡看城乡教师流动机制构建》,《中国教育学刊》2010 年第 2 期。

高葵芬:《试析美国教育改革计划〈不让一个孩子掉队〉》,《成都教育学院学报》2004 年第 6 期。

高梦滔、和云:《教育质量与西部农村孩子辍学率:云南省的经验证据》,《中国人口科学》2007 年第 4 期。

高文、裴新宁:《试论知识的社会建构性——心理学与社会学的视角》,《全球教育展望》2002 年第 11 期。

耿申:《义务教育均衡发展的三个假设》,《教育科学研究》2012 年第 2 期。

顾明远、刘复兴:《建设惠及全民的公平教育》,《求是》2011 年第 19 期。

韩清林:《基础教育均衡发展方略的政策分析》,《国家高级教育行政学院学报》2002 年第 4 期。

胡先云:《英国义务教育法规的演进及启示》,《教学与管理》2009 年第 10 期。

黄黎明、卢勃:《有效开发、利用信息化课程资源的机制》,《电化教育研究》2006 年第 8 期。

江楠:《教师交流轮岗要关注内生动力的形成》,《中国教育学刊》2016 年第 1 期。

姜超、邬志辉:《校长教师交流轮岗机制:类型、评价和建议》,《现代教育管理》2015 年第 11 期。

蒋鸣和：《市场经济与教育财政改革》，《教育研究》1995 年第 2 期。

金依俚：《资源配置与义务教育均衡化》，《民主》2007 年第 1 期。

雷丽珍：《义务教育经费省级统筹的现状与问题——以广东省为例》，《教育发展研究》2010 年第 9 期。

李海燕、刘晖：《教育指标体系：国际比较与启示》，《广州大学学报》（社会科学版）2007 年第 8 期。

李慧勤、刘虹：《县域间义务教育均衡发展的影响因素及对策思考》，《教育研究》2012 年第 6 期。

李继星：《关于义务教育均衡发展指标体系的初步思考》，《人民教育》2010 年第 11 期。

李凌艳：《基础教育阶段学校评估的国际比较》，《北京师范大学学报》（社会科学版）2010 年第 2 期。

李强、吴中元：《教育均衡发展评价指标体系的构建》，《统计与决策》2009 年第 6 期。

李文英、史景轩：《日本义务教育均衡发展的实现途径》，《比较教育研究》2010 年第 9 期。

李协京：《日本教育财政和教育立法的若干考察》，《外国教育研究》2004 年第 3 期。

李宜江：《义务教育均衡发展理念走向"现实"的法律思考》，《中国教育学刊》2010 年第 4 期。

李宜江：《义务教育均衡发展研究 10 年：回顾与展望》，《宁波大学学报》（教育科学版）2012 年第 1 期。

李颖、王嘉毅：《农村学校义务教育教学质量问题研究述评》，《当代教育论坛》2007 年第 11 期。

梁红梅、王爱玲：《我国农村义务教育质量问题考察与归因》，《教育理论与实践》2009 年第 4 期。

林康廷：《对于知识客观性的思考》，《理论月刊》2014 年第 1 期。

刘晖：《修正义务教育均衡发展指标体系的论证》，《教育学术月刊》2013 年第 6 期。

刘建银、安宝生：《教育指标理论研究的几个基本问题》，《中国教育学刊》2007 年第 9 期。

刘小强：《美国吸引高质量教师到薄弱学校的新举措》，《外国教育研究》2011 年第 3 期。

刘小湧：《流动儿童义务教育不公平现象的成因与对策》，《湖北社会科学》2010 年第 9 期。

刘志耀：《以信息资源共享促进教育均衡发展》，《中国教育信息化》2012 年第 4 期。

柳海民、林丹：《本体论域的义务教育均衡发展》，《东北师范大学学报》（哲学社会科学版）2005 年第 5 期。

陆定一：《教育必须与生产劳动相结合》，《红旗》1958 年第 7 期。

吕星宇：《论教育过程公平》，《教学与管理》2009 年第 3 期。

罗天颖：《农民工学龄子女义务教育现状及对策》，《社会科学家》2009 年第 1 期。

马佳宏：《教育可持续发展的内涵与对策》，《教育导刊》2001 年第 7 期。

马佳宏、彭慧：《偏差与平衡：城乡义务教育财力资源问题研究》，《教育与经济》2006 年第 4 期。

孟万金：《采取有力措施：促进残疾儿童教育权利平等和机会公平》，《中国特殊教育》2007 年第 4 期。

庞丽娟：《我国农村义务教育教师队伍建设：问题及破解》，《教育研究》2006 年第 9 期。

乔爱玲、何克抗：《教师教育技术培训的定位与实施》，《开放教育研究》2005 年第 5 期。

秦晓文、王磊、郭秀晶：《国际义务教育发展的基本经验》，《教育科学研究》2006 年第 9 期。

邱磊：《"轮岗"是对教育治理的新考验》，《人民教育》2015 年第 2 期。

任友群：《论知识的建构性》，《全球教育展望》2003 年第 8 期。

申仁洪：《教育均衡发展的困境与对策》，《华南师范大学学报》（社会科学版）2003 年第 2 期。

司晓宏、王华：《教育财政转移支付与义务教育均衡发展》，《陕西师范大学学报》（哲学社会科学版）2006 年第 2 期。

司晓宏、杨令平：《后农业税时代农村义务教育面临的问题与对策》，《教育研究》2006 年第 11 期。

苏娜、黄崴：《区域义务教育校际均衡发展现状与改进——基于广州市的调研分析》，《教育发展研究》2010 年第 2 期。

孙刚成、翟昕昕：《义务教育教师轮岗交流制度的困境及其对策》，《教学与管理》（理论版）2016 年第 9 期。

孙启林、周世厚：《大均衡观下的"略"与"策"》，《现代教育管理》2009 年第 1 期。

孙袁华：《建构我国的高质量义务教育评价指标体系——一种国际化视野的归类比较与综合分析》，《教育理论与实践》2003 年第 8 期。

孙玥：《公共财政视角下农民工子女义务教育问题及原因分析》，《职业时空》2008 年第 6 期。

孙志军：《我国初中升学率的基本状况及影响因素研究》，《教育与经济》2012 年第 3 期。

谈松华：《论我国现阶段的教育公平问题》，《教育研究》1994 年第 6 期。

谈松华：《农村教育：现状、困难与对策》，《北京大学教育评论》2003 年第 1 期。

田果萍、张玉生、康淑瑰：《教育过程公平的重新审视》，《教育科学论坛》2010 年第 9 期。

田正平、李江源：《教育公平新论》，《清华大学教育研究》2002 年第 1 期。

汪雅霜、杨晓江：《我国高等教育质量审计制度的建构：英国的经验与启示》，《现代教育管理》2011 年第 11 期。

王定华：《关于我国义务教育均衡发展之审视》，《中国教育学刊》2010 年第 4 期。

王嘉毅、李颖：《西部地区农村学校义务教育教学质量研究》，《教育研究》2008 年第 2 期。

王梅：《美国"不让一个孩子掉队"法案对我国义务教育的启示》，《教学与管理》2009 年第 4 期。

王强：《我国义务教育财政转移支付问题及对策》，《教育与经济》

2011 年第 1 期。

王唯：《OECD 教育指标体系对我国教育指标体系的启示——OECD 教育指标在北京地区实测研究》，《中国教育学刊》2003 年第 1 期。

王晓辉：《教育优先区："给匮者更多"——法国探求教育平等的不平之路》，《全球教育展望》2005 年第 1 期。

王新奎、巫志刚：《县域义务教育教师资源均衡配置的法律制度设计》，《教育学术月刊》2013 年第 6 期。

王茵：《农村基础教育公平问题及财税政策研究》，《辽宁经济》2007 年第 1 期。

王永红：《论教科书知识的客观性》，《课程·教材·教法》2012 年第 7 期。

王远伟、杜育红：《义务教育办学条件评价指标体系构建与应用研究》，《教育发展研究》2013 年第 2 期。

文喆：《要促进基础教育均衡发展》，《教育科学研究》2006 年第 2 期。

邬志辉：《城乡教育一体化：问题形态与制度突破》，《教育研究》2012 年第 8 期。

邬志辉：《当前我国城乡义务教育一体化发展的核心问题探讨》，《教育发展研究》2012 年第 17 期。

吴春霞：《中国城乡义务教育经费差距演变与影响因素研究》，《教育科学》2006 年第 6 期。

吴克明：《教育探求新探》，《教育与经济》2001 年第 3 期。

吴孟帅：《义务教育阶段教师轮岗交流制度的影响及启示》，《教育评论》2015 年第 11 期。

吴文俊、祝贺：《从罗尔斯的正义原则看教育公平问题》，《辽宁教育研究》2005 年第 6 期。

武向荣：《义务教育经费均衡现状调查与对策分析》，《教育研究》2013 年第 7 期。

夏雪：《地区经济分类下义务教育经费分析》，《教育发展研究》2012 年第 13 期。

雄弱愚、董结琴：《中国农民工问题调查报告》，《中国国情国力》

2002 年第 12 期。

徐冰鸥、潘洪建：《知识内容：基本蕴涵、教育价值与教学策略》，《教育研究》2013 年第 9 期。

徐玲：《国际教育指标体系的分析与思考》，《教育科学》2004 年第 2 期。

许长青、伍青华：《公平与效率的均衡：和谐社会公共教育财政投资的价值抉择》，《国家教育行政学院学报》2008 年第 8 期。

薛二勇：《区域内义务教育均衡发展指标体系的建构——当前我国深入推进义务教育均衡发展的政策评估指标》，《北京师范大学学报》（社会科学版）2013 年第 4 期。

薛二勇、杨小敏：《新形势下农村教师队伍建设政策》，《教师教育研究》2014 年第 1 期。

薛海平：《我国义务教育均衡发展预警机制探讨》，《教育科学》2013 年第 6 期。

薛继红：《省域内校长教师交流轮岗的实践研究》，《教学与管理》（理论版）2015 年第 11 期。

杨东平：《对我国教育公平问题的认识和思考》，《教育发展研究》2000 年第 8 期。

杨能生：《教育过程公平是最大的公平》，《教育科学论坛》2007 年第 6 期。

杨移贻、张祥云：《可持续发展的教育与教育的可持续发展》，《高等教育研究》1997 年第 4 期。

叶菊艳、卢乃桂：《“能量理论”视域下校长教师轮岗交流政策实施的思考》，《教育研究》2016 年第 1 期。

叶玉华：《教育均衡化的国际比较与政策研究》，《教育研究》2003 年第 11 期。

尹力：《教育人权及其保障》，《教育研究》2007 年第 8 期。

于建福：《教育均衡发展：一种有待普遍确立的教育理念》，《教育研究》2002 年第 2 期。

余如进：《理性推进教育均衡发展》，《人民教育》2008 年第 3—4 期。

袁振国：《建立教育发展均衡系数，切实推进教育均衡发展》，《人民教育》2003 年第 6 期。

曾晓东：《OECD 第三级教育收益和参与指标研究》，《比较教育研究》2001 年第 6 期。

翟博：《教育均衡发展：理论、指标及测算方法》，《教育研究》2006 年第 3 期。

翟博：《教育均衡发展：现代教育发展的新境界》，《教育研究》2002 年第 2 期。

翟博：《教育均衡发展指数构建及其运用——中国基础教育均衡发展实证分析》，《国家教育行政学院学报》2007 年第 11 期。

张长征、郇占坚、李怀祖：《中国教育公平程度实证研究：1978—2004——基于教育基尼系数的测算与分析》，《清华大学教育研究》2006 年第 2 期。

张国强：《OECD 教育发展指标体系分析及启示——以〈教育概览：OECD 指标（2003）〉为例》，《外国教育研究》2006 年第 11 期。

张建桥：《"破圆"是圆吗——谈谈知识的客观性》，《教育学报》2012 年第 2 期。

张君：《论教育的可持续发展》，《东北师范大学学报》（哲学社会科学版）1999 年第 6 期。

张侃：《制度视角下的我国义务教育均衡发展》，《教育科学》2011 年第 3 期。

张生：《中小学教师教育技术能力培训过程中的评价方式研究》，《中国电化教育》2007 年第 4 期。

张小明：《公共危机预警机制设计与指标体系构建》，《理论与改革》2006 年第 6 期。

张旭昆、韩文婧：《地方财政教育投入正外部性的实证分析——基于东、中、西部的比较》，《江西财经大学学报》2010 年第 5 期。

赵晔琴：《城市农民工子女就学困难的思考——以上海市为例》，《社会》2002 年第 9 期。

赵连根：《对义务教育价值取向与质量标准的再认识》，《教育发展研究》2003 年第 4 期。

郑磊：《义务教育经费分配使用的公平性研究——北京与上海的比较分析》，《教育发展研究》2006 年第 1 期。

郑友训、冯尊荣：《义务教育高位均衡发展的理性解读》，《江南大学学报》（教育科学版）2008 年第 4 期。

钟秉林：《农村义务教育学校公用经费支出实证研究》，《中国教育学刊》2012 年第 8 期。

周峰：《试论基础教育均衡发展的若干问题》，《教育研究》2002 年第 8 期。

朱家存：《论义务教育均衡发展的基础与动力》，《教育科学》2003 年第 5 期。

朱敏、吴新刚：《对教师轮岗制政策失真现象的反思》，《教学与管理》（理论版）2011 年第 8 期。

（三）学位论文

车宗哲：《济南市义务教育择校现状调查研究》，硕士学位论文，山东师范大学，2011 年。

但柳松：《美国公共学校运动研究》，博士学位论文，天津师范大学，2014 年。

丁金泉：《我国义务教育均衡发展问题研究》，博士学位论文，华东师范大学，2004 年。

关玉波：《师资配置与义务教育均衡发展研究》，硕士学位论文，厦门大学，2009 年。

汲力健：《泰安市泰山区城市初中教育供给校际均衡问题研究》，硕士学位论文，西南大学，2008 年。

靳园：《我国义务教育的区域性不均衡状况研究》，硕士学位论文，首都经济贸易大学，2007 年。

曲圣坦：《聊城市义务教育均衡发展推进的调查研究》，硕士学位论文，南京师范大学，2011 年。

田芬：《基础教育均衡发展研究》，博士学位论文，苏州大学，2004 年。

王寿：《我国义务教育均衡发展及其政策研究》，硕士学位论文，南京师范大学，2011 年。

徐家军：《农村中小学择校问题研究——以山东高唐为例》，硕士学位论文，山东师范大学，2012年。

赵鑫：《促进我国义务教育均衡发展的财政政策研究》，硕士学位论文，财政部财政科学研究所，2011年。

郑太年：《学校学习中知识意义的缺失与回复》，博士学位论文，华东师范大学，2004年。

（四）报纸

国家教育督导团：《国家教育督导报告2005（摘要）》，《中国教育报》2006年2月23日第6版。

蓝方：《西部贫困学生辍学潮》，《西部时报》2012年7月3日第3版。

李洁言、冯杰：《校长教师轮岗53.3%受访者认为完善相关配套是关键》，《中国青年报》2014年9月30日第7版。

全国人大常委会副委员长路甬祥：《全国人大常委会执法检查组关于检查〈义务教育法〉实施情况的报告》，《中国教育报》2007年7月6日第3版。

佚名：《在毛主席无产阶级教育路线指引下我国农村教育革命十年来取得巨大成就》，《光明日报》1976年6月1日第1版。

翟博等：《人类教育史上的奇迹》，《中国教育报》2012年9月9日第1版。

张琳：《南京教育局调查：一个高中生年需五千元》，《扬子晚报》2003年3月21日第2版。

（五）其他

陈瑞昌、张策华、赵建春：《江苏无锡创建义务教育高位均衡发展示范区纪实》，2009年11月17日，中国教育新闻网（http：//www.jyb.cn/basc/xw/200911/t20091117_324027.html）。

关延平：《走向教育公平——山东省义务教育均衡发展调研报告集》，山东教育出版社2009年版。

国家统计局：《中华人民共和国2013年国民经济和社会发展统计公报》，2015年2月1日，郴州人民政府门户网站（http：//www.czs.gov.cn/fgw/ckwx/content_423667.html）。

国务院：《国务院关于深化农村义务教育经费保障机制改革的通知》，

2015 年 2 月 7 日，中央人民政府门户网站（http：//www. gov. cn/zwgk/
2006 – 02/07/content_181267. htm）。

教育部、财政部国家发展改革委、工业和信息化部、中国人民银行：
《构建利用信息化手段扩大优质教育资源覆盖面有效机制的实施方案》［教
技〔2014〕（6 号）］，2015 年 2 月 3 日，中共中央网络安全和信息化领导小
组办公室门户网站（http：//www. cac. gov. cn/2014 – 12/05/c_1113533
184. htm）。

教育部：《教育信息化十年发展规划（2011—2020 年）》，2015 年 1
月 20 日，教育部门户网站（http：//www. edu. cn/zong_he_870/
20120330/t20120330_760603. shtml）。

李菲：《全国妇联：中国农村留守儿童数量超 6000 万》，2015 年 2 月
2 日（http：//news. xinhuanet. com/politics/2013 – 05/10/c_115720450.
htm）。

全国妇联课题组：《我国农村留守儿童、城乡流动儿童状况研究报告
（2013 年 5 月）》，2015 年 1 月 20 日，豆丁网（http：//www. docin. com）。

全国人民代表大会常务委员会：《中华人民共和国义务教育法》，
2015 年 2 月 3 日，法律图书馆网（http：//www. law-lib. com/law/law_
view. asp？id = 163284）。

中华人民共和国教育部：《2000 年全国教育事业发展统计公报》（2007
年 11 月 15 日），2015 年 11 月 15 日，教育部门户网站（http：//www. edu.
cn/20011128/3012090. shtml）。

二　英文类

Basmati Parsad, Sheila Heaviside, " Participation of Migrant Student in
Title Migrant EducationProgram-Summer Term Program" 2014 – 12 – 20, ht-
tp：//nces. ed. gov/pubs2000/2000061. pdf.

B. Rogoff, *The Cultural Nature of Human Development*, Oxford University
Press, 2003.

" Education in India-Fundamental Rights for 6 – 14 Year Old", 2008 –
05 – 20, http：//www. newsviews. info/education01. html.

Nicola A. Alexander, " Race, Poverty, and the Student Curriculum,

1975 – 1995: Implications for Public Policy Developments in School Finance", *American Educational Research Journal*, Vol. 39, No. 3, 2002.

P. Freire, *Pedagogy of the Oppressed*, New York: Seabury Press, 1973.

Oregon State University, "Key to School Improvement: Reading, Writing, Arithmetic", *Science Daily*, Vol. 20, No. 1, 2012.

Stuart. S. Yeh, "The Cost-Effectiveness of Comprehensive School Reform and Rapid Assessment", *Education Policy Analysis Archives*, Vol. 13, No. 7, 2008.

Terry Moe, *School Vouchers and the American Public*, Washington D. C., Brookings Institution Press, 2001.

Title I Section 201, "Elementary and Secondary Education Act", 1965.

后 记

　　伴随着我国社会经济的不断发展和人们教育观念的不断更新，一种新的教育理念——教育均衡发展日益成为人们关注的焦点和关系国家教育战略的重大问题。党的十七大、十八大报告中均提到促进义务教育的均衡发展。2005 年 5 月，教育部颁布了《关于进一步推进义务教育均衡发展的若干意见》，把推进义务教育均衡发展提上了重要议事日程。2006 年 6 月，全国人大常委会新修订的《义务教育法》规定："国务院和县级以上地方人民政府应当合理配置教育资源，促进义务教育均衡发展，改善薄弱学校的办学条件，并采取措施，保障农村地区、民族地区实施义务教育，保障家庭经济困难的和残疾的适龄儿童、少年接受义务教育。"这是我国首次以法律的形式提出"促进义务教育均衡发展"。《国家中长期教育改革和发展规划纲要（2010—2020 年）》则将推进教育均衡发展提升到义务教育战略性任务的高度，到 2020 年基本实现区域内义务教育均衡发展。我国"十三五"规划也继续将均衡发展作为义务教育阶段教育发展的重点。由此可见，促进义务教育均衡发展，已经成为党和国家确立的我国在新的历史时期教育发展的战略方针，充分体现了党和国家对促进义务教育均衡发展的高度重视。

　　基于对党和国家教育发展战略、教育实践问题的关注，本人对义务教育均衡发展的研究始于 2010 年，并于 2011 年获批天津市哲学社会科学规划（重点）项目"天津市义务教育均衡发展改革研究"，2012 年又获批教育部人文社会科学规划一般项目"义务教育均衡发展策略研究"。本人偕课题组成员一同，从理论与实证两个层面，对义务教育均衡发展问题进行了较为深入翔实的研究。在文献研究的基础上，我们分析了义务教育均衡发展的背景、目标、对象和内容；完整、系统地论述了我国义务教育的发展历程；比较、分析了美、英、德、法、日等发达国家义务教育发展历程与主要政策、措施。另外，我们在深入调查了我国东、西部地区，城、乡现状基础上，分析了全国义务教育均衡发展现状，尤其是存在的问题，进而从制度完善和保障机制的视角，建构了义务教育均衡发展的策略，提出我国义务教育均衡发展的愿景。

在研究过程中，课题组成员严谨认真，付出了辛苦和汗水；在实证调研过程中，我们得到了各级教育行政部门领导、工作人员，学校教师、家长和学生的支持与帮助，他们认真配合调查，为研究提供了翔实的资料。在此，向参与研究的每一位同志表示衷心的感谢！在研究过程中，参考和引用了学术界诸多同人的研究成果，在此一并表示诚挚的感谢！

在相关课题研究的基础上，本人撰写了此书。本书将历史研究与现实研究相结合，国内研究与国外研究相结合，宏观研究与微观研究相结合，研究系统且全面，具有重要的学术价值和实践影响力。义务教育均衡发展是我国未来一段时期基础教育改革与发展的战略方向，本书的研究内容具有一定的前沿性和前瞻性，期望本书成果能够对我国义务教育均衡发展的实践有一定的借鉴意义。

目前，我国义务教育均衡发展的实践仍在不断探索之中，其理论体系和内容还不够成熟，加之实践状况也在不断发展变化，书中个别观点有待商榷，疏漏之处肯定不少，恳请广大读者批评指正！

李素敏

2017 年 3 月 30 日